VOYAGES
IMAGINAIRES,
ROMANESQUES, MERVEILLEUX,
ALLÉGORIQUES, AMUSANS,
COMIQUES ET CRITIQUES.
SUIVIS DES
SONGES ET VISIONS,
ET DES
ROMANS CABALISTIQUES.

CE VOLUME CONTIENT

LE voyage de NICOLAS KLIMIUS dans le monde souterrein, contenant une nouvelle théorie de la terre, & l'histoire d'une cinquième monarchie inconnue jusqu'à présent ; ouvrage traduit du latin par M. DE MAUVILLON.

La relation d'un voyage DU POLE ARCTIQUE AU POLE ANTARCTIQUE par le centre du monde, avec la description de ce périlleux passage, & des choses merveilleuses & étonnantes qu'on a découvertes sous le Pole Antarctique.

VOYAGES
IMAGINAIRES,
SONGES, VISIONS,
ET
ROMANS CABALISTIQUES.
Ornés de Figures.

TOME DIX-NEUVIÈME.

Seconde division de la première classe, contenant les Voyages Imaginaires *merveilleux*.

A AMSTERDAM,
Et se trouve à PARIS,
RUE ET HOTEL SERPENTE.

M. DCC. LXXXVIII.

VOYAGE

DE

NICOLAS KLIMIUS

DANS LE MONDE SOUTERREIN:

Contenant une nouvelle théorie de la terre, & l'histoire d'une cinquième monarchie inconnue jusqu'à présent.

Ouvrage tiré de la bibliothèque de M. B. ABELIN,

Et traduit du latin par M. DE MAUVILLON.

AVERTISSEMENT
DE L'ÉDITEUR
DES VOYAGES IMAGINAIRES.

APRÈS avoir fait voyager nos lecteurs dans les sept planètes, & leur avoir fait parcourir les cieux, nous allons les conduire dans les entrailles de la terre, où ils seront agréablement surpris de se trouver dans un nouveau monde. Ils ne le seront pas moins, lorsqu'ils connoîtront l'espèce d'habitans dont il est peuplé; &, s'ils se sont prêtés facilement à accorder une ame susceptible de raison aux animaux, ils seront également charmés de se trouver au milieu d'un peuple d'arbres doués d'une intelligence semblable & peut-être supérieure à la nôtre. Le cadre de cet ouvrage annonce une fable hardie, où l'auteur s'est plu à unir & rassembler des contrastes frappans ; mais cette enveloppe ingénieuse sert à cacher une morale saine, une critique fine, & même une satyre piquante. L'ouvrage original a été écrit en danois, langue naturelle de l'auteur, ensuite traduit en latin, & c'est sur cette traduction latine que M. Mauvillon a fait la traduction françoise, que nous imprimons dans ce volume : cette traduction a le mérite d'être très-exacte. On a fait au traducteur le reproche d'avoir copié trop fidélement son original,

& de n'en avoir point corrigé ce qu'on appelle les abſurdités ; nous lui ſavons gré, au contraire, de cette exactitude, qui nous donne un tableau fidele de l'ouvrage danois ; nous la préférons à ces extraits informes, qui, ſemblables à des ſquelettes, ne donnent nulle idée des agrémens de la figure, & des traits de la phyſionomie.

On attribue le *Voyage de Klimius* à Louis, Baron de Holberg. Cet auteur eſt né à Bergue en Norwège en 1684 ; ſa famille étoit noble, mais pauvre ; de ſorte que le jeune auteur fut obligé de chercher des reſſources dans ſes talens. Il avoit fait de bonnes études, & il employa ſa jeuneſſe à élever des jeunes gens : les diverſes éducations dont il fut chargé, lui donnèrent la facilité de voyager. Il parcourut la Hollande, l'Italie, la France & l'Angleterre ; & il dut beaucoup aux différentes connoissances qu'il recueillit dans ses voyages. De retour dans sa patrie, Holberg suivit une carrière plus brillante ; la considération qu'il s'étoit attirée le mit dans le cas de solliciter & d'obtenir une place au consistoire de Copenhague ; & cette place lui procurant des heures de loisir, il se livra à son goût pour la littérature & la poésie. Holberg étoit naturellement porté au cynisme & à la satyre. C'est dans cette carrière dangereuse qu'il s'exerça d'abord, & l'ouvrage que nous imprimons est du nombre de ceux qu'il publia dans ce tems. Depuis, il modéra cette caufticité, & travailla pour le théâtre : on a de lui plufieurs comédies traduites en françois; on croit même que l'une d'elles, intitulée *Henri & Perrine*, a fourni à Marivaux le fujet de fa comédie *des jeux de l'amour & du hafard*. Holberg a fini par abandonner entièrement la fatyre, la critique & la poéfie, pour fe livrer à l'hiftoire. Il donna la préférence à celle de fon pays. Il eft auteur d'une hiftoire de Danemarck, très-étendue, en trois volumes *in*-4°. Il faut ajouter à tous les ouvrages dont nous avons parlé, deux volumes de *penfées morales*, qui ont été traduites par M. de Parthenay. Holberg, qui a joui de la plus haute réputation dans sa patrie, & qui mérite d'être distingué par-tout ailleurs, est décédé en 1754; il étoit âgé de 70 ans. On observe qu'il avoit trouvé le secret bien rare, de s'enrichir en cultivant les lettres; & que, reconnoissant de ce bienfait, il en a fait hommage aux lettres, en laissant une somme de 70,000 livres à l'académie de Zélande, qui fut destinée à l'éducation de la jeune noblesse.

Nous ne connoissons pas le traducteur latin du Voyage de Klimius; mais celui à qui nous sommes redevables de cet ouvrage dans notre langue, & dont nous imprimons la traduction, est M. Mauvillon, né en Provence en 1712, secrétaire intime du roi de Pologne,

& maître de langue françoise à Leipsick. Cet auteur a donné plusieurs autres traductions d'ouvrages allemands & des pays du Nord: une *histoire du prince Eugène*, *l'histoire des guerres de Bohême*, *l'histoire du roi de Prusse*; & on lui attribue aussi quelques romans, entr'autres *le Soldat parvenu* & *les voyages de Jacques Massé*.

L'ouvrage qui suit plaira par sa singularité: c'est un *voyage du Pole Arctique au Pole Antarctique par le centre du Monde*. Le Voyageur traverse encore l'intérieur du globe, & donne la plus grande carrière à son imagination. Ces deux voyages ont assez d'analogie pour qu'on se plaise à les voir rassemblés. Nous ne connoissons pas l'auteur de cette dernière production, qui a été imprimée pour la première fois en 1723.

PRÉFACE
DU TRADUCTEUR.

L'ouvrage dont je donne ici la traduction est une allégorie des plus ingénieuses que j'aie encore vues : je suis fort trompé, ou le public en portera le même jugement. On y remarque un feu d'imagination peu ordinaire, une censure fine & délicate des mœurs des hommes, sur-tout des Européens, qui, quoiqu'ils se glorifient de plusieurs avantages, ne valent, peut-être, pas mieux que les peuples qu'il leur plaît d'appeller infidèles & barbares. Si c'est un préjugé favorable pour l'ouvrage, que le plaisir que j'ai eu à le traduire, je suis tenté de croire qu'il plaira. Mais, comme je sais fort bien qu'un original a des graces qu'il est quelquefois difficile de rendre dans une traduction, je dois prendre sur mon compte les défauts de celle-ci, d'autant plus que, pour lui donner un air François, j'ai pris la liberté de m'écarter, mais fort rarement, des expressions de mon auteur, & d'en substituer d'autres, qui, en faisant le même sens, différent un peu quant à la forme. Je l'ai fait à bonne intention; &, si je n'ai pas réussi, on ne doit s'en prendre qu'à moi; car, outre que l'original est écrit d'un style très-pur & très-beau par rapport à la latinité, il est encore rempli d'un badinage très-fin, & de mille agrémens qu'il est bien plus aisé de sentir que d'exprimer.

VOYAGE
DE
NICOLAS KLIMIUS
DANS LA RÉGION SOUTERRAINE.

CHAPITRE PREMIER.
Descente de l'auteur dans les abîmes.

APRÈS avoir subi les deux examens dans l'université de Coppenhague en 1664, & me trouvant revêtu, par les suffrages des tribunaux tant de philosophie que de théologie, du caractère appellé *louable*, je me disposai à retourner dans ma patrie à bord d'un navire qui faisoit voile vers Berge, capitale du royaume de Norwège.

J'étois chargé de témoignages avantageux de l'une & l'autre faculté, mais fort léger de finances. J'avois cela de commun avec les autres

A

étudians de Norwège, qui reviennent ordinairement chez eux dotés de haut favoir, mais fort mal pourvus d'argent.

Nous avions le vent en poupe; &, après six jours d'une heureuse navigation, nous abordâmes au port de Berge. Ce fut ainsi que je revins dans ma patrie, plus savant, à la vérité, que je ne l'étois quand j'en sortis, mais pas plus riche. Je vécus aux dépens de mes amis, qui voulurent bien m'aider quelque tems, durant lequel ma vie, quoique précaire, ne fut ni tout-à-fait oisive, ni entièrement paresseuse : car voulant me signaler par l'étude de la physique, dans laquelle j'étois déjà initié, je parcourus avec soin les quatre coins de la province (1), fouillant avidemment dans les entrailles de la terre & des montagnes, pour connoître leurs différentes qualités. Il n'y avoit point de rocher si escarpé où je ne gravisse, point de précipice si affreux où je ne tâchasse de pénétrer, pour voir si je n'y trouverois pas par hasard quelque chose digne de la curiosité d'un physicien : car la Norwège contient diverses raretés qui, si elles étoient en France, en Italie, en Allemagne, ou dans quelqu'un de ces pays féconds en merveilles, où l'on sait

---

(1) Cette province c'est le Bergenhus.

faire valoir jusqu'aux moindres choses, ne manqueroient pas d'être recherchées & considérées avec une diligence infinie. Parmi ces curiosités, celle qui me parut la plus digne de mon attention, fut une caverne située au haut d'une montagne que les naturels du pays nomment Floïen, & dont l'entrée est taillée en écore. La bouche de cette caverne exhale de tems en tems un petit vent qui n'est pas désagréable, & qui, formant un son pareil à des sanglots, semble tantôt vouloir élargir le passage, & tantôt le vouloir boucher. Cela a exercé plusieurs savans personnages de la ville de Berge, sur-tout le célèbre Abelin, & le sieur Edouard, maître-ès-arts & régent du collège, tous deux fort versés dans la physique & dans l'astronomie. Ces messieurs ne pouvant, à cause de leur grand âge, se transporter sur les lieux pour examiner un effet si étonnant, avoient souvent excité leurs compatriotes à sonder plus avant la nature de cette caverne, & à examiner sur-tout les vicissitudes régulières de ce soupirail, dont le soufle ressemble, en quelque sorte, à l'haleine d'un homme qui respire avec difficulté.

Poussés par les discours des personnes en question, autant que par ma propre curiosité, je formai le dessein de descendre dans cette caverne, & je m'en ouvris à quelques-uns de mes amis, qui, bien loin de m'encourager, me traitèrent d'extravagant & de désespéré. Je fus peu ému de leurs remontrances, & au lieu de me détourner de mon entreprise, ils ne firent qu'accroître mon impatience. L'envie de faire de nouvelles découvertes dans la nature me rendoit incapable d'écouter aucun avis, & le mauvais état de mes affaires domestiques étoit un puissant aiguillon pour me faire affronter les plus grands périls.

En effet la misère me talonnoit, & il me sembloit bien dur de manger le pain d'autrui dans le sein de ma patrie, sans espérance de pouvoir me tirer d'affaire. Enfin je jugeois qu'il n'y avoit pas moyen de parvenir, à moins que je ne m'illustrasse par quelque coup hardi qui rendît mon nom célèbre.

Dans cette idée, je fis les préparatifs nécessaires pour mon expédition, & sortis de la ville un jeudi de grand matin, par un tems pur & serein, me flattant de revenir avant la fin du jour; mais je me trompois furieusement dans mon calcul, ne prévoyant pas que, comme un second Phaéton, transporté dans un autre monde,

J'allois rouler en l'air par un espace immense;

& que ce ne seroit qu'après avoir erré dix

ans, que j'aurois le plaisir de revoir ma patrie & mes amis.

Cependant je continuois mon chemin, accompagné de quatre hommes payés pour m'aider dans mon entreprise. Ils portoient les cordes & les crocs dont j'avois besoin pour descendre dans la caverne. Cette expédition extraordinaire commença en l'année 1665 : Jean Munthe, Laurent Severin, Christiernn Bertholdi, & Laurent Scandius étant bourgmêtres & sénateurs de Berge. Nous nous rendîmes à Sandwic, par où l'on monte plus commodément sur la montagne. Arrivés au sommet, nous gagnâmes le lieu où étoit l'antre fatal ; &, comme nous étions fatigués du chemin que nous avions fait, nous nous reposâmes un peu pour nous refaire l'estomac par un bon déjeûné dont nous nous étions nantis avant notre départ. Je sentis tout-à-coup mon cœur palpiter, comme s'il eût voulu me prédire quelque malheur prochain. Je me tournai vers ceux qui m'accompagnoient : « Mes amis, leur dis-je, » y a-t-il quelqu'un de vous qui veuille ten- » ter le premier l'entrée de cette caverne » ? Comme ils ne me répondoient point, j'eus honte de ma foiblesse ; &, reprenant courage, j'ordonne qu'on me prépare une corde, & je recommande mon ame à Dieu. J'avertis mes

A iij

gens de lâcher la corde jusqu'à ce que je criasse ; qu'alors ils eussent à s'arrêter ; & que, si je continuois à crier, ils me retirassent promptement. Je me munis moi-même d'un croc qui me parut nécessaire pour écarter les obstacles qui pourroient s'opposer à ma descente, & pour tenir toujours mon corps suspendu dans un juste milieu des deux côtés de la caverne.

A peine étois-je descendu à la hauteur de dix ou de quinze coudées, que la corde se rompit. Ce malheur me fut annoncé par les cris & les clameurs de mes gens, que je n'entendis bientôt plus ; car je descendis avec une rapidité étonnante, & comme un autre Pluton,

Je m'ouvris un chemin jusqu'au fond des abîmes (1) ;

excepté qu'au lieu de sceptre j'avois un croc dans la main.

Je volai environ un quart-d'heure, autant qu'il me fut possible de le remarquer dans l'agitation extrême où je me trouvois, au travers d'une épaisse obscurité. Mais enfin j'apperçus une petite clarté pareille à celle qui nous vient du crépuscule du matin. La lumière s'augmente,

---

(1) Je continuerai à traduire en vers françois tous les vers latins qui se rencontrent en assez grand nombre dans le corps de cet ouvrage, & j'espère qu'on n'en sera pas fâché.

& je découvre bientôt moi-même un ciel pur & sans nuage. Je fus assez fou pour croire que cela étoit l'effet de la repercussion de l'air souterrain, ou que la violence d'un vent contraire m'avoit repoussé, ou que la caverne m'avoit revomi par la réciproquation de son souffle. Néanmoins je ne reconnoissois plus ni le soleil, ni le ciel, ni les autres astres que je voyois, & ils me paroissoient tous plus petits que ceux de notre firmament ; de sorte que je me persuadai, ou que toute la machine de ce ciel que j'avois devant mes yeux n'existoit que dans mon cerveau égaré, & n'étoit que l'effet de mon imagination troublée ; ou qu'ayant perdu la vie, je me trouvois dans le séjour des bienheureux. Cette dernière pensée me faisoit rire, lorsque je me voyois armé de mon croc, & traînant après moi un bout de corde qui ressembloit à une queue, sachant bien qu'on n'alloit pas en paradis dans un pareil équipage, qui, bien loin de plaire aux saints, me feroit paroître, à leurs yeux, comme un nouveau Titan qui venoit attaquer l'olimpe & troubler le repos des dieux. Cependant, quand je vins à peser sérieusement les choses, je jugeai que je me trouvois dans un monde souterrain, & que ceux qui croyent que la terre est concave, & qu'elle renferme sous sa surface un monde plus petit que le nôtre, ne se trompent point. L'évènement fit voir que j'avois rencontré juste. En effet, je sentois diminuer la violence de la secousse qui me portoit en bas, à mesure que j'approchois d'une planète ou d'un certain corps céleste, qui s'offroit le premier sur ma route. Cette planète me parut peu-à-peu si grande, que j'y pouvois distinguer sans peine, à travers l'atmosphère qui l'environnoit, des montagnes, des mers & des valées ;

> Tout ainsi qu'un oiseau vole & se précipite
> A travers mille écueils, sur les bords d'Amphitrite,
> De même je volois entre la terre & l'air.

Pendant que je me considérois ainsi nageant au milieu des airs, je sentis tout-à-coup ma course, qui jusqu'alors avoit été perpendiculaire, devenir circulaire. Les cheveux m'en dressèrent à la tête ; je me crus perdu sans ressource, craignant d'être transformé en une planète ou en satellite de celle dont j'approchois, & que je ne fusse par-là condamné à tourner éternellement. Mais lorsque je faisois reflexion que cette métamorphose ne dérogeroit point à ma dignité, & qu'il valoit autant être un corps céleste, ou le satellite d'un corps céleste, qu'un philosophe mourant de faim, je sentois rallumer mon courage ; d'autant plus que, par le bénéfice de l'air pur dans lequel je nageois, je n'avois ni faim ni soif. Je me ressouvenois pourtant fort bien que j'avois mis dans mes poches quelques pièces de ce pain que les habitans de Berge nomment Bolken, qui est de figure ovale, ou plutôt longue. J'en tirai un morceau, bien résolu d'en manger, si je le trouvois encore à mon goût. Mais, à peine j'y eus mordu dessus, que je compris que toute nourriture terrestre n'étoit plus bonne qu'à me causer des vomissemens; sur quoi je pris le parti de jetter mon pain, comme une chose qui m'étoit désormais inutile. Mais, ô prodige! ce pain ne fut pas plutôt parti de ma main, qu'il resta non-seulement suspendu en l'air, mais commença même à décrire un cercle autour de moi ; & ce fut alors que je reconnus les véritables loix du mouvement, qui font que les corps posés en équilibre tournent en cercle. A la vue de ce pain tournant autour de moi, je sentis ma rate s'enfler; & comment aurois-je pu me défendre des sentimens de l'orgueil, moi qui, ayant été jusqu'alors le jouet de la fortune, me voyois changé, non pas en planète subalterne, mais en planète qu'un satellite devoit toujours escorter, & qui pouvoit être comptée parmi les astres majeurs, ou parmi les planètes du premier ordre ? Et, s'il faut confesser ma foiblesse, j'ajouterai que cette idée me gonfla l'esprit de tant de vanité, que je crois que, si j'avois alors rencontré les bourgmêtres de Berge, je les aurois reçus avec dédain, & les aurois regardés comme des atômes qui ne valoient pas la peine que je les saluasse, pas même du croc que je tenois dans ma main.

Je fus trois jours dans cette situation ; je dis trois jours, car, comme je tournois sans cesse autour de la planète qui étoit proche de moi, je pouvois très-bien distinguer les jours & les nuits, & voir le soleil souterrain se lever, s'abaisser & disparoître de devant mes yeux, bien que je sentisse une grande différence entre ces nuits & les nôtres ; puisqu'après le coucher du soleil, le firmament paroissoit lumineux & d'un éclat à-peu-près égal à celui de la lune : ce qui me faisoit juger que le lieu où j'étois, étoit la superficie du firmament la plus proche de la région souterraine, ou l'hémisphère de cette même région, d'autant plus que la lumière que je voyois, étoit empruntée du soleil placé au centre de ce globe. Je me forgeois cette hypothèse en homme qui n'étoit pas tout-à-fait étranger dans l'étude de l'astronomie. Je me croyois toucher au bonheur des dieux, & me regardois déjà comme un astre d'importance, que les astronomes de la planète voisine alloient placer, avec le satellite dont j'étois environné, dans le catalogue des étoiles, lorsque je vis paroître à mes yeux un monstre ailé, d'une grandeur énorme, qui me poursuivoit à droite, à gauche & au-dessus de ma tête. Je crus, au premier aspect, que c'étoit un des douze signes du ciel souterrain, & je souhaitois fort, au cas que ma conjecture se trouvât vraie, que ce fût la vierge, ne doutant pas que je ne vinsse à bout de l'appaiser, & de tirer parti d'elle dans la solitude où je me trouvois. C'étoit, au fond, le seul système des douze signes qui pût m'être bon à quelque chose. Mais, lorsque ce corps se fût approché de moi, je n'apperçus qu'un griffon affreux & cruel.

Je me sentis aussitôt saisi d'une frayeur mortelle; &, dans mon premier trouble, m'oubliant moi-même & ma dignité astrale (1) en même tems, je mis la main dans ma poche, & en tirai mon témoignage académique que j'avois par hasard encore sur moi, & que je montrai à mon ennemi, pour lui prouver que j'avois subi les examens de l'université, que j'étois étudiant, & bachelier, qui plus est, &

_____

(1) Messieurs les puristes me passeront ce terme. Je l'ai forgé pour éviter la circonlocution, que je n'aime pas.

que j'étois en état de repousser vertement toute sorte d'adversaires dans la dispute. Mais ce premier transport s'étant dissipé, je revins à moi, & ne pus m'empêcher de rire de mon extravagance. J'étois cependant encore incertain sur le dessein que pouvoit avoir ce griffon en me suivant de si près, si c'étoit comme ami, ou comme ennemi, ou si, attiré par la nouveauté de ma figure, il étoit venu simplement pour me contempler : & cela se pouvoit fort bien ; car la vue d'un corps humain tournant en l'air avec un croc à la main, & une longue corde en façon de queue, pouvoit facilement avoir excité la curiosité d'une brute, puisque, comme je l'ai appris depuis, cette même figure de ma personne donna aux habitans du globe autour duquel je tournois, matière à divers discours & à plusieurs conjectures : car leurs philosophes & leurs mathématiciens me crurent une comète, & prirent la corde que je traînois après moi, pour la queue de la comète. Il y en avoit qui me regardoient comme un météore extraordinaire, qui présageoit quelque malheur tel que la peste, la famine, ou quelqu'autre catastrophe non moins funeste. D'autres étoient allé plus loin, & ils avoient tracé & dessiné la figure de mon corps, telle qu'elle leur avoit paru de loin ; de sorte que j'étois

Je commençai donc a me defendre contre ce furieux animal.

décrit, défini, dépeint & gravé même sur l'airain par les habitans de ce globe, avant que j'eusse abordé chez eux. J'appris tout cela dans la suite, & je m'en divertis beaucoup, lorsqu'ayant été porté sur ce globe, j'eus appris la langue souterraine.

Il est à remarquer qu'il paroît aussi des astres soudains & inattendus, que les Souterrains appellent *sciscisi*, c'est-à-dire, chevelus, & dont ils font des descriptions affreuses, car ils disent que les cheveux de ces astres sont de couleur de sang, & raboteux vers la tête; de sorte que leur crinière ressemble à une longue barbe. Ils les mettent au rang des prodiges célestes, tout comme on a accoutumé de faire dans notre monde. Mais, pour revenir à mon sujet, le griffon dont je parlois tantôt, s'approcha enfin si fort de moi, qu'il m'incommodoit fort par le battement de ses aîles: mais ce fut bien autre chose, lorsque je le vis prêt à me dévorer la jambe. Je compris alors à quel dessein il suivoit son nouvel hôte, & vis bien qu'il falloit faire de nécessité vertu. Je commençai donc à me défendre contre ce furieux animal; &, empoignant mon croc avec les deux mains, je rallentis un peu l'audace de mon ennemi, l'obligeant plusieurs fois à se battre en retraite; mais, comme il revenoit sur moi, & qu'il continuoit à me harceler; sans qu'un ou deux coups que je lui avois portés eussent rien pu opérer, je lui lançai mon croc avec tant de roideur, que l'ayant atteint sur le dos entre les deux aîles, je ne pouvois plus retirer le trait dont je l'avois percé. Le monstre, ainsi blessé, jetta un cri terrible, & tomba, un moment après, vers le globe dont j'ai déja parlé. Pour moi, qui étois dégoûté de ma dignité astrale, que je voyois exposée à divers dangers, comme cela arrive d'ordinaire à ceux qui occupent les grands emplois,

    A de pareils revers las de me voir en bute,
    Je suivis volontiers l'animal dans sa chûte;
    Sans savoir où j'allois, je volois au hasard.
        Comme on voit souvent sur le tard,
    Quand le ciel est serein, ou que la lune éclaire,
        Plus d'une étoile passagère,
        Qui voltigeant de haut en bas,
    Semble vouloir tomber, & qui ne tombe pas.

Ainsi le mouvement circulaire que je faisois tantôt, & que j'ai décrit ci-dessus, redevint perpendiculaire.

Je passai avec rapidité au travers d'un air plus épais que celui que je venois de quitter, & dont le bruit & l'agitation m'étourdissoit. Enfin, sans me faire mal, je tombai sur le globe avec l'oiseau qui mourut peu d'heures après de sa blessure. Il étoit nuit lorsque j'arrivai sur cette planette. Je n'en pouvois juger que par l'absence du soleil, & non pas par les ténèbres; car il faisoit si clair, que je pouvois lire distinctement mon témoignage académique. Cette clarté nocturne vient du firmament, qui n'est autre chose que le revers de la surface de la terre, dont l'hémisphère donne une lumière pareille à celle que la lune rend chez nous; de sorte qu'à ne considérer que cela, on peut bien dire que sur le globe en question, les nuits diffèrent peu des jours, si ce n'est que pendant la nuit le soleil est absent, & que cette absence rend les soirées un peu plus fraîches.

CHAPITRE II.

Descente dans la planète de Nazar.

J'AVOIS traversé les airs, comme je viens de dire, & le griffon sur lequel j'étois descendu perdant de son activité à mesure qu'il perdoit ses forces, m'avoit posé doucement à terre sans le moindre inconvénient. J'étois couché en plein air, attendant tranquillement ce que le retour du soleil me feroit éprouver de nouveau, lorsque je commençai à sentir mes anciennes infirmités, la faim, & la soif, se réveiller. Je me repentis alors d'avoir si étourdiment jetté mon pain. Accablé de lassitude, & l'esprit rempli de mille soucis, je m'endormis d'un profond sommeil. Il y avoit déjà, autant que je pouvois conjecturer, environ deux heures que je ronflois, lorsqu'un horrible beuglement vint troubler mon repos, & un rêve agréable, qui occupoit alors mon esprit. Il me sembloit tantôt que j'étois de retour en Norwege, & que je racontois mes avantures à ceux qui me venoient voir; & tantôt enfin je croyois être proche de Fanoë, & d'entendre chanter le sieur Nicolas, diacre de l'église de saint André, qui avec sa voix rude & stentorée, frappoit misérablement & selon sa coutume, mes pauvres oreilles. Je me réveille en sursaut, croyant que le mugissement que je venois d'ouïr n'étoit autre chose que la voix de ce diacre; mais ayant apperçu, pas loin de moi un taureau, je compris bien que c'étoit lui qui avoit interrompu mon sommeil par son beuglement. Je commençai à jetter mes yeux timides de tous côtés, & le soleil commençant à paroître, me découvrit des champs fertiles, & couverts de verdure. Je voyois aussi des arbres; mais, ô étonnement! ils se remuoient, quoiqu'il ne fît pas un soufle de vent capable d'agiter une plume. Dans le moment que j'examinois ce prodige, j'apperçois le taureau

reau venir contre moi en mugissant de plus belle. Je fus saisi de crainte, & comme je pensois un instant de quel côté je fuirois, je vis un arbre un peu éloigné de moi, que je crus fort propre à me mettre à l'abri de la furie de cet animal. Je m'approche de l'arbre, je l'embrasse, & commence à l'escalader; mais quelle fut ma surprise, quand je l'entendis former des accens doux, mais aigus & à peu près semblables à ceux d'une femme en colère! Ce fut bien autre chose, lorsque ce même arbre me repoussant, me sangla un soufflet à tour de bras, avec tant de force, que j'en fus tout étourdi, & tombai à la renverse. Je crus que la foudre m'avoit frappé, & j'étois près à rendre l'ame, lorsque j'entendis des murmures & des bruits sourds de tous côtés, pareils à ceux qu'on fait dans les marchés, ou dans les boutiques des marchands quand elles sont bien fréquentées. Etant revenu de mon étourdissement, je vis toute une forêt animée, & le champ où j'étois, tout rempli d'arbres & d'arbrisseaux, quoique je n'en eusse vu que six ou sept un peu auparavant.

Je ne saurois exprimer jusqu'à quel point tout cela me troubla la cervelle, & combien j'eus l'esprit ému à la vue de ces prestiges. Il me sembloit que je dormois encore, ou je me figurois que j'allois devenir la proie des spectres,

& que je serois obsédé de ces malins esprits; enfin il n'y eut sorte d'absurdité qui ne me passât alors par l'esprit. Je n'eus pas le tems de réfléchir sur la nature ou la cause de ces automates; car un autre arbre étant accouru vers moi, baissa une de ses branches, au bout de laquelle étoient six bourgeons, qui lui servoient de doigts. Il me saisit avec cette main extraordinaire, & m'éleva en l'air en criant de toute sa force. Il étoit suivi d'un grand nombre d'autres arbres de différente espèce, qui formoient des sons & des accens articulés à la vérité, mais tout à fait étrangers à mes oreilles, de sorte que je ne pus retenir que ces mots, *pikel emi*, qui furent souvent répétés, & à force de les entendre, ils me restèrent dans la mémoire. Je compris aussi bientôt que ces paroles signifioient une espèce de singe extraordinaire; car ils jugeoient à ma figure, & à mon équipage, que je devois être un singe peu différent de certains sapajous à longue queue, que cette contrée nourrit. Quelques-uns me prirent pour un habitant du ciel, que le grifon avoit entraîné à terre, ce qui étoit arrivé plus d'une fois, s'il en faut croire les annales du pays. Mais je ne pus savoir tout cela que quelques mois après, & lorsque j'eus appris la langue souterraine; car dans l'état présent où je me trouvois, saisi de crainte & l'horreur, je savois à peine si j'étois au monde, bien loin d'être en état de raisonner sur la nature des arbres parlans & animés, ou de deviner quel pouvoit être le but de cette procession, que je voyois faire lentement & à pas comptés. Tout ce que je pouvois comprendre par les voix & les murmures que j'entendois, c'est que les arbres étoient indignés & en colère contre moi ; & il faut avouer qu'ils en avoient grand sujet ; car l'arbre, sur lequel j'avois voulu monter, lorsque je fuyois devant le taureau, étoit la femme de l'intendant de la ville prochaine. La qualité de cette femme offensée rendoit mon crime plus grave ; car si c'eut été une femme du commun, le mal n'auroit pas été bien grand ; mais d'avoir voulu escalader une matrone de cet ordre, ce n'étoit pas bagatelle chez une nation qui se piquoit de modestie & de pudeur.

Nous arrivâmes enfin à la ville où l'on me menoit prisonnier. Elle étoit remarquable par la magnificence de ses édifices, par l'ordre, & la symmétrie de ses rues tirées au cordeau, & par une campagne agréable qui l'environnoit.

Les rues étoient remplies d'arbres ambulans, qui se saluoient mutuellement en se rencontrant. Ce salut se faisoit en baissant les branches, & plus ils les baissoient, plus la révérence étoit profonde. Dans le tems que nous paſſions il ſortit par haſard un chêne d'une belle maiſon, à la vue duquel tous les arbres qui me conduiſoient baiſſant leurs branches, reculoient par reſpect, d'où il me fut aiſé de juger que ce chêne n'étoit pas un arbre du commun. En effet, j'appris bientôt que c'étoit l'intendant de la ville, le même dont on diſoit que j'avois voulu violer la femme. Je fus emporté dans la maiſon de ce magiſtrat, dont les portes furent auſſi-tôt fermées ſur moi, ce que voyant, je commençai à me regarder comme un homme qui alloit avoir l'honneur de ſervir l'état en qualité de membre d'une chiourne.

Ma crainte redoubloit à la vue de trois gardes qui ſe promenoient devant l'hôtel, comme des ſentinelles; ils étoient armés chacun de ſix haches, ſelon le nombre de leurs branches; car autant de branches, autant de bras; autant de bourgeons, autant de doigts. Les têtes étoient placées au haut des troncs, & reſſembloient aſſez à celles des hommes. Au lieu de racines, ils avoient deux pieds extrêmement courts, ce qui étoit cauſe que les habitans de cette planette marchoient à pas de tortue. Il me ſembloit auſſi que ſi j'avois été libre, je leur aurois bien échappé, & je les euſſe même défiés de me rattraper, tant je faiſois de différence entre leurs piés & les miens.

Cependant je jugeois que ces arbres étoient non-seulement les habitans de cette planète, mais encore qu'ils étoient doués de raison; & j'admirois cette admirable variété que la nature se plaît à mettre dans ses ouvrages. Ces arbres n'égalent point la hauteur des nôtres, & même la plupart ne surpassent guère la taille ordinaire des hommes; j'en voyois de beaucoup plus petits, qu'on auroit pris pour des fleurs, ou pour des plantes, & je jugeois que c'étoient des enfans. C'est une chose étonnante que le labyrinte de diverses pensées, où me jetta la vue de ces phénomènes, les soupirs qu'elle m'arracha, & combien je regrettois alors ma chère patrie : car quoique ces arbres parussent sociables par le bénéfice de la parole dont ils jouissoient, & par une espèce d'intelligence que je remarquois en eux, & qui pouvoit les faire compter parmi les animaux raisonnables, je doutois néanmoins qu'on pût les comparer aux hommes, & je ne pouvois me persuader que l'équité, la clémence, & les autres vertus morales fussent des vertus qui eussent lieu chez eux. Agité de cette foule de pensées, je sentis mes entrailles tressaillir, & des ruisseaux de larmes couler de mes yeux. Pendant que je me livrois ainsi en proie à la douleur, les archers qui me gardoient entrèrent dans la chambre où j'étois. Je les pris pour des licteurs à cause de leurs haches. Cependant, ils me font signe de les suivre, & formant un cercle autour de moi, ils me mènent par la ville dans une grande maison, bâtie au milieu d'une place. En passant par les rues, je croyois être revêtu de la dignité dictatoriale, & je me regardois comme au-dessus d'un consul Romain; car les consuls de Rome n'étoient accompagnés que de douze haches, & moi j'en avois dix-huit à ma suite. Sur la porte de la maison, où j'étois conduit, paroissoit en bas relief, la figure de la justice, tenant une balance à la main, ou pour mieux dire, à un rameau. Elle étoit représentée sous l'image d'une vierge; elle avoit l'air grand, le regard sévère, son visage ne paroissoit ni humble, ni cruel, mais mêlé d'une certaine gravité respectable.

La vue de cet emblême me fit aisément juger que j'étois devant le palais du sénat. Cependant les portes s'ouvrent, & l'on me fait entrer dans la salle de l'audience, dont le pavé étoit de marbre à la mosaïque, & fort reluisant; je vis un arbre au haut bout de cette salle placé sur un trône doré comme dans un tribunal, c'étoit le président. Il avoit à sa droite douze assesseurs & autant à sa gauche; ceux-ci étoient assis sur des gradins, chacun selon son rang. Le président de l'assemblée étoit un palmier d'une taille médiocre; mais il étoit remarquable parmi les autres juges à cause de la variété de ses feuilles, qui étoient teintes de plusieurs couleurs. Il avoit à ses côtés vingt-quatre huissiers armés de six haches chacun. Je frémis d'horreur en les voyant, & je jugeai que cette nation devoit être fort sanguinaire.

Cependant je ne fus pas plutôt entré, que les juges se levèrent étendant leurs branches en haut, & après cette cérémonie, chacun reprit sa place; pour moi je restai à la barre, entre deux arbres qui avoient chacun le tronc couvert d'une peau de brebis. Je les pris pour des avocats, & c'en étoient aussi. Avant qu'ils commençassent à plaider, on couvrit la tête du président d'un manteau de feutre. Le plaignant fit un court plaidoyer, auquel le défendeur fit une réponse aussi courte. Les plaidoyers de l'un & de l'autre furent suivis d'un silence de demi-heure; au bout de laquelle le président, ayant ôté le voile qui le couvroit, se leva, & étendant de nouveau ses branches, prononça avec décence certaines paroles que je crus qui contenoient ma sentence: car dès qu'il eut cessé de parler, je fus renvoyé, & conduit dans une vieille prison, d'où je me figurois qu'on m'alloit tirer comme d'un grenier, pour me faire fouetter par la main du bourreau.

Dès que je me vis seul dans ce réduit, je me rappellai tout ce qui venoit de se passer, & je ne pouvois m'empêcher de rire quand je réfléchissois sur la folie de la nation où je me trouvois; car ces juges qui m'avoient fait mon procès, me paroissoient plutôt des pantomimes, que des magistrats, & leurs gestes, leurs ornemens, leur manière de procéder, me sembloient plus dignes du théâtre que d'un tribunal consacré à Thémis. Là dessus je vantois le bonheur de notre monde, & la supériorité des Européens sur toutes les autres nations. Mais quoique je blâmasse la folie des peuples souterrains, j'étois pourtant obligé d'avouer, qu'on devoit les mettre au-dessus des brutes; car la splendeur de leur ville, la symétrie de leurs maisons indiquoient assez que ces arbres n'étoient pas dépourvus de raisonnement, ni tout-à-fait ignorans dans les arts, & sur-tout dans la méchanique; mais je les croyois sans politesse ni éducation, & j'étois persuadé qu'il ne falloit pas chercher chez eux la vertu.

Pendant que je m'entretenois ainsi en moi-même, je vois entrer un arbre tenant une palette à la main. Il s'approche de moi, me déboutonne ma poitrine, & me dépouille d'un côté, dont il me prend le bras, le retrousse,

& me saigne. Quand il m'eut tiré la quantité de sang qu'il vouloit avoir, il me banda le bras fort adroitement. Il examina mon sang avec beaucoup d'attention, mêlée d'une espèce d'admiration, après quoi il se retira.

Cette nouvelle aventure me confirma dans l'idée que j'avois déjà de l'extravagance de cette nation, idée dont je ne revins que lorsque j'eus appris la langue du pays, & qui se changea alors en étonnement & en admiration. Voici comme tout cela me fut expliqué dans la suite. On avoit cru à ma figure que j'étois un habitant du firmament; & on s'étoit mis en tête que j'avois voulu violer une matrone du premier rang, c'est pourquoi on m'avoit traîné à l'audience comme un criminel. L'un des avocats avoit exagéré ma faute, & en avoit sollicité le châtiment selon la rigueur des loix; l'autre avoit plaidé pour moi, & avoit demandé un délai du supplice, jusqu'à ce qu'on fût informé qui j'étois, d'où j'étois, & si j'étois brute ou animal raisonnable. L'élévation des branches n'étoit autre chose qu'un acte de religion, par lequel les juges se préparoient à bien prononcer sur le différend des parties. Les avocats étoient couverts d'une peau de brebis, afin de se ressouvenir de l'innocence & de l'intégrité avec laquelle ils devoient s'acquitter de leurs fonctions; & en effet il n'y en a point là qui ne soient gens de bien & intégres; ce qui prouve qu'on peut trouver dans un état bien policé des avocats qui ont des sentimens & de la probité. Dans le pays dont je parle, les loix sont sévères contre les prévaricateurs. Il n'y a ni subterfuges, ni échappatoires qui les mettent à l'abri de leur rigueur; point d'asyle, point d'intrigue pour sauver ceux qui ont été condamnés, ni personne qui sollicite en faveur des perfides.

On repète aussi trois fois les mêmes paroles chez cette nation, à cause de sa lenteur naturelle à concevoir les choses, qui la distingue des autres peuples. Il y a peu de gens chez celui-ci, qui comprennent d'abord ce qu'ils n'ont lu ou entendu qu'une seule fois. Ceux qui ont la conception plus vive, & qui comprennent avec plus de facilité, sont regardés comme incapables de juger des procès, & ne sont que fort rarement élevés aux emplois de quelque importance : car on a éprouvé que l'état s'étoit trouvé en danger toutes les fois qu'il avoit été administré par des gens qui avoient beaucoup de pénétration, & qu'on appelle ailleurs de grands génies : qu'au contraire ceux que le vulgaire appelle des hébétés avoient toujours réparé le mal que les autres avoient fait. Tout cela a fort l'air paradoxal, je l'avoue, mais lorsque je le pesois mûrement, je ne le trouvois pas aussi absurde qu'on pourroit se l'imaginer.

L'histoire qu'on me fit au sujet d'une femme, qui avoit exercé l'emploi de président, me surprit encore davantage. Ce président femelle, étoit une fille native de la ville en question, elle fut élévée par le prince à la dignité de *kaki*, c'est-à-dire, de juge suprême de la ville; car telle est la coutume de cette nation de ne mettre aucune différence de sexe par rapport aux charges de l'état, & de n'avoir égard qu'au mérite en les conférant. Mais afin de pouvoir juger des qualités d'un esprit, & de connoître la portée d'un chacun, il y a des séminaires établis, dont les directeurs sont appellés *karattes*, ce qui signifie, à proprement parler, des examinateurs ou scrutateurs. Leur office est de sonder & d'examiner le naturel & les qualités des jeunes gens, dont ils doivent mettre à part ceux qui sont propres aux emplois publics, & envoyer un rôle particulier au prince, avec une liste générale des différens talens, par lesquels les autres peuvent se rendre utiles à la patrie. Ayant reçu ce catalogue, le prince fait écrire sur un livre les noms de tous les candidats, afin d'avoir toujours présens à son esprit, &, pour ainsi dire, devant ses yeux, ceux qu'il doit revêtir des emplois vacans.

La fille en question avoit mérité, depuis quatre ans, un témoignage avantageux de la part des karattes; le prince y eut égard, & l'établit présidente du sénat de la ville où elle étoit née; c'est un usage sacré, & immuable chez les Potuans (c'est le nom de ce peuple) d'être employé dans la ville où l'on est né, étant persuadés qu'on a toujours plus d'affection pour l'endroit où l'on a reçu la naissance & l'éducation, que pour un autre. Palmka, (c'est le nom de cette fille) exerça son emploi avec beaucoup de gloire pendant l'espace de trois ans, & fut regardée comme l'arbre le plus sage de la ville. Elle avoit d'ailleurs la conception si tardive, qu'elle ne pouvoit comprendre les choses qu'on lui disoit, qu'à la troisième, ou quatrième répétition; mais aussi dès qu'elle avoit compris une chose, elle en connoissoit tous les tenans & les aboutissans; & elle prononçoit si judicieusement sur les affaires les plus épineuses, que toutes ses décisions étoient regardées comme des oracles.

Comme une autre Thémis, dans sa juste balance,
Elle examinoit tout au poids de l'équité.
On ne la vit jamais opprimer l'innocence,
Ni jamais s'éloigner de son intégrité.

Enfin, on m'a assuré qu'elle ne prononça jamais de sentence qui ne fût confirmée par le suprême tribunal des Potuans, & qui ne reçût même de grands éloges. Je pensois donc, en considérant toutes ces choses, que cet établissement en faveur du beau sexe n'étoit pas aussi mal imaginé, qu'il me l'avoit paru d'abord; & je me disois à moi-même: quel mal y auroit-il, par exemple, quand la femme du bourguemaître de Berge connoîtroit des causes, & prononceroit les sentences ? Quel mal y auroit-il encore quand la fille de l'avocat Severin, qui est une personne qui ne manque ni de savoir, ni d'éloquence, plaideroit à la place de son stupide père ? Non, cela n'apporteroit aucun préjudice à notre jurisprudence, & peut-être Thémis ne recevroit pas les soufflets qu'on lui donne. Enfin il me sembloit, vû la manière précipitée avec laquelle on procéde aux jugemens parmi nos Européens, que ces sentences hâtives, & précoces, seroient sujettes à une terrible censure, si elles étoient tant soit peu examinées de plus près.

Mais pour revenir à l'explication de ce qui m'étoit arrivé, voici ce que j'appris au sujet de la phlébotomie que j'avois soufferte. C'est la coutume chez ce peuple, que dès qu'il y a un criminel qui mérite le fouet, ou la torture, ou la mort, on lui ouvre la veine avant que de l'exécuter, pour voir s'il a agi par malice, ou par la disposition du sang ou des humeurs qui sont dans son corps, & si par cette opération, il y auroit moyen de le rendre plus homme de bien. De manière qu'à le bien prendre, les tribunaux de ce pays là sont plutôt établis pour corriger les gens que pour les tourmenter. Cette manière de corriger par la saignée renferme pourtant une espèce de châtiment, puisqu'on a attaché une note d'infamie à subir cette opération par sentence juridique. Que si ceux qui ont passé par cette correction, viennent à faire une rechûte, on les relègue au firmament, où ils sont tous reçus sans distinction. Je parlerai tantôt plus au long de cet exil, & de sa nature. Quant à l'étonnement que le chirurgien, qui m'avoit phlébotomisé, avoit marqué à la vue de mon sang, la cause en étoit telle : il n'avoit jamais vu de sang rouge ; car les habitans de ce globe n'ont dans les veines qu'un suc blanc, qui, plus il a de blancheur, plus il marque la pureté des mœurs.

Voilà ce dont on m'informa, lorsque j'eus appris la langue souterraine, & qui commença à me faire juger plus favorablement de cette nation, que je n'avois fait auparavant, l'ayant d'abord condamnée avec assez de témérité. Cependant, quoiqu'au premier abord j'eusse pris ces arbres pour des fous & des extravagans, j'avois bien remarqué qu'ils n'étoient pas destitués de tout sentiment d'humanité, & que par conséquent ma vie n'étoit point en danger. Ce qui me confirmoit dans cette espérance, c'est que je voyois qu'on m'apportoit réglément à manger deux fois par jour. Les mêts consistoient en fruits, herbes & légumes. La boisson étoit composée d'une certaine liqueur douce & agréable.

Le magistrat sous la garde duquel j'étois, donna bientôt avis au prince de la nation, lequel faisoit sa résidence dans une ville peu éloignée, qu'il lui étoit tombé entre les mains, & par cas fortuit, un animal raisonnable, mais d'une forme inouïe & particulière. Sur quoi le prince, excité par la nouveauté du fait, ordonne qu'on me fasse apprendre le langage du pays, & qu'ensuite on m'envoie à sa cour. Aussitôt on me donne un maître de langue, des instructions duquel je sus si bien profiter, que, dans six mois, je me trouvai en état de pouvoir converser avec les habitans. J'avois à peine fait ces progrès dans la langue souterraine, qu'il vint un second ordre de la cour touchant mon établissement ultérieur ; en vertu de cet ordre, je fus mis dans le séminaire, afin que les karattes puſſent examiner & ſcruter les forces & la portée de mon génie, obſervant ſoigneuſement le genre de profeſſion où je pourrois le mieux me diſtinguer. Tout cela fut exécuté à la lettre; &, pendant tout le cours de cette épreuve, on n'eut pas moins ſoin de mon corps que de mon eſprit. Sur-tout on tâchoit de me donner, autant qu'il étoit poſſible, la forme & la figure d'un arbre, par le moyen des branches poſtiches qu'on agençoit ſur mon corps.

Cependant je revenois tous les ſoirs chez mon hôte, qui m'exerçoit, de ſon côté, par des diſcours & des queſtions à perte de vue. Il ſe plaiſoit ſur-tout à m'entendre faire le récit des aventures que j'avois eues dans mon voyage en la région ſouterraine; mais ce qui le frappoit davantage, c'étoit la deſcription de notre monde, de l'immenſe étendue du ciel qui l'environnoit, & de cette quantité innombrable d'étoiles dont ce même ciel étoit parſemé. Il écoutoit tout cela avec une avidité extrême, mais il rougiſſoit un peu quand je lui parlois de nos arbres, que je lui repréſentois inanimés, immobiles, attachés fixement à la terre par des racines; & il ne pouvoit s'empêcher de me regarder

regarder avec quelque espèce d'indignation, quand je l'assurois que nous coupions ces arbres pour en chauffer nos poëles & pour cuire nos mêts. Néanmoins, après avoir réfléchi un peu sérieusement là-dessus, sa colère s'appaisoit, & il élevoit ses cinq branches (car il n'en avoit ni plus ni moins) vers le ciel, admirant les jugemens du créateur, dont les desseins lui paroissoient impénétrables. La femelle, ou, si l'on veut, l'épouse de cet arbre avoit jusqu'à-lors évité ma présence, à cause du sujet qui m'avoit fait traîner devant la justice ; mais, quand elle eut appris que c'étoit la coutume dans mon pays de monter sur les arbres, & que c'étoit cela qui avoit causé ma méprise, elle bannit ses soupçons, & s'accoutuma à me voir ; mais, comme je craignois, au commencement, que le souvenir de ma faute involontaire ne lui revînt dans l'esprit, & ne me privât pour jamais de sa bienveillance, j'avois la précaution de ne lui parler qu'en présence de son mari.

CHAPITRE III.

Description de la ville de Kéba.

J'ÉTOIS encore au seminaire, occupé à mon épreuve, lorsqu'un jour il prit fantaisie à mon hôte de me faire voir la ville, & de me mener dans les lieux les plus dignes de ma curiosité. Nous marchâmes sans aucun embarras; &, ce qui me parut le plus surprenant, sans qu'aucun habitant accourût pour me voir : ce qui est bien différent de ce qui se pratique chez nous, où toutes les fois qu'il passe quelque chose d'un peu extraordinaire, les hommes viennent par troupes repaître leurs yeux curieux : mais les habitans de cette planète, peu avides de nouveautés, ne cherchent que le solide. La ville porte le nom de Kéba, & tient le second rang parmi les villes des Potuans. Les habitans ont tant de gravité & de retenue, qu'on les prendroit tous pour des sénateurs, plutôt que pour de simples citoyens. C'est là le véritable domicile des vieillards : je ne crois pas qu'il y ait d'endroit où l'on fasse plus de cas de l'âge, ni où la vieillesse soit plus honorée ; non seulement on respecte les décisions, mais on regarde les moindres signes de sa volonté, comme des règles qu'il faut suivre. Une chose m'étonnoit, c'étoit de voir cette nation si sage & si modeste se plaire aux spectacles, aux comédies, & à voir des combats ridicules. Tout cela me sembloit peu s'accorder avec cette gravité qu'ils affectoient. Mon hôte s'appercevant de mon étonnement : Ne soyez pas surpris, me dit-il, de ce que vous voyez ; tous les habitans de ce pays partagent leur tems entre les choses sérieuses & les badinages ;

Nous savons accorder Jupiter & Saturne.

Parmi les beaux établissemens qu'il y a dans la principauté des Potuans, on doit particulièrement remarquer la liberté que chacun a de se procurer tous les plaisirs qui ne portent aucun préjudice, qui semblent être faits pour fortifier l'esprit, & le rendre plus propre à s'acquitter des fonctions les plus éminentes : car qui ne sait que les plaisirs honnêtes & innocens dissipent les vapeurs bilieuses, & les nuages épais de la mélancolie, qui obscurcissent la sérénité de l'ame, & qui sont des sources intarissables de séditions & de mauvais desseins ! Les Potuans ont fort bien connu cette vérité ; c'est pourquoi ils ont jugé à propos de faire succéder les jeux à leurs occupations sérieuses ; & ils ont si bien trouvé l'art de mêler l'urbanité à la sévérité, que la première ne dégenère jamais en pétulance, ni l'autre en tristesse. Il n'y avoit qu'une chose qui me choquât dans leurs divertissemens, c'étoit de les voir compter, parmi leurs spectacles & leurs jeux scéniques, les disputes de l'école. En effet, à certains jours de l'année, il se fait des gageures, & l'on fixe un certain prix pour les vainqueurs. Les disputeurs entrent en lice comme des gladiateurs; on les anime à-peu-près comme on fait chez nous les coqs ou les bêtes féroces. Les riches de ce pays-là nourrissent des disputeurs, comme on nourrit en Europe des chiens de chasse. Ils les font dresser & instruire dans l'art de disputer, que nous appellons dialectique, afin qu'ils soient rendus propres aux combats établis pour un certain jour de l'année. Il y a tels de ces disputeurs dont les victoires ont enrichi ceux qui les ont nourris & dressés. Un certain Henoch avoit amassé, dans l'espace de trois ans, quatre mille ricats des triomphes d'un seul disputeur qu'il entretenoit, & pour lequel des gens qui cherchoient à gagner quelque chose par cette sorte de profession, lui ont offert plus d'une fois des sommes exorbitantes; mais il ne vouloit point encore se priver de ce trésor qui lui rapportoit de si bons revenus tous les ans. Ce disputeur avoit une admirable volubilité de langue ; quand une fois il étoit sur les bancs, rien ne lui réſiſtoit ; il changeoit le blanc en noir, les quarrés en longs ; il mettoit tout en combuſtion par le moyen de ſes ſyllogiſmes & de ſes raiſonnemens captieux. Il n'y avoit point d'oppoſant aſſez brave pour lui tenir tête ; il les réduiſoit tous au ſilence, quand il vouloit, avec ſes *diſtinguo*, *ſubſumo*, *&c*. J'aſſiſtai à ces ſpectacles non ſans chagrin, & ſans me fâcher de voir changer en comédies, ce qui fait le plus bel ornement de nos collèges ; & il me paroiſſoit indigne & impie de tourner en jeux mimiques, ce que nous avons de plus auguſte dans nos écoles. Certainement j'avois bien de la peine à retenir mes larmes, quand je me rappellois que j'avois ſoutenu chez nous trois fois des thèſes qui m'avoient couvert de gloire, & attiré les applaudiſſemens des ſavans. Mais ce qui me déplaiſoit le plus, c'étoit la manière dont on diſputoit. On amenoit certains agaceurs nommés cabalcos, qui portoient des aiguillons avec leſquels ils piquoient les flancs des diſputeurs, dès qu'ils remarquoient leur feu s'amortir, afin de les ranimer, & de rallumer en eux l'ardeur de la diſpute. Je paſſe ſous ſilence bien d'autres choſes que j'ai remarquées à ce ſujet, dont le ſouvenir me fait encore rougir de honte, & que je ne pouvois m'empêcher de condamner dans une nation si bien policée. Outre les combats de ces disputeurs, que les Potuans nomment masbakos, c'est-à-dire, brouillons, on en voyoit encore de quadrupèdes, tant féroces que privés, & d'oiseaux sauvages, pour lesquels les spectateurs payoient quelques pièces d'argent.

Je demandois à mon hôte comment il se pouvoit faire qu'une nation si raisonnable changeât en jeux de cirque des exercices destinés à faciliter les moyens de parler en public, & à découvrir la vérité. A cela, il me répondoit que pendant les siècles de la barbarie, on avoit fait, à la vérité, beaucoup de cas de ces exercices ; mais qu'ensuite l'expérience ayant fait toucher au doigt, que la dispute ne faisoit qu'obscurcir & étouffer la vérité, rendre les jeunes gens arrogans, exciter des troubles & anéantir les sciences solides, on les avoit bannis des universités, pour les reléguer au cirque ; qu'enfin l'événement avoit fait voir que, par le silence, la lecture & la méditation, les étudians étoient plutôt parvenus au grade de maître-ès-arts.

Cette réponse, toute spécieuse qu'elle étoit, ne put jamais me satisfaire. Il y avoit dans la ville une université ou académie, où l'on enseignoit, avec décence & gravité, les arts libéraux. Mon hôte m'introduisit dans l'auditoire de cette école, un jour qu'on devoit créer un madic, c'est-à-dire, un docteur en philosophie. Cette création se fit sans cérémonie, si ce n'est que le candidat prononça un fort beau & fort docte discours sur un certain problême de physique. Dès qu'il eut fini sa tâche, les présidens de l'université ne firent autre chose que de l'inscrire parmi ceux qui jouissent du privilège d'enseigner publiquement. Mon hôte m'ayant demandé comment cela m'avoit plu, je lui répondis ingénuement, que cet acte m'avoit paru trop sec & trop maigre, eu égard à l'appareil qui suit ordinairement nos promotions. Je me mis en même tems à lui expliquer comment cela se pratiquoit chez nous, & comment ces sortes d'actes étoient précédés de divers genres de dispute. A ces mots de disputes, mon hôte, fronçant le sourcil, me demanda de quelle nature elles étoient, & en quoi elles différoient de celles des universités souterraines. Je lui repartis qu'elles rouloient, pour l'ordinaire, sur des sujets doctes & curieux, sur-tout sur ce qui regardoit les mœurs, le langage & les habillemens de deux nations antiques, qui avoient fleuri jadis en Europe ; & je l'assurai bien sérieusement que, dans trois thèses savantes que j'avois soutenues, j'avois fait une fort belle dissertation sur les vieilles pantoufles de ces deux nations. Là-dessus mon hôte fit un si grand éclat de rire, que toute la maison en retentit. Son épouse, attirée par le bruit qu'il faisoit en riant, accourut pour lui en demander la cause. Pour moi, j'étois dans une si grande colère, que je ne daignai pas lui répondre ; il me sembloit vilain & indigne, de traiter des choses si graves & si importantes avec des risées. Mais le mari ayant dit lui-même à sa femme de quoi il s'agissoit, celle-ci en rit de tout son cœur. Cette affaire étant ensuite divulguée par la ville, n'y excita pas moins de sujets de rire ; & j'ai su que la femme d'un certain sénateur, quand on lui fit ce récit, se prit si furieusement à rire, qu'elle en pensa crever ; quelque tems après, la fièvre l'ayant emportée au tombeau, on crut communément qu'elle étoit morte des efforts qu'elle avoit faits en riant, qui lui avoient enflé les poumons, & causé la maladie qui l'avoit retranchée du nombre des vivans : mais tout cela n'étoit pas bien avéré, & n'étoit que des conjectures. Au reste, c'étoit une dame de beaucoup de mérite, & une illustre mère de famille ; car elle avoit sept branches, ce qui est fort rare dans ce sexe. Tous les honnêtes arbres la regrettèrent. Elle fut enterrée vers le minuit au-delà des vergers de la ville, & dans les mêmes vêtemens qu'elle avoit en mourant. C'est une sage coutume chez ces peuples, qui est passée en loi, d'enterrer les morts hors de la ville, car ils croient que les humeurs qui sortent des cadavres corrompent l'air. Ils ne sont pas moins avisés quant à l'usage d'ensévelir les morts sans pompe ni ornemens; & rien ne me paroît moins prudent que d'orner & de parer des corps tout prêts à être rongés des vers. On fait cependant une espèce de funérailles, & l'on prononce une oraison funèbre à l'honneur de chaque défunt, laquelle n'est autre chose qu'une exhortation à bien vivre, & un tableau de la mort que l'on présente, en quelque sorte, aux yeux des auditeurs. Des censeurs gagés assistent toujours à ces sortes de sermons; ils ont ordre de remarquer attentivement si l'orateur exagère ou exténue le mérite de la personne morte. Delà vient que les orateurs de ce pays-là sont extrêmement économes de louanges, de peur d'encourir la peine portée contre ceux qui louent les gens au-delà de leur mérite. Me trouvant un jour à une pareille oraison, je m'informai de mon hôte, quel rang avoit tenu dans le monde le héros dont on célébroit la mémoire, & quelle charge il avoit exercée. Il me répondit que c'étoit un laboureur qui, venant des champs à la ville, étoit mort en chemin. Pour lors, je crus avoir trouvé l'occasion de me venger des risées de mon hôte, & de repousser contre les habitans souterrains les traits qu'ils avoient lancés à mon occasion contre les Européens. Et pourquoi de grace, lui dis-je avec un ris moqueur, ne fait-on pas aussi une harangue à l'honneur des bœufs & des taureaux qui sont les compagnons & les camarades des paysans? Et si l'on trouve matière à une oraison funèbre dans ceux qui mènent la charrue, les animaux qui la tirent n'en fourniront-ils point?

Mais mon hôte, sans s'émouvoir, me pria de modérer mon rire, & m'apprit que les laboureurs étoient infiniment estimés & honorés dans tout le pays, à cause de la noblesse de leur profession, & qu'il n'y avoit point d'art plus honnête que celui de l'agriculture; qu'ainsi tout honnête paysan étoit regardé comme un bon père de famille, le père nourricier & le patron de tous les citoyens; & qu'enfin c'étoit pour cette raison, que lorsque, dans l'automne ou au printems, les paysans venoient avec un grand nombre de charriots chargés de grains, les magistrats alloient au-devant d'eux, suivis de trompettes & de timballes, & les introduisoient triomphans dans la ville, au bruit des anfares.

J'étois dans une étrange surprise en entendant ces choses, me rappellant le triste sort de nos laboureurs, qui gémissent sous une cruelle servitude, & dont les occupations nous paroissent plus viles & plus abjectes qu'aucune autre espèce de profession, sur-tout que celles qui servent à nos plaisirs & à notre luxe, comme les cuisiniers, les tailleurs, les danseurs, les musiciens, &c. Je fis part de mes réflexions à mon hôte ; mais ce ne fut que sous le sceau du silence ; car je craignois que la nation souterraine ne portât un jugement trop désavantageux contre le genre humain : mais mon hôte m'ayant promis de se taire, me mena une seconde fois dans un autre auditoire, où l'on devoit aussi faire une oraison funèbre. J'avoue que je n'ai de ma vie rien entendu de plus solide, ni de plus éloigné de toute sorte de flatterie. Cette oraison me parut un modèle sur lequel devroient se régler tous ceux qui sont engagés à faire des discours de cette espèce. D'abord l'orateur nous fit envisager le défunt du côté de ses vertus, ensuite il nous fit un détail de ses vices, de ses foiblesses, exhortant ses auditeurs à les éviter.

A notre retour, nous rencontrâmes sur nos pas un criminel que trois sergens de justice conduisoient. Il avoit aussi subi la peine du bras (c'est ainsi qu'ils appellent la saignée faite par sentence juridique) & on le menoit dans l'hôpital public. Je m'informai de la nature du crime pour lequel il avoit été condamné, & l'on me répondit que c'étoit pour avoir disputé sur l'essence & sur les attributs de Dieu : chose expressément défendue dans tout le pays, où l'on tient pour téméraires & extravagantes les disputes de cette espèce, qui ne se glissent jamais chez des créatures qui ont l'esprit droit & bien fait. C'est pourquoi on traite de fous ces disputeurs subtils; on leur ouvre la veine, & on les enferme jusqu'à ce qu'ils cessent d'extravaguer. Hélas ! me disois-je alors à moi-même, que deviendroient ici nos théologiens, eux que nous voyons tous les jours aux prises, & disputer comme des furieux sur la nature divine & sur ses attributs, sur les qualités des esprits, & sur diverses autres espèces de semblables mystères ! Quel seroit le sort de nos métaphysiciens, qui, tout orgueilleux de leurs études transcendantales, se croient non-seulement au-dessus du vulgaire, mais égaux aux dieux ! Certainement au lieu des couronnes, des bonnets & des barrètes doctorales, dont ils sont décorés chez nous, ils seroient condamnés ici à la phlébotomie, aux coups de nerfs de bœuf, aux ténèbres & à la paille. Je notois tout cela pendant le tems de mon épreuve, & bien d'autres choses encore qui ne me paroissoient pas moins paradoxales. Enfin le jour fixé par l'ordre du prince pour la fin de cette épreuve, & pour m'envoyer à la cour avec le témoignage des examinateurs, ce jour-là, dis-je, étant arrivé, je me promettois des éloges & des attestations magnifiques, comptant beaucoup sur mon propre mérite, sur celui que j'avois acquis en apprenant la langue souterraine plus vîte qu'on n'avoit pensé, sur la faveur de mon hôte, & sur l'intégrité si vantée de mes juges. Enfin je reçois ce témoignage si desiré; je l'ouvre en tressaillant de joie, tout impatient de lire mes louanges, & de connoître par-là quelle seroit ma destinée : mais, à peine en eus-je fait la lecture, que j'entrai dans une telle rage & un tel désespoir, que je ne me possédois plus. Voici en quels termes étoient conçues ces lettres de recommandation :

« En vertu des ordres que nous avons reçus
» de la part de votre sérénité, nous vous ren-
» voyons l'animal soi-disant homme, qui est
» venu ici, il y a quelque tems, de l'autre
» monde; nous l'avons instruit avec beaucoup
» de soin dans notre collège. Après avoir exa-
» miné, avec toute l'attention possible, la

» portée de son génie, & épié ses mœurs,
» nous l'avons trouvé assez docile, & d'une
» conception très-prompte, mais d'un juge-
» ment si louche, que, vu la précipitation de
» son esprit, à peine nous l'osons compter
» parmi les créatures raisonnables, bien loin
» de le juger propre à exercer aucun emploi
» tant soit peu considérable. Cependant,
» comme il surpasse tous les habitans de cette
» principauté dans la légéreté des pieds, nous
» le croyons très-capable de bien s'acquitter
» de l'emploi de courreur de votre sérénité.
» Donné dans le seminaire de Kéba, au mois
» des buissons, par les très-humbles serviteurs
» de votre sérénité,

» Nehec. Jochtan. Raposi. Chilac.

Après la lecture de ces lettres, je fus trouver mon hôte, le priant humblement, & la larme à l'œil, d'interposer son autorité pour me faire obtenir un témoignage plus favorable de la part des karattes, & de leur montrer, pour les y disposer plus aisément, mes attestations académiques, dans lesquelles il étoit parlé de moi sous le titre d'homme d'esprit, & de citoyen de grande espérance. A cela, il me repliqua que ces attestations pouvoient avoir leur prix dans mon pays, où l'on prenoit, peut-être, l'ombre pour le corps, l'écorce pour la moëlle ; mais que, dans le sien, où l'on fouilloit jusqu'aux moindres replis, elles ne serviroient de rien ; qu'ainsi il m'exhortoit à souffrir mon mal en patience, d'autant plus qu'on ne pouvoit ni ajouter, ni retrancher, ni changer quoi que ce fût au témoignage que l'on m'avoit une fois donné, puisqu'il n'y avoit pas de plus grand crime parmi eux, que de vanter des vertus fausses & imaginaires. Cependant, voulant guérir ma blessure,

> Il tâche d'adoucir le chagrin qui me ronge.
> Les dignités ne sont, me dit-il, qu'un vain songe.
> Cessez de desirer des honneurs superflus,
> Qui brillent le matin, & le soir ne sont plus.
> Le pouvoir le plus grand, le rang le plus sublime
> Peut-il parer les traits que l'envie envenime ?
> Tel court après les biens, les emplois, les honneurs
> Qui forge l'instrument de ses propres malheurs.
> Plus il est élevé, plus sa chûte est profonde ;

Et enfin il ajouta que cela n'étoit point à craindre dans une fortune médiocre ; que, pour ce qui étoit du témoignage des karattes, on ne pouvoit nier qu'il ne fût une preuve de la sagacité & de l'intégrité de ces juges, qui ne sauroient être corrompus par des présens, ni épouvantés par des menaces, que rien ne seroit capable de détourner un moment du chemin de la plus exacte vérité, & qui, à cause de cela, ne pouvoient être soupçonnés d'avoir agi à mon égard par d'autres principes. Il m'avoua ingénuement qu'il avoit aussi remarqué depuis long-tems la foiblesse de mon jugement; & qu'il avoit compris par la fécondité de ma mémoire, autant que par la vivacité de ma conception, que je n'étois pas du bois dont on faisoit les grands personnages; que, vû la petitesse de mon esprit, il n'y avoit pas moyen de me confier aucun emploi important; qu'enfin il avoit conclu par mes discours, & les relations que je lui avois faites touchant les Européens,

Que ma patrie étoit le centre des fadaises.

Il finit en m'assurant de son amitié, & en me conseillant de me préparer au départ sans aucun délai. Je suivis l'avis de ce sage personnage, d'autant plus que la nécessité m'y contraignoit; car enfin, ç'auroit été la plus grande des témérités de vouloir m'opposer aux ordres du souverain.

Je me mets donc en chemin, accompagné de divers jeunes arbres qui, étant sortis du séminaire comme moi, étoient envoyés à la cour. Le chef de la troupe étoit un vieillard d'entre les karattes ou directeurs du séminaire.

Il étoit monté fur un taureau, à caufe de la foibleffe de fon âge, & de la difficulté qu'il avoit à marcher. Car il ne faut pas croire que dans ce pays-là, il foit permis à un chacun de fe faire porter quand bon lui femble; il n'y a que les vieillards & les infirmes qui aient ce privilège, quoiqu'en général tous les habitans de cette planète duffent l'avoir, à caufe de leur lenteur naturelle à marcher. Je me fouviens, à propos de cela, que la première fois que je fis, dans ce pays-là, la defcription de nos voitures, tant chevaux, que carroffes & chaifes à porteurs, où nous nous faifons charrier tout empaquetés comme des marchandifes, ceux à qui je parlois ne purent s'empêcher de me rire au nez, fur-tout quand ils m'entendirent dire que les voifins ne fe vifitoient guère chez nous qu'en carroffe ou en chaife, & qu'on fe faifoit traîner dans les rues par quatre animaux des plus fougueux & des plus fringans.

La lenteur de ces arbres raifonnables fut caufe que nous mîmes trois jours à aller de Kéba à la réfidence du prince, quoiqu'il n'y ait que quatre milles de l'une à l'autre; & fi j'avois été feul, j'euffe pu fort aifément faire ce chemin en un jour. Je m'applaudiffois de l'avantage que j'avois, à cet égard, au-deffus de la nation fouterraine; mais j'étois mortifié,

D

quand je songeois que ce même avantage étoit cause que j'étois réservé à un emploi vil & méprisable. Je voudrois, m'écriai-je, avoir le même défaut de pieds que ce peuple, je ne serois point destiné à un office si servile & si ignoble. Là-dessus, le chef de la bande me dit : Pauvre homme, si la nature n'avoit pas compensé, par la vertu de tes pieds, la petitesse de ton génie, nous te regarderions tous comme un fardeau inutile à la terre ; car, à cause de la précipitation de ton esprit, tu ne vois que la coquille des choses & non le noyau ; &, comme tu n'as d'ailleurs que deux branches, tu es de beaucoup inférieur aux habitans de ce pays dans les ouvrages manuels. Lorsque j'eus ouï les paroles de ce vénérable vieillard, je rendis grace Dieu de m'avoir donné de bons pieds, puisque, sans cela, je n'aurois, peut-être, pas eu l'honneur d'être compté parmi les créatures raisonnables.

Pendant notre chemin, je voyois, non sans étonnement, les paysans si attachés à leur travail, qu'aucun d'eux ne tournoit seulement la tête pour nous voir passer, quoiqu'ils n'eussent vraisemblablement jamais vu de figure pareille à la mienne. Mais, quand le jour est fini, & qu'ils cessent de travailler, ils se procurent mille sortes de récréations, que le gouvernement leur permet, dans la pensée que les divertissemens innocens contribuent autant à la santé des créatures, que le boire & le manger. Je fis ce voyage avec beaucoup de plaisir; j'en trouvois un infini à voir les récréations de ces habitans, & outre cela rien n'étoit plus riant que la campagne par où nous passions. Il me sembloit voir une espèce d'amphithéâtre, de ceux j'entends que la nature seule sait former; &, dans les endroits où elle avoit été moins prodigue, l'industrie des habitans y avoit suppléé. Le magistrat destine des récompenses aux paysans qui se distinguent dans la culture de leur champ, & met à l'amende ceux qui négligent le leur. Nous passâmes au travers de plusieurs villages agréables, qui forment un fort beau point de vue, & qui, à cause de la proximité de la ville, sont toujours fort fréquentés. Nous fûmes néanmoins un peu incommodés dans notre route par certains singes sauvages, qui passoient & repassoient, & qui me prenant, à cause de la ressemblance, pour quelqu'un de leur race, me harceloient continuellement. Cela me mettoit extrêmement de mauvaise humeur, sur-tout à cause des risées des arbres qui étoient avec moi, & qui se divertissoient de cette scène; car il est bon de remarquer qu'on m'envoyoit chez le prince

D ij

dans le même équipage où j'étois quand j'arrivai dans le pays; cela veut dire que j'avois mon croc à la main, afin que sa sérénité pût voir quelle étoit la parure des Européens, & avec quel appareil j'étois venu dans sa principauté. Cependant je faisois jouer mon croc contre messieurs les singes, & je tâchois, mais en vain, de les mettre en fuite; car, comme ils fondoient sur moi par troupes, & qu'ils se succédoient les uns aux autres, il m'étoit impossible de les chasser tous, & il falloit que je fusse toujours en défense.

CHAPITRE IV.

Relation de la cour du prince des Potuans.

Nous arrivâmes enfin dans la ville royale de Potu, qui donne son nom à toute la contrée. Cette ville est belle & magnifique : ses édifices sont plus exhaussées que ceux de Kéba, & ses rues sont plus larges, mieux pavées & plus commodes. La première place que nous traversâmes, étoit environnée de boutiques de marchands, d'artisans & d'ouvriers de toute sorte. Je fus frappé de voir au milieu de cette place un criminel debout, & la corde au cou. Il étoit environné d'arbres respectables qui formoient en cercle une espèce de sénat autour de lui. Je m'informai de ce que cela pouvoit signifier, & pour quel sujet ce pauvre diable d'arbre alloit être pendu, vu qu'il étoit si rare chez cette nation de voir condamner quelqu'un à la mort. On me dit, que le criminel, que je voyois, étoit un innovateur, c'est-à-dire, un faiseur de projets, qui vouloit qu'on abrogeât un certain usage fort ancien; que ceux qui l'entouroient étoient des sénateurs préposés pour examiner, selon la coutume, le nouveau projet, & que s'ils le trouvoient bien imaginé, avantageux à l'état, le criminel ne seroit pas seulement absous, mais recevroit encore une récompense considérable : que si au contraire le projet étoit trouvé pernicieux, & le projeteur convaincu de n'avoir cherché, dans l'abrogation de cet ancien usage, que son intérêt particulier, il seroit étranglé sans miséricorde. Cette sévérité à l'égard des innovateurs est cause, que peu de gens osent se hasarder dans ce pays-là de proposer l'abolition d'aucune loi, ou coutume, à moins que la chose ne soit si juste & si claire que l'on puisse être sûr du succès : car la nation souterraine est si jalouse de ses anciens statuts, & elle est si fort persuadée que les anciens sont toujours les meilleurs, qu'elle ne souffre pas impunément les innovations, de peur que la liberté de changer & d'abolir les loix & les coutumes, n'ébranlent les fondemens de l'état. « Hélas ! me disois-je alors à moi-même, que » deviendroient ici les faiseurs de projets de » notre pays, eux qui sous la couleur du » bien public, méditent tous les jours de » nouveaux réglemens, non à cause de l'intérêt » général, mais en faveur de leur intérêt par- » ticulier ? » Cependant nous arrivons devant une grande maison où l'on a coutume de recevoir ceux qui sortent des seminaires de tout le pays, & qu'on envoye dans la ville capitale. C'est de cette maison qu'on les introduit, à la cour. Lé Karatte sous la conduite duquel nous étions venus, nous ordonna à tous de nous préparer à paroître devant le prince, pendant qu'il iroit lui annoncer notre arrivée.

A peine étoit il sorti, qu'un bruit extraordinaire, semblable aux cris d'une multitude qui triomphe, & se réjouit, vint frapper nos oreilles. Ces acclamations étoient accompagnées de fanfares qui résonnoient de tous côtés. Surpris d'entendre tout cela, nous sortîmes pour voir de quoi il étoit question, & nous apperçûmes un arbre qui marchoit, suivi d'un nombreux cortège. Il portoit une couronne de fleurs sur sa tête, & sa vue nous offrit le même citoyen que nous avions remarqué debout &

la corde au cou, au milieu de la place. La cause de ce triomphe venoit de l'approbation du projet, lequel n'est point venu à ma connoissance, non plus que les raisons dont l'innovateur s'étoit servi, pour combattre la coutume, ou la loi qu'il avoit fait abroger. Ce sont là des choses qu'il n'est pas possible de découvrir chez cette nation, qui se pique d'un secret & d'un silence impénétrable, par rapport aux choses qui regardent la république, & qui ont été débattues dans le sénat ; jamais il ne transpire rien au dehors de ce qui a été résolu, ou agité dans cette auguste assemblée, en cela bien différente des nôtres, au sortir desquelles on va dans les cafés, & dans les cabarets, raconter ce qui s'est passé dans le conseil, & en faire le sujet de ses causeries. Cependant au bout d'environ une heure, notre karatte arrive, & nous ordonne à tous de le suivre ; il est obéi sur le champ. Nous nous mettons à marcher par les rues, & en passant j'apperçois des arbres du commun, portant plusieurs livrets qui traitoient de toute sorte de choses curieuses & mémorables. Parmi la foule de ces ouvrages, j'en vois un, qui avoit pour titre, *Dissertation sur le nouveau & rare phénomène qui a paru l'année dernière, ou sur le Dragon volant.*

Je me reconnus tel que j'étois, lorsqu'avec

mon croc, & ma queue de corde, je tournois autour de la planète ; ma figure paroissoit en taille douce ; je ne pus m'empêcher de rire en la voyant, & me dis à moi-même :

Quel bizarre portrait ! quelle figure horrible !

J'achetai pourtant le livre, & j'en payai trois kilacs, ce qui revient à la valeur de deux florins de notre monnoie. Je continuai mon chemin avec mes camarades, & j'avois bien de la peine à m'empêcher de faire des éclats de rire en rêvant à cette aventure. Nous arrivâmes enfin au palais, qui me parut plus remarquable par la propreté & le bon goût qui y regnoit, que par la magnificence des appartemens,

Où le marbre luisant formoit cent camaïeux.

Je ne voyois que fort peu de domestiques ; car la sobriété du prince est si grande, qu'elle exclut tout ce qui est au-delà du simple nécessaire ; & par conséquent, cet attirail de valets & d'officiers, qui servent dans les cours de l'europe seroit fort superflu dans celle-là : & d'ailleurs, comme je l'ai déjà remarqué, autant de branches, qu'ont ces arbres autant de bras, de sorte que pour ce qui regarde le travail des m***s, ils peuvent plus en expédier en une minute que nous en trente.

C'étoit environ l'heure du dîné lorsque nous entrâmes dans le palais du prince, & comme son altesse sérénissime souhaitoit de me parler avant que de se mettre à table, je fus introduit tout seul auprès d'elle. Ce monarque avoit l'abord extrêmement doux & affable, mêlé d'un peu de gravité. Il étoit d'une si grande égalité d'ame, qu'aucune espèce de chagrin n'étoit pas capable d'obscurcir la sérénité de son front. Dès que j'eus apperçus ce prince, je me prosternai les genoux en terre, pour lui marquer mon respect. Tous les assistans parurent étonnés de mon action, le prince me demanda la raison de cette adoration, & après que je la lui eus expliquée, il me commanda de me relever, ajoutant que ce n'étoit que par le travail & l'obéissance que l'on gagnoit ses bonnes graces, & non pas par des actes de respect qui ne convenoient qu'à l'être suprême. Après que je me fus redressé, il me fit diverses questions,

Apprends-moi, me dit-il, d'un air affable & doux,
Ton nom & le sujet qui t'amène chez nous,
Quel chemin as-tu pris, & quelle est ta patrie ?
Le pays d'où je suis est plutôt grand que beau,
Repris-je ; & j'ai pour nom Klimius ou Klimie ;
Je ne suis point venu par terre, ni par eau,
 Ni par barque, ni par bateau ;
Mais au travers des airs je m'ouvris une route,

Le prince continua à me questionner sur ce qui m'étoit arrivé en chemin, & sur les mœurs & les coutumes des peuples de notre globe.

Alors je lui exposai, le plus pathétiquement qu'il me fut possible, les belles qualités des hommes, leur génie, leur politesse & les autres choses dont le genre humain se glorifie. Mais il reçut ce récit fort froidement, & il bâilloit, pour ainsi dire, aux traits que je croyois les plus capables d'exciter son admiration. O ciel ! me dis-je alors tout bas, à moi-même, que les goûts des mortels sont différens ; ce qui nous chatouille le plus, paroît fade à ces gens ci !

De tout ce que j'avois rapporté au prince, rien ne l'avoit tant choqué, à ce qui me parut, que notre manière de procéder en justice, l'éloquence de nos avocats, & la promptitude des juges à prononcer les sentences. J'allois m'étendre davantage sur ce sujet, lorsque le prince m'interrompant, me dit d'en venir au culte & à la religion des hommes. Je lui expliquai aussi-tôt en abrégé les articles de notre croyance, à quelques-uns desquels, je voyois son front se rider, témoignant par là qu'il les approuvoit, & y souscriroit sans peine. Il s'étonnoit qu'une espèce comme la nôtre, privée du sens commun, eût des idées si saines de la divinité, & qu'elle eût les principes du culte qui lui est dû. Mais lorsque j'en vins aux sectes innombrables qui divisent les chrétiens, & que je lui racontai qu'à cause de la diversité de leurs opinions, ceux de cette religion se déchiroient leurs propres entrailles, il me dit, qu'il y avoit aussi parmi ses sujets différens sentimens par rapport au culte divin ; mais qu'on ne persécutoit personne à cause de cela. Que toute persécution excitée au sujet des matières purement spéculatives, ou d'erreurs qui ne partent que des différentes manières d'envisager les choses, étoit l'effet de l'orgueil, & de ce que chacun se croit plus habile que son compagnon, idée qui ne sauroit plaire à dieu, qui ne recommande rien tant que la modestie & l'humilité. Je ne trouble personne, ajouta t-il, pour s'écarter de bonne foi dans les choses de spéculation, de l'opinion reçue, pourvu aussi qu'on ne trouble point la pratique extérieure du culte divin, & en cela je ne fais que suivre les traces de mes prédécesseurs, qui ont toujours pensé, que c'étoit une chose cruelle, que de vouloir lier & garotter, en quelque sorte, les pensées des créatures raisonnables, & dominer sur les consciences. J'observe scrupuleusement la même règle par rapport aux affaires politiques ; de sorte que je me mets peu en peine, si mes sujets ont des opinions différentes à l'égard de ma figure, de ma manière de vivre, de mon économie, & de plusieurs autres choses de cette nature, pourvu qu'ils reconnoissent, que je suis leur légitime souverain à qui ils doivent l'obéissance : moyennant cela, je les tiens tous pour bons citoyens.

Seigneur, lui repondis-je alors, ce que votre altesse sérénissime vient de dire, c'est ce que nous appellons chez nous le syncretisme, & nos savans se déchaînent fort contre ce systême.

Il ne me laissa pas parler davantage ; & s'en allant un peu en colère, il m'ordonna de demeurer jusqu'après le repas.

Ce prince se mit à table ayant son épouse à sa droite, le prince son fils de l'autre côté, & ensuite le kadoke ou grand chancelier. Celui-ci s'étoit acquis une grande réputation parmi les Potuans, à cause de sa politesse & de sa prudence. Depuis vingt ans qu'il exerçoit sa charge, il n'avoit ouvert aucun avis qui n'eût été bien reçu de tous les membres du conseil ; & n'avoit rien établi dans les affaires publiques qui n'eût été inébranlable : ses paroles étoient autant d'axiômes pour la nation. Mais ce ministre avoit une conception si tardive, que pour dresser le plus petit édit, il lui falloit quatorze jours. C'est pourquoi je m'imagine qu'il auroit joué un pauvre rôle chez nous, où l'on donne volontiers au temporisement le nom de paresse, & de lâcheté. Jamais il ne concevoit la moindre chose qu'il ne la considérât de tous les biais, & n'établissoit jamais rien qu'au préalable il n'eût mûrement examiné ce qu'il alloit faire, & si pourtant, on pourroit dire qu'il a plus fait que dix de ceux qui expédient les affaires promptement & à la hâte, que l'on appelle vulgairement de grands génies, & dont les entreprises sont d'ordinaire réformées, changées, redressées après eux, de sorte qu'ils ne sont pas plutôt hors de charge qu'on s'apperçoit qu'ils ont tout essayé, & n'ont rien achevé. Aussi un apophthègme fort remarquable à la cour de Potu, c'est celui-ci, qu'on peut comparer ceux qui entreprennent plusieurs choses en fort peu de tems, aux gens qui se promènent par oisiveté, qui allant & venant toujours par le même chemin, se donnent beaucoup de mouvement pour ne rien faire.

La famille du prince s'étant mise à table, on commença à servir le dîné ; je vis entrer une fille qui avoit huit branches, à chacune desquelles, elle portoit, ou un plat, ou une assiette ; de sorte que dans un instant la table fut toute servie. Un moment après un autre arbre parut, portant huit bouteilles pleines de mout, & d'une autre espèce de liqueur douce. Cet arbre avoit neuf branches, & on faisoit beaucoup de cas de lui, à cause de l'avantage qu'il avoit sur bien d'autres au travail que l'on exige des domestiques dans une maison. C'est ainsi qu'à la cour de potu, deux domestiques font plus que ne font dans nos cours ces cohortes de valets & de pages. On desservit avec la même promptitude. Le repas étoit frugal, mais servi proprement. De tous les mets que l'on présenta, le prince ne goûta que de celui qu'il avoit trouvé bon, fort différent en cela des grands de notre monde qui ne trouvent jamais que le repas ait été bon, si les premiers mets n'ont été remplacés par d'autres meilleurs, & en plus grand nombre, & si les services ne se sont succédés de la sorte les uns aux autres. Durant le dîné, le prince s'entretint d'affaires d'état, afin de toujours mêler l'étude avec les plaisirs. On fit aussi mention de moi, & l'on dit qu'à considérer la célérité de mon esprit, il y avoit apparence que j'étois d'un bois dont on pourroit à peine faire un messager.

Après qu'on eut cessé de manger & de boire,

On m'ordonna de produire le témoignage que j'avois apporté du seminaire, & on le lut à haute voix, après quoi le prince jettant les yeux sur mes pieds, dit que les karattes avoient parfaitement bien jugé, & que leur sentiment à mon égard seroit suivi ric à ric. Cette réponse fut pour moi un coup de foudre; mes larmes commencèrent à couler abondamment, & je demandai revisions des pièces, alléguant que, si on examinoit encore une fois plus attentivement les qualités de mon génie, j'osois espérer un jugement plus gracieux. Le prince qui étoit équitable, & rempli de clémence, ne se mit point en colère à cette demande, quoiqu'elle fût désagréable & inouie; mais il ordonna un nouvel examen, & en chargea le karatte qui nous avoit amenés, & qui étoit présent à cette scène. Le prince sortit là-dessus, & le karatte se mit à me proposer de nouvelles questions, que je tâchois de résoudre avec ma vivacité ordinaire. Il faut avouer, me dit-il, que tu saisis le sens des choses qu'on te dit, avec une admirable promptitude, mais elles t'échappent aussi-tôt; & tes réponses montrent assez évidemment qu'une difficulté est chez toi plutôt conçue que bien connue.

A la fin de cet examen, le prince rentra dans l'appartement, & ayant appris ce qui s'étoit passé, il prononça bientôt la sentence suivante: qu'ayant mal-à-propos révoqué en doute le jugement des karattes, j'avois encouru le châtiment porté contre les calomniateurs par l'espace troisième de l'espace majeur & quatrième de la loi (ils entendent par espaces majeurs & mineurs, ou skibal & kibal, les livres & les chapitres;) qu'en conséquence je méritois d'être saigné de mes deux branches, selon la forme ordinaire, & d'être enfermé dans un cachot. Les termes de la loi, liv. 4, chap. 3 des calomnies, sont proprement ceux-ci *spik. antri. flak. skak mak. tabu mihalatti filac.* Que quoique ce passage fût fort clair, la loi expresse, & ne souffrant aucune exception, néanmoins sa sérénité potuane avoit résolu par une faveur particulière de me faire grace, & de me pardonner mon crime, tant à cause du défaut de mon esprit précoce, qu'à cause de l'ignorance où j'étois par rapport à la loi même, & aussi parce qu'on pouvoit faire grace à un nouveau venu, un étranger, sans violer la loi. Qu'enfin, pour me mieux témoigner sa faveur & sa bienveillance, il m'avoit accordé une place parmi ses coureurs ordinaires, dont il espéroit que je serois satisfait.

En achevant ces mots, il manda le kiva ou secrétaire d'état, & lui ordonna de m'inscrire sur la liste des candidats qui venoient d'arriver & qui devoient être promus. Ce secrétaire étoit d'une figure avantageuse, car il avoit onze branches, & pouvoit par conséquent écrire onze lettres à la fois, en aussi peu de tems que nous en mettons à en écrire une : Cependant, comme il étoit d'un jugement médiocre, il n'a jamais pu monter plus haut, & on le laissoit vieillir dans cet emploi, qu'il exerçoit déjà presque depuis trente ans. C'étoit lui pourtant à qui je voyois bien que j'aurois le plus à faire, & à qui je devois le plus m'attacher, puisque c'étoit lui qui écrivoit les édits & les dépêches.

Je me suis souvent étonné de la dextérité avec laquelle il s'acquittoit de ses fonctions : ce n'étoit point une chose rare de le voir écrire onze copies d'une lettre à la fois, & les cacheter toutes onze en même-tems. L'avantage que cela donne, fait qu'on juge de la prospérité d'une famille par le nombre des branches que les enfans ont. Delà vient que dans ce pays-là, les accouchées qui se sont heureusement délivrées, en l'envoyant annoncer à leurs voisins & voisines, observent de faire spécifier le nombre de branches qu'a eu l'enfant qu'elles ont mis au monde. Le bruit commun étoit que le pere du secretaire en question, avoit eu douze rameaux, & que toute sa race étoit fameuse pour la quantité de branches.

Cependant je reçois le diplome ou la patente

de ma nouvelle dignité, & me voilà installé parmi les coureurs de son altesse. Je fus me coucher dans la chambre qu'on m'avoit préparée; mais quoique je me sentisse fort fatigué, je passai pourtant la meilleure partie de la nuit sans pouvoir fermer l'œil; car j'avois continuellement dans la tête la bassesse de l'office auquel j'étois condamné. Il me sembloit bien honteux & bien vilain à un candidat du ministère, un bachelier du grand globe, d'être obligé de jouer le vil personnage de coureur, & de coureur d'un prince souterrain. Ce fut dans ces sortes de pensées que je passai une grande partie de la nuit sans pouvoir m'endormir; dans cette triste situation, je lisois & relisois mon témoignage académique, que j'avois apporté avec moi (j'ai déjà dit que les nuits de ce pays ne différoient guère des jours, quant à la clarté.) J'étois toujours agité des mêmes réflexions, mais insensiblement je m'endormis tout-à-fait. Il me passa bientôt par l'esprit quantité d'images diverses. Il me sembloit encore que j'étois de retour dans ma patrie, que je racontois aux gens jusqu'à m'enrouer, tout ce qui m'étoit arrivé dans mon voyage en la région souterraine. Bientôt il me sembloit, que je naviguois encore en l'air, & que j'étois aux prises avec un autre oiseau sauvage, qui

ne donnoit bien de la tablature; les efforts
que je croyois de faire m'éveillèrent; mais
à peine j'avois ouvert les yeux, que je vis
levant moi un singe d'une grandeur énorme,
qui me frappa de crainte & d'horreur. Il étoit
entré par une porte de ma chambre, qui n'étoit
pas trop bien fermée, & s'étoit venu placer
fur mon lit. La vue de ce phénomène imprévu
me fit frémir, & m'effraya de telle sorte, que
je me mis à crier au secours, & à faire un si
terrible tintamare que toute la chambre en
retentit. Le bruit que je fis réveilla quelques
arbrisseaux, qui couchoient dans des lieux contigus à celui où j'étois. Ils entrent chez moi,
& me trouvant luttant contre le singe, ils ne
balancent pas à me secourir contre ce vilain
animal qu'ils chassent enfin dehors. J'appris
quelques jours après, que le récit de cette aventure avoit beaucoup diverti le prince, qui de
peur que pareil cas n'arrivât une seconde fois,
& que je n'en fusse mauvais marchand, ordonna
qu'on m'habillât à la souterraine, qu'on m'ornât avec de fausses branches. (Car j'ai déja dit
qu'on m'avoit renvoyé du séminaire, dans le
même état où j'étois, quand j'arrivai dans la
principauté.) On m'ôta donc mes habits à l'Européenne, & pour la rareté du fait, on les
pendit dans la garderobe du prince, avec cet

écriteau, *habillement d'une créature surterraine*. Là-dessus, je pensois en moi-même : que diroit maître Jean André, tailleur à Berge, lui qui m'a fait cet habit-là, s'il savoit qu'il y a de son ouvrage dans la garderobe d'un prince souterrain, & qu'il y est conservé avec soin parmi les choses les plus rares ? Certainement il iroit tout bouffi d'orgueil, & céderoit à peine le pas aux bourgmètres, & aux capitains de la ville.

Depuis ce tems, je dormis toujours fort tranquillement toute la nuit, & ne me réveillai jamais qu'au lever du soleil.

Cependant ayant reçu, comme je l'ai déjà dit, mes lettres patentes de coureur, on me chargea bientôt de quantité de commissions, & il me falloit toujours avoir les pieds en l'air pour porter des dépêches dans les villes du second & du premier rang. J'eus dans ces expéditions plus d'occasions d'examiner de plus près le naturel de cette nation, & je remarquai en plusieurs de ses individus une admirable affabilité. Les seuls habitans de la ville de Maholki en étoient exceptés ; ce ne sont que des buissons, qui m'ont toujours paru rudes & peu civils. Chaque province a ses propres arbres ou habitans ; ce qu'il est aisé de remarquer chez les paysans, qui ne se mêlent point avec ceux des autres districts, & qui sont tous natifs de celui où ils demeurent: mais pour les grandes villes, & sur-tout la ville royale, c'est un ramas de toutes sortes d'arbres. A mesure que je fréquentois davantage cette nation, je sentois croître en moi l'opinion que j'avois conçue de sa prudence. Les loix & les coutumes, que j'avois d'abord le plus blâmées, me paroissoient louables & remplies de justice & d'équité, mon mépris s'étant ainsi changé en admiration.

Il me seroit facile de donner ici une liste complette de certains usages, que j'ai condamnés, quand je les connoissois à peine, & que j'ai admirés après les avoir mieux connus. De six cens exemples, je n'en veux rapporter qu'un seul qui exprime au naturel le caractère intérieur de cette nation. Un certain étudiant en philologie briguoit le rectorat d'un collège. Sa requête étoit accompagnée d'une lettre de recommandation fort singulière de la part des habitans de la ville de Nahami. Leur lettre portoit, que le candidat avoit vécu dans le mariage avec une femme fort lascive, durant quatre ans, que pendant ce tems-là il s'étoit comporté en homme paisible, qui sait ce que c'est que de porter des cornes en patience. Le témoignage étoit à-peu-près conçu de la manière suivante :

« Le savant & vénérable Joûhan Hu, ayant
» demandé aux chefs de la tribu, un témoi-
» gnage de vie & de mœurs ; nous citoyens
» du district de la ville de Posko, attestons
» que ledit Joûhan Hu a passé quatre ans entiers
» dans l'état de mariage avec une épouse infi-
» dèle, que durant tout ce tems, il a vécu en
» fort bonne intelligence avec elle, supportant
» ainsi patiemment, & avec une fermeté d'ame
» merveilleuse ses cornes & son cocuage ; de
» sorte que si son savoir répond à ses mœurs,
» nous le jugeons très-propre à remplir l'emploi
» de recteur de l'école vacante. Donné le 10
» du mois de palmier 3000 après le grand dé-
» luge. » A ce grand témoignage étoit joint celui des karattes, concernant la science du postulant, laquelle paroissoit être plus nécessaire que les cornes, dont je devinois pourtant bien la relation avec l'emploi de ce maître cocu ; & voici le sens de l'enigme renfermée dans le certificat en question. Une des vertus qui rendent sur-tout un docteur recommandable, c'est la douceur ; car s'il n'est armé d'une patience de fer, tout l'attirail, ni l'étalage de son érudition, ne le rendront pas plus propre à enseigner, ni à exercer l'emploi du régent d'une école où la colère & l'emportement ne font que retarder les progrès des jeunes gens, en

leur aigriſſant l'eſprit par des châtimens infligés mal à propos. Or, comme on ne ſauroit donner de plus belles marques de modération, qu'en ſupportant auſſi patiemment un tel malheur domeſtique, que l'avoit ſupporté ledit poſtulant, les habitans du lieu n'avoient pas balancé d'inſiſter ſur cet argument, pour obtenir ce qu'ils demandoient en faveur d'un maître d'école, dont ils ſe promettoient beaucoup, vu l'exemple éclatant qu'il avoit donné d'une patience à toute épreuve. On m'a aſſuré, que le prince avoit ri de tout ſon cœur, à la vue de cette recommandation extraordinaire, qu'il ne crut pourtant pas ſi abſurde qu'elle le paroît, puiſqu'il conféra l'emploi vacant au poſtulant en queſtion, qui de ſon côté ne démentit point l'idée que ſes amis avoient conçue de lui, s'étant acquitté des devoirs de ſa charge avec toute l'adreſſe imaginable. Il régenta avec tant de douceur & de bonté, qu'il s'attira l'amitié de tous ſes diſciples, qui le regardoient plutôt comme leur père que comme leur régent. Ils ſe portoient à l'étude avec tant d'ardeur ſous un maître ſi patient & ſi débonnaire, qu'il y a peu d'école aujourd'hui dans toute la principauté, d'où il ſorte tous les ans autant d'arbres ſavans & éclairés, qu'il en ſortoit de celle-là.

Cependant ayant eu tout le tems d'étudier

les propriétés du pays, aussi bien que les mœurs & le caractère de la nation, dans l'espace de quatre ans que j'ai exercé l'office de coureur, & comme ce qui regarde sa police, sa religion, ses loix & ses études, n'a été que fort légèrement touché jusqu'à présent dans cet ouvrage, & que je n'en ai donné que quelques traits répandus çà & là, le lecteur sera bien aise de voir dans le chapitre suivant cette matière traitée plus au long, & tous ces traits rassemblés comme en un faisceau.

CHAPITRE V.

De la nature du pays des Potuans, & du caractère de ses habitans.

LA principauté du Potu n'est pas bien grande, puisqu'elle ne fait qu'une petite partie du globe où elle est placée. Tout ce globe s'appelle Nazar; il a à peine deux cens milles d'Allemagne en circuit; & on peut commodément le parcourir sans aucun guide, car on n'y parle par tout qu'une seule & même langue, quoique les Potuans soient fort différens des autres peuples de ce globe dans les affaires publiques, & en tout ce qui regarde le gouvernement, aussi bien que dans les mœurs & les coutumes,

Ils sont par rapport aux autres peuples de Nazar, ce que les Européens sont à l'égard des nations de notre monde, c'est-à-dire, qu'ils les surpassent tous en prudence & en sagesse. Tous les chemins du pays de Potu sont distingués par des pierres placées à la distance d'un mille les unes des autres. Ces pierres ont des espèces de bras ou d'autres figures sur lesquelles on lit le chemin qu'il faut tenir pour aller à telle ville ou village que l'on veut. Toute la principauté est remplie de bourgs, villages & cités. Ce que je trouve de plus étonnant, c'est ce que je viens de remarquer, que, nonobstant la diversité de mœurs, de coutumes & de génie, les habitans de ce globe s'accordent dans le langage, & parlent tous le même. Cela surprend agréablement un voyageur, & le ravit, pour ainsi dire, en extase.

Le pays est entre-coupé de rivières & de canaux, sur lesquels on voit voguer des bateaux à rames, qui fendent les ondes, non à force de bras comme chez nous, mais par des ressorts qui les font agir à la manière des automates, & qui font aller la barque comme par une espèce de vertu magique; car il n'est pas possible, à moins qu'on n'ait des yeux d'Argus & une pénétration surnaturelle, de découvrir le nœud de cet artifice, tant ces arbres sont ingénieux & subtils dans leurs inventions.

Le mouvement de ce globe est triple comme celui de notre terre ; de sorte qu'on y distingue les tems tout de même que chez nous, par les jours, les nuits, les étés, les hivers, les printems & les automnes. Les lieux situés sous les poles sont plus froids que ceux qui en sont plus éloignés. Pour ce qui regarde la clarté, il y a peu de différence entre les nuits & les jours pour les raisons que j'en ai données ci-dessus. Et l'on peut même assurer que les nuits y sont plus agréables ; car il n'est pas possible de rien imaginer de plus resplendissant que cette lumière du soleil, qui est réfléchie & reverbérée par l'hémisphère ou le firmament compacte, & renvoyée sur la planète, où elle se répand au long & au large, comme si une lune d'une grandeur immense luisoit continuellement autour d'elle.

Les habitans consistent en arbres de diverses espèces, comme chênes, tilleuls, peupliers, palmiers, buissons, &c., d'où les seize mois de l'année reçoivent leurs différens noms. L'année souterraine contient seize mois ; c'est l'espace de tems que la planette de Nazar est à faire sa révolution. Elle recommence son cours au bout de cet intervalle ; mais, comme le jour de ce recommencement n'est pas fixe, à cause du mouvement irrégulier de la planète, qui varie comme celui de notre lune, messieurs les faiseurs d'almanachs se trouvent souvent hors de game dans leurs calculs. Les différentes époques reçoivent leurs noms des principaux évènemens. Le plus remarquable est l'apparition d'une comète qui se fit voir il y a trois mille ans, & qui causa, dit-on, un déluge universel qui submergea toute l'espèce arborienne, aussi bien que toutes les autres créatures vivantes. Il y eut pourtant quelques individus qui, s'étant sauvés sur le sommet des montagnes, échappèrent à la fureur des flots. C'est de ces arbres échappés que descendent ceux qui habitent aujourdhui cette planète. La terre y produit des herbes, des légumes, & presque les mêmes sortes de fruits que nous avons en Europe ; mais on n'y voit point d'avoine ; aussi n'y est-elle pas nécessaire, puisqu'il n'y a pas de chevaux. Les mers & les lacs fournissent des poissons exquis, & ornent le pays de plusieurs rivages agréables, sur lesquels on voit des villes & des villages. La boisson ordinaire des habitans est faite du suc de certaines herbes qui sont toujours vertes, dans quelques saisons que ce soit. Ceux qui vendent cette boisson sont nommés vulgairement *minhalpi*, herbicocteurs. Le nombre en est fixé dans chaque ville, & ils ont seuls le privilège de cuire ou diftiller ces herbes. Ceux qui font ce métier ne peuvent exercer aucune autre profeffion, ni faire aucune autre efpèce de commerce que ce foit. En revanche, il eft expreffément défendu à toutes les perfonnes qui ont des emplois publics, ou qui ont des penfions de la cour, de s'ingérer dans ce négoce ; par la raifon que ces perfonnes, à la faveur du crédit qu'elles ont acquis dans leur charge, attireroient tous les acheteurs à elles, & donneroient la boiffon à meilleur prix à caufe des autres émolumens dont elles jouiffent. Et c'eft-là un inconvénient qui n'arrive que trop dans notre monde, où l'on voit des officiers & des miniftres négocier, trafiquer & s'enrichir en peu de tems par ces indignes monopoles, pendant qu'ils caufent la ruine des ouvriers & des marchands.

Le nombre des habitans s'accroît merveilleufement chaque jour, grace à un certain édit connu fous le nom de loi en faveur de la propagation. En vertu de cette loi, les bienfaits & les immunités augmentent ou diminuent, felon le nombre d'enfans qu'on a engendrés. Quiconque eft père de fix enfans, eft exempt de tout tribut ordinaire & extraordinaire : car, dans ce pays-là, on croit que rien n'est plus avantageux à l'état que la vertu prolifique des mâles & la fécondité des femmes ; en cela on pense bien différemment de la manière dont on pense dans notre pays, où l'on impose un tribut sur chaque enfant, comme sur la chose du monde la plus inutile & la plus pernicieuse. Personne, dans cette région-là, ne peut exercer deux charges à la fois ; car les Potuans ont pour maxime, que la moindre occupation demande une personne toute entière. Sur quoi je remarquerai, avec la permission de messieurs les habitans de notre globe, que les charges sont beaucoup mieux administrées chez cette nation, que parmi nous ; & la coutume de ne pas exercer deux emplois dans le même tems, est si sacrée, qu'un médecin n'ose point s'étendre ni s'ingérer dans toutes les parties de la médecine, mais est obligé de s'en tenir à un certain genre de maladie ; un musicien a un seul instrument ; & enfin il n'en va pas là comme dans notre globe, où la pluralité des fonctions énerve les forces des hommes, augmente leur mauvaise humeur, fait négliger les emplois, & est cause que nous ne sommes nulle part, parce que nous voulons être par-tout. Delà vient qu'un médecin élevé à la dignité de ministre, voulant guérir les maladies des particuliers & celles de l'état, aigrit les unes & les autres; & si un musicien veut jouer du luth, & faire le magistrat en même tems, on ne peut attendre de lui que des dissonances. Insensés que nous sommes! nous admirons des gens qui ont l'audace de vouloir exercer plusieurs emplois à la fois, de s'ingérer des plus importantes affaires, & qui se croient propres à tout. Nous ne voyons pas que ce n'est-là que l'effet d'un téméraire orgueil, qui aveugle ces gens-là sur leur foiblesse: car, s'ils connoissoient bien tout le poids des affaires & la petitesse de leurs propres forces, ils refuseroient les faisceaux, & trembleroient au seul nom de magistrature. Chez les Potuans, personne n'entreprend rien au-delà de ses talens. Il me souvient, à ce propos, d'avoir ouï discourir sur cette matière un illustre philosophe nommé Rakbasi, lequel disoit: Que chacun connoissoit son propre génie; qu'il juge sévèrement de ses vices & de ses vertus, de peur que les comédiens ne paroissent plus avisés que nous; car ils choisissent toujours les pièces qui sont le plus à leur portée, & non pas celles qui sont les meilleures. Quoi donc! un baladin saura, sur le théâtre, faire un discernement que le sage ne saura pas faire dans la vie?

Les Potuans ne sont pas distingués en patriciens & en plébéiens, ou en nobles & en rouriers. Cette distinction avoit bien lieu autrefois parmi eux; mais les princes ayant remarqué que cela étoit une source de discordes & de divisions, abolirent toutes les prérogatives attachées à la naissance, & voulurent qu'on n'estimât plus que la vertu, & que l'on n'eût plus égard qu'à elle. Si la naissance donne quelque privilège aujourd'hui, ce n'est qu'à cause de la quantité des branches que l'on apporte en venant au monde ; car l'on est estimé plus ou moins noble, à proportion de ce que l'on a de branches, par où l'on est rendu plus ou moins propre au travail des mains. Quant au génie & aux mœurs de la nation, j'en ai déjà parlé plus haut. J'y renvoie le lecteur, & je termine ce chapitre pour passer à d'autres choses.

CHAPITRE VI.

De la religion des Potuans.

Tout le système de la religion des Potuans se réduit à quelques articles qui forment une confession de foi abrégée, mais pourtant un peu plus étendue que notre symbole apostolique. Il est défendu, sur peine d'être exilé au firmament, de faire des commentaires sur les livres saints. Et, si quelqu'un a la hardiesse de disputer sur l'essence & les attributs de la divinité, ou sur les propriétés des esprits & des ames, il est condamné à la phlébotomie, & renfermé dans l'hôpital général: car ils prétendent qu'il faut être fou, pour vouloir définir des choses où notre entendement se perd & s'obscurcit comme la vue d'un hibou devant les rayons du soleil. Ils conviennent tous qu'il faut adorer un être suprême, dont la souveraine puissance a créé toutes choses, & qui les conserve par sa providence. A l'exception de ce culte universel, on ne chagrine personne pour avoir des sentimens opposés à ceux de la multitude sur les autres choses qu'on peut regarder comme des modifications de ce même culte. Ceux qui combattent publiquement la religion établie par les loix fondamentales de l'état, sont punis comme perturbateurs du repos public. Pour moi qui ne me mêlois point de faire le missionnaire, j'avois liberté entière de suivre mes sentimens à l'égard de ma religion, & personne ne m'inquiétoit sur ce sujet-là.

Les Potuans font rarement de prières; mais, quand ils en viennent là, c'est avec une telle ferveur, qu'on croiroit qu'ils sont extasiés. Quand je leur disois que, dans mon pays, on chantoit des saintes hymnes en vacant à des occupations

occupations manuelles, ils en paroiſſoient fort ſcandaliſés, & me répondoient qu'un prince de la terre trouveroit très-mauvais qu'on lui demandât une grace en ſe faiſant friſer ou en vergettant ſon habit. Ils n'approuvoient pas plus nos hymnes, eſtimant qu'il eſt ridicule de vouloir exprimer de la douleur & du repentir par des chants. Ils ajoutoient que c'étoit par des ſoupirs & par des larmes, que l'on pouvoit fléchir la colère divine, & non par la muſique ou par le ſon des flûtes & des trompettes. J'écoutois tout cela avec indignation, quand je penſois ſur-tout que feu mon père avoit été chantre d'une égliſe, & avoit mis en muſique diverſes hymnes qu'on chante à préſent dans les temples, & que moi-même j'avois auſſi voulu briguer autrefois une place de chantre. Mais je retenois ma colère, ſachant que ceux de cette nation ſouterraine défendent leurs opinions par tant de raiſons ſpé-cieuſes, qu'il n'eſt pas aiſé de les ramener de leurs erreurs, quelques évidentes quelles ſoient. Il y a encore bien d'autres vérités qu'ils com-battent avec non moins d'adreſſe & de vraiſem-blance. Par exemple, quand je diſois à ceux avec qui je vivois un peu familièrement, qu'il n'y avoit point de ſalut à eſpérer pour ceux qui croupiſſoient dans les ténèbres de l'erreur, ils me répondoient auſſitôt, qu'il ne falloit pas

F

être si prompt à damner les gens, de peur de se damner soi-même par des jugemens si téméraires; & que cette facilité à damner les autres ne partoit que d'un esprit d'arrogance & de présomption qui ne pouvoit plaire à Dieu, qui aime l'humilité; que de condamner les sentimens d'autrui, & de vouloir faire recevoir les nôtres par la force, c'étoit déclarer qu'on vouloit avoir seul les lumières de la raison en partage, & tomber par conséquent dans le défaut des fous, qui croient seuls être sages. Mais, lorsque j'objectois à mon adversaire ce que je croyois dans ma conscience, il louoit mon argument, & m'exhortoit à suivre toujours le témoignage de cette même conscience, ajoutant qu'il tâcheroit de m'imiter en cela, puisqu'en suivant chacun le dictamen de sa concience, on coupoit court à la dispute, & qu'on faisoit cesser tout différent.

Voici encore quelques erreurs que mes Potuans défendoient avec beaucoup de chaleur. Ils ne nioient pas que Dieu ne dût récompenser les bonnes, & punir les mauvaises œuvres; mais ils prétendoient que cette rétribution de récompenses & de châtiment n'auroit lieu qu'après cette vie. Je leur apportois pourtant plusieurs exemples de gens qui avoient été châtiés dès cette vie à cause de leurs crimes; mais eux m'en alléguoient autant de contraires de plusieurs arbres très-scélérats, qui avoient joui de toute sorte de bonheur pendant tout le tems qu'ils avoient vécu. Toutes les fois, disoient-ils, que nous disputons contre quelqu'un, nous tirons nos principales preuves des exemples de la vie ordinaire, & nous ne faisons attention qu'à ceux qui peuvent fortifier nos raisonnemens, sans nous soucier des autres exemples qui pourroient les combattre. Je voulois encore leur objecter le mien propre, leur montrant que ceux qui m'avoient causé du mal, avoient tous fait une fin malheureuse. A cela, ils répliquoient que c'étoit un sot amour de moi-même qui me le persuadoit, une vanité qui me faisoit croire que je valois mieux, & que je méritois plus devant Dieu que d'autres personnes, qui, après avoir souffert mille injures sans les avoir méritées en aucune façon, avoient vu vivre leurs persécuteurs dans une prospérité continuelle jusqu'à une extrême vieillesse. Enfin, lorsque je leur soutenois qu'il falloit prier Dieu au moins une fois par jour, ils répondoient qu'ils ne nioient point la nécessité de la prière ; mais qu'ils étoient persuadés que la vraie piété ne consistoit pas en cela, mais dans l'exacte observance de la loi divine. Pour preuve de ce système, ils se servoient de la comparaison familière d'un prince ou d'un légiflateur. Un souverain, difoient-ils, a deux fortes de fujets : les uns, foit malice, foit foibleffe, tranfgreffent tous les jours fes ordonnances, & paroiffent néanmoins à fa cour, où ils lui font continuellement de nouvelles prières, & lui demandent fans ceffe le pardon de leurs fautes où ils vont bientôt retomber. Les autres fujets, au contraire, ne viennent que rarement à la cour, fi ce n'eft qu'on ne leur commande ; &, fe tenant toujours chez eux, ils obfervent fidélement, & exécutent avec courage les édits du fouverain ; ils ne laiffent échapper aucune occafion de lui témoigner leur obéiffance. Qui doute qu'il ne juge ceux-ci plus dignes de fon affection, & ne regarde les autres comme des fujets lâches, méchans, à caufe de leurs tranfgreffions, & incommodes à caufe de leurs continuelles demandes ?

Je m'exerçois quelquefois à de pareilles difputes avec quelques-uns de mes amis, quoique ce fût fans aucun fuccès. J'omettrai quelques autres controverfes de même efpèce, & je continuerai à expliquer les principaux dogmes de la religion de ces peuples, laiffant au lecteur le foin de noter ce qui lui paroîtra le plus digne de fon admiration.

Les Potuans croient un feul Dieu fouverainement puissant, créateur & conservateur de toutes choses; ils prouvent son unité & sa toute-puissance par la grandeur & l'harmonie qui se rencontre dans les œuvres de la création. Comme ils sont fort versés dans l'astronomie & dans la physique, ils ont des idées si grandes au sujet de l'essence & des attributs de Dieu, qu'ils ne peuvent souffrir qu'on en raisonne, comme si l'esprit pouvoit pénétrer dans ce sanctuaire impénétrable. L'année est partagée en cinq jours de fête, dont le premier est célébré avec beaucoup de dévotion dans des lieux obscurs, où la lumière du soleil ne peut pénétrer, pour marquer que la divinité qu'ils adorent est incompréhensible. Ils paroissent dans ces lieux comme hors d'eux-mêmes, transportés de respect & d'admiration pour l'être suprême. La cérémonie dure depuis le matin jusqu'au soir, & ils sont comme immobiles durant tout ce tems-là. Cette fête est appellée le jour du Dieu incompréhensible; elle tombe au premier jour du mois de chêne. Les autres quatre fêtes se célèbrent à d'autres tems de l'année, & sont instituées pour rendre des actions de graces à Dieu, pour les bienfaits qu'on en a reçus. Il y a peu de gens, dans tout le pays, qui n'assistent à ces solemnités. Ceux qui s'en absentent, passent pour de mauvais sujets, & sont toujours méprisés, à moins qu'il n'y ait eu des raisons légitimes qui les aient empêchés. Les formules des oraisons publiques sont conçues de manière qu'il n'est pas question de ceux qui prient, mais seulement du salut du prince & de celui de l'état; de sorte que personne ne peut faire en public de prière particulière pour soi. La raison de ce réglement est afin que les Potuans soient toujours bien persuadés que le salut de chacun d'eux en particulier est si étroitement lié avec celui de l'état, que l'un ne peut être séparé de l'autre.

Ils ne contraignent personne, ni par force, ni par des amendes pécuniaires, à assister au culte divin; car comme ils font consister la piété dans l'amour de Dieu, & qu'on sait d'expérience, que la violence refroidit l'amour, bien loin de le rallumer; ils disent qu'il est non seulement inutile, mais même criminel de vouloir exciter les tiédes à force de coups. Ils appuient ce sentiment d'une autre comparaison familière. Si un époux, disent-ils, voulant exiger de son épouse un amour réciproque, s'y prend par la violence, accable cette femme de coups de poings, & la rosse pour l'amener à son but, tant s'en faut qu'il lui inspire par-là, de l'amour, qu'au contraire, il ne fait qu'accroître sa froideur qui se change enfin en haine & en horreur.

Tels sont les principaux points de la théologie potuane, qui paroîtra à quelques-uns la pure religion naturelle, comme elle me le parut d'abord à moi-même : mais les Potuans soutiennent que tous leurs dogmes sont fondés sur la révélation, & se trouvent contenus dans un livre qui leur fut envoyé du ciel, il y a quelques siècles. Autrefois, disent-ils, nos ancêtres se contentoient de suivre la religion naturelle ; mais l'expérience a montré que les lumières de la seule nature ne suffisoient pas pour régler le cœur, & que les préceptes qu'elles prescrivent, s'effacent avec le tems par la paresse & la négligence des uns, & par les subtilités philosophiques des autres, n'y ayant rien qui puisse arrêter la liberté de penser, ou la réduire dans de justes bornes, ce qui entraîne d'ordinaire la dépravation ; que c'étoit à cause de cela que dieu leur avoit voulu donner une loi écrite. Ces raisons me faisoient toucher au doigt l'erreur de ceux qui prétendent que la révélation n'est d'aucune nécessité : & je ne puis m'empêcher d'avouer ici, que si les différens articles de la croyance des Potuans, ne me paroissoient pas mériter de grands éloges, je croyois du moins qu'ils n'étoient pas tous à mépriser, bien qu'il y en ait quelques-uns auxquels je ne saurois souscrire. Une chose me sembloit digne de louange & d'admiration; c'est que dans leurs guerres, & lorsqu'ils revenoient victorieux de leurs ennemis, au lieu de réjouissances & des *Te Deum* que nous chantons chez nous, ils passoient plusieurs jours dans la retraite & dans le silence, comme s'ils eussent eu honte de leur triomphe, acheté au prix du sang de leurs semblables. Ce sont ces sentimens d'humanité, qui sont cause que dans les chroniques souterraines il est fait rarement mention d'actions militaires; mais on y voit seulement les établissemens, les loix & les fondations de l'état.

CHAPITRE V

De la police.

CHEZ les Potuans, la souveraineté est héréditaire, & affectée à une seule famille; cette succession se soutient depuis mille ans entiers, & est observée fort religieusement. Ces peuples s'en sont néanmoins écartés une fois, comme on le peut voir dans les annales du pays. Le bon sens leur avoit dicté, que ceux qui commandent aux autres doivent les surpasser en prudence, & dans toutes les autres vertus morales. Sur cela, quelques-uns d'entr'eux se mirent en tête qu'il falloit plutôt avoir égard au mérite qu'à la naissance, & éléver à la suprême dignité celui qui seroit reconnu pour le plus sage des citoyens. Dans cette pensée ils intervertirent l'ordre déjà établi dans le gouvernement, & d'un commun accord, ils élevèrent à la souveraine puissance un certain philosophe nommé Rabaku. Celui-ci gouverna d'abord avec tant de douceur & de sagesse, qu'il commença à être regardé comme le modèle des princes. Cependant ce bonheur fut de peu de durée; les Potuans s'apperçurent, mais trop tard, que la maxime vulgaire est fausse, qui dit que les états sont heureux qui sont régis par des philosophes rois. Car le nouveau monarque tiré de la poussière, & élevé au plus haut rang, ne pouvoit suppléer par ses seules vertus à ce grand art de regner, qui concilie le respect & la vénération, & qui lui manquoit absolument. Ceux qui s'étoient vus autrefois ses égaux, ou ses supérieurs, ne pouvoient guère se résoudre à obéir à un personnage qu'ils croyoient au-dessous d'eux, & toutes les fois que le nouveau prince leur donnoit des ordres, ils ne les exécutoient qu'en murmurant, ne réfléchissant point sur ce qu'étoit alors Rabaku, mais sur ce qu'il avoit été avant son élévation.

Le prince espérant de ramener les esprits par la douceur, caressoit tous ses courtisans; mais ses caresses ne lui servirent de rien, & l'on commença à lui résister & à le contredire ouvertement. Rabaku crut alors, qu'il falloit recourir à d'autres remèdes, pour contenir ces gens inquiets ; il cessa d'user de clémence, & donna dans la cruauté ; mais cette autre extrêmité ne fit qu'enflammer ces étincelles, qui dégénérèrent bientôt en incendie. Les sujets se révoltèrent ouvertement contre lui, & la première rébellion ayant été mal assoupie, alloit bientôt être suivie d'une seconde, si Rabaku, considérant enfin qu'un état ne peut subsister, s'il n'est régi par quelqu'un dont la naissance illustre & le souvenir de ses ancêtres lui concilie l'amour & le respect des peuples, n'avoit abdiqué la souveraineté en faveur d'un prince, que le droit de naissance y appelloit. Ainsi la paix fut rendue à l'état avec son légitime prince : & les Potuans ont toujours observé depuis de ne rien changer à l'ordre de la succession ; & ils ne s'en départiront jamais sans une nécessité pressante. On lit néanmoins dans les annales, qu'un autre philosophe voulut apporter un tempérament à la loi faite en faveur de la succession ; c'étoit non pas de renoncer à l'ordre établi pour la famille souveraine, mais de choisir parmi les enfans du prince celui qui paroîtroit le plus digne de régner, & de lui déférer le sceptre. Ce philosophe ayant ainsi proposé le nouveau réglement, se soumit à l'examen accoutumé dans sa patrie. On lui mit la corde au col, pendant qu'on délibéroit sur l'utilité qu'on pourroit retirer de son projet. Le sénat s'étoit assemblé à cet effet. On recueillit les voix, & le plus grand nombre se trouva contraire. Il fut décidé que la nouvelle loi étoit téméraire & pernicieuse, &, comme telle, on la condamna. Les sénateurs crurent que ce nouveau réglement ouvriroit la porte à une infinité de troubles & de dissentions, donneroit occasion aux autres jeunes princes d'exciter des séditions, & qu'ainsi il valoit mieux s'en tenir au droit de primogéniture, & reconnoître pour légitime successeur à la couronne l'aîné des princes, quoique les cadets eussent plus de mérite que lui. La nouvelle loi ayant donc été abolie, l'innovateur fut étranglé; car les innovateurs ou faiseurs de projets sont les seuls qu'on punit de mort dans ce pays-là. Les Potuans croient que les réformations, quelques justes & bien dirigées qu'elles soient, ébranlent les fondemens de l'état, & qu'elles le renversent de fond en comble, lorsqu'elles sont hâtées & mal-conçues.

Quoique l'autorité du souverain ne soit point

bornée par les loix, on peut dire néanmoins que les princes potuans gouvernent plutôt en pères qu'en souverains. Ils aiment la justice, non pour se conformer aux loix, mais uniquement pour l'amour d'elle-même. Ils savent accorder la liberté des peuples avec les droits de la souveraine puissance, deux choses qui, partout ailleurs, paroissent incompatibles.

Parmi les maximes de ces princes, l'une des plus louables est celle qui les porte à maintenir, entre leurs sujets, une juste égalité, autant que la sûreté de l'état le peut permettre. Là, on ne voit point ces différentes classes de dignités qui sont parmi nous. Les inférieurs obéissent à leurs supérieurs ; les jeunes gens vénèrent les vieillards ; & puis c'est tout.

Il est vrai que les annales du pays font foi que, quelques siècles auparavant, les distinctions de dignités & de rangs avoient eu lieu parmi les Potuans, & avoient été même réglées par des ordonnances publiques ; mais il paroît aussi qu'elles occasionnèrent divers troubles dans les familles ; car l'aîné ne vouloit pas céder à son frère cadet, ni le père à ses fils ; de sorte qu'un arbre fuyoit la présence de l'autre pour prévenir les disputes de rang : ce qui interrompoit le commerce de la vie, les conversations & les sociétés. Ce n'étoit pas là le seul inconvénient ; car ces distinctions allant toujours en augmentant, il arrivoit que les arbres les plus recommandables par leurs qualités personnelles & par la quantité de leurs branches, lorsqu'ils se trouvoient par hasard à quelque festin ou à quelqu'autre assemblée, étoient toujours assis sur des tabourets aux dernières places, parce que tout arbre qui avoit un mérite intérieur, de la sagesse & de la grandeur d'ame, ne pouvoit jamais se résoudre à affecter un vain caractère de primauté qu'il méprisoit : mais les arbres sans mérite, qui n'étoient bons à rien, voulant cacher ce défaut-là sous un clinquant propre à éblouir les foibles, fatiguoient le prince par des sollicitations continuelles, jusques à ce qu'ils eussent obtenu quelque titre. Delà vint que les titres devinrent dans la suite la marque à laquelle on connoissoit les arbres les plus méprisables.

C'étoit une chose bien risible pour les étrangers qui se trouvoient dans quelque assemblée des Potuans de ce tems-là, de voir les plus vils buissons placés dans des fauteuils ou sur des sophas, pendant que des palmiers, des chênes ou des cèdres à dix ou douze branches, étoient assis sur des bancs ou des tabourets ; car il est à remarquer qu'il y avoit peu de buissons qui n'eussent un caractère. Cette marotte d'avoir des titres avoit sur-tout saisi les femelles des arbres; les unes étoient conseillères d'économie, d'autres conseillères d'état, & d'autres conseillères de la cour. Enfin l'aveuglement de quelques arbres causé par cette sorte d'ambition étoit montée à un si haut degré, que, quoiqu'ils n'eussent reçu de la nature que quelque deux ou trois branches, ils vouloient néanmoins avoir le titre d'arbres à dix ou douze branches. Le plus petit buisson vouloit être appellé palmier : ce qui est aussi impertinent que lorsqu'on donne le titre de bien-né à un homme horrible, ou celui de noblement-né à un autre qui est issu de bas lieu.

Cette tendresse pour les titres étant devenue, parmi les Potuans, une espèce de maladie épidémique, un citoyen de Kéba osa proposer une loi qui abrogeât cette coutume. Il fut aussitôt mené, selon l'usage, sur la place publique, & on lui mit la corde au col. Le sénat assemblé, il ne se trouva personne dans cette auguste compagnie, qui osât combattre ouvertement le nouveau projet; ainsi il fut déclaré, à la pluralité des voix, utile & avantageux à l'état, & celui qui l'avoit proposé fut couronné & mené en triomphe par toute la ville. On trouva même, quelque tems après, qu'il avoit rendu un très-grand service à l'état, & on l'éleva à la dignité de kadoki ou de grand-chancelier.

Depuis lors, la loi de l'égalité d'entre les citoyens a été faintement obfervée; &, s'il y a encore de l'émulation parmi eux, c'eft de fe furpaffer en vertus & en mérite les uns les autres. Il paroît néanmoins par l'hiftoire de ce pays-là, que depuis l'abrogation de la coutume en queftion, il s'eft trouvé un particulier qui, à la vérité, n'a été imité d'aucun autre, mais qui travailla deux fois fous main à faire revivre les dignités & les titres. Ayant d'abord été découvert, on lui ouvrit la veine pour la première tentative; &, à la feconde, il fut relégué au firmament. De forte qu'à préfent les dignités & les titres font à jamais bannis du pays de Potu; il eft bien vrai que les hauts magiftrats déclarent, par une efpèce de diftinction, certaines profeffions plus nobles que les autres; mais cela ne peut s'appeller ni titre, ni dignité, vu qu'on n'acquiert par-là aucun droit de primauté, aucun honneur de rang dans nulle affemblée. Ces diftinctions fe remarquent dans les édits ou les ordonnances du prince, qui font ordinairement terminées par ces paroles : « Mandons & enjoignons à tous nos » laboureurs, fabricans, ouvriers, philofo- » phes, artifans & officiers de notre cour». On m'a même affuré que dans les archives du fouverain, on trouvoit un catalogue de ceux qu'on distinguoit du reste des sujets, selon les classes suivantes :

1ere *Classe*. Ceux qui ont secouru de leur patrimoine l'état dans des tems difficiles.

2e *Classe*. Les officiers qui servent *gratis* & sans aucun salaire.

3e *Classe*. Les paysans & les laboureurs qui ont huit branches ou davantage.

4e *Classe*. Les laboureurs à sept branches ou moins.

5e *Classe*. Les fabricans ou manufacturiers.

6e *Classe*. Les ouvriers qui exercent des professions nécessaires.

7e *Classe*. Les philosophes & les docteurs mitrés, de l'un & de l'autre sexe.

8e *Classe*. Les artisans.

9e *Classe*. Les marchands.

10e *Classe*. Les officiers de la cour qui ont 500 rupats de gages.

Et ceux enfin qui en ont 1000.

L'arrangement de ces distinctions me parut tout-à-fait ridicule; & il n'y a personne en Europe qui ne le trouve tel, s'il en entend jamais parler. Pour moi, je cherchois la raison de ce renversement de l'ordre reçu parmi nous, sur quel motif il pouvoit être fondé, & par quels argumens ceux du monde souterrain le défendoient;

défendoient; mais j'avoue que je n'y ai jamais rien pu comprendre, & que je le trouve encore tout aussi paradoxe que lorsque je le vis pour la première fois.

Voici quelques autres traits qui m'ont paru dignes d'attention. Plus un Potuan reçoit de bienfaits & de gratifications de la part de l'état, plus il se montre humble & soumis. Ainsi je voyois Bospolak, qui passoit pour le plus riche de la nation, saluer avec tant d'humilité ceux des citoyens qu'il rencontroit en rue, qu'il baissoit toutes ses branches; &, lorsque je demandai la cause de cette étonnante soumission, on me répondit que ce personnage étoit le plus riche des citoyens, qu'il étoit redevable de ses richesses aux bienfaits dont le public l'avoit comblé, qu'ainsi il devoit d'autant plus d'attention aux membres de la république, qu'il en avoit plus reçu de bienfaits que personne. Il n'y a néanmoins aucune loi qui oblige à cette attention; mais, comme les Potuans considèrent chaque chose avec un grand sens & beaucoup de jugement, ils se sont imposé tacitement eux-mêmes ce devoir, qu'ils ont regardé comme l'effet naturel de la reconnoissance; &, en cela, ils pensent bien autrement qu'on ne pense dans notre monde, où ceux que l'état élève & enrichit le plus, sont les plus orgueilleux & ceux qui affectent le plus de dédain envers les pauvres. Les citoyens à qui les Potuans sont obligés de marquer le plus de respect, sont ceux qui ont procréé beaucoup d'enfans. Voilà leurs héros, voilà ceux dont la postérité chérit le souvenir, & à qui seuls elle accorde le surnom de grands, agissant en cela bien plus sagement que nous, qui donnons cette épithète à des destructeurs du genre humain. On peut aussi juger par-là de ce que les Potuans penseroient d'Alexandre & de César, qui ont fait mourir des millions d'hommes, & sont morts eux-mêmes sans laisser de successeurs. Il me souvient d'avoir vu à Kéba l'épitaphe d'un paysan, contenant les paroles suivantes : « Ci gît Jochtan le grand, qui » fut père de trente enfans & le héros de son » tems ». Il est pourtant à remarquer que ce talent prolifique ne suffit pas pour acquérir tant de gloire ; & que ce n'est pas assez d'engendrer des enfans, mais il faut encore leur donner une bonne éducation.

Quand on veut publier une loi ou un réglement de police, on procède avec beaucoup de lenteur, à la manière des anciens romains. On affiche l'édit ou la loi dans les marchés de chaque ville, chacun est en droit de l'examiner, & d'en rapporter son sentiment au conseil des Prudens, assemblé à cette fin dans chaque ville de la principauté. Lorsque la loi n'est point rejettée par le peuple, on l'envoie au prince, qui la confirme, la souscrit & la fait publier. Cette lenteur paroîtra peut-être ridicule à quelques-uns; mais on doit faire attention que l'effet naturel de ces précautions, c'est la durée éternelle de la loi; & je sais de bonne part qu'il y en a telle chez ce peuple, qui dans cinq cens ans n'a pas reçu le moindre changement.

Le prince a une liste des arbres les plus illustres de ses états, avec le témoignage des Karattes, à l'égard de leur savoir, & celui des chefs de tribu, à l'égard de leurs mœurs. Par ce moyen il y a toujours un nombre suffisant de sujets capables, pour remplir les charges vacantes. Personne ne peut aller s'établir dans un endroit, ou y faire quelque séjour, s'il n'est muni de bonnes attestations touchant la vie qu'il a menée dans le lieu où il a habité ci-devant; & s'il ne donne caution pour celle qu'il veut mener dans celui où il vient. Il est défendu, sur peine de mort, de faire des commentaires, ou d'interpréter une loi qui a été une fois reçue & établie par l'autorité publique. De sorte qu'on est encore plus sévère à cet égard qu'à l'égard des livres qui concernent la religion: la raison que les Potuans en donnent eux-mêmes, c'est, disent-ils, que lorsque quelqu'un erre dans les matières de la foi, il ne fait tort qu'à lui seul; au lieu que s'il erre en donnant un faux sens à la loi civile, ou en doutant de celui qu'elle exprime naturellement, il s'oppose à l'autorité légitime, & trouble la tranquillité de l'état.

J'ai déja parlé de la cour du prince de Potu; j'ai aussi remarqué que le kadoki ou grand-chancelier tient le premier rang parmi les officiers de la cour. Après lui vient le smirian, c'est-à-dire le grand-trésorier. L'arbre qui possédoit alors cet emploi étoit une veuve à sept branches, nommée Rahagna. Son intégrité, & les autres vertus qu'on louoit en elle l'avoient fait élever à ce poste considérable. Il y avoit déja quelque tems qu'elle l'occupoit, & même on peut dire qu'elle en avoit fait les fonctions plusieurs années avant la mort de son mari, qui ne faisoit rien sans consulter son épouse, dont il étoit plutôt le vicaire que l'époux; car il ne signoit & ne scelloit aucun papier tant soit peu considérable, que lorsque sa femme étoit en couches. Rahagna avoit deux frères, dont l'un étoit inspecteur des appartemens du prince, & l'autre boucher de la cour, & quoiqu'ils eussent une sœur élevée à un si haut rang, ils n'ont jamais pû devenir autre chose, tant il y a d'équité & de discernement à cette cour-là dans la distribution des charges.

Cette même Rahagna, occupée à des fonctions si relevées, ne s'est jamais dispensée d'alaiter un enfant postume qu'elle avoit. Et comme cela me paroissoit trop incommode & peu digne d'une femme si distinguée; & quoi, me répondit un Potuan, vous imaginez-vous que la nature n'ait donné de mamelles aux femmes que pour orner leur gorge, & non pas pour nourrir leurs enfans ? Le lait influe plus qu'on ne pense sur les mœurs des enfans, qui sucent souvent avec lui le génie & les inclinations de la nourrice. Les mères qui refusent d'alaiter leurs fruits rompent le lien le plus doux de l'amour qui doit être entre elles & eux. C'est pourquoi toutes les dames de ce pays-ci sont les seules nourrices de leurs enfans. Le prince héréditaire n'avoit alors que six ans. Il donnoit de grandes espérances, & on remarquoit en lui de belles semences de vertu, & un heureux naturel. Il étoit déja orné de six branches, ce qui est rare dans un âge si tendre. Personne n'en apporte autant en naissant, mais elles viennent & croissent avec les années. Le précepteur du jeune prince étoit le plus sage de tous les arbres. Il instruisoit son disciple dans la connoissance de dieu, dans l'histoire, les mathématiques & dans la morale. J'ai vu moi-même le célèbre traité de morale, ou l'abregé politique qu'il avoit composé à l'usage de son élève. Cet ouvrage a pour titre: Mahalda Libab Helil: c'est-à-dire, le Gouvernail de l'Etat. Il renferme des préceptes très-salutaires, dont je me rappelle encore quelques-uns que voici.

1. Il ne faut pas aisément ajouter foi à la louange, ni au blâme; mais suspendre son jugement jusqu'à ce qu'on ait une connoissance parfaite de la chose blâmée ou louée.

2. Si quelqu'un est accusé & convaincu d'un crime, on doit examiner s'il n'auroit point fait ci-devant quelque bonne action, & comparant ainsi le bien & le mal, avoir égard à l'un & à l'autre en prononçant la sentence.

3. Le souverain doit se confier aux conseillers incommodes & contredisans, comme aux plus sages de ses sujets: car on ne va pas s'exposer au danger de déplaire pour dire la vérité, si l'on ne préfère le salut de l'état au sien propre.

4. Que le souverain n'admette personne dans son conseil qui n'ait des fonds dans le pays, car ces sortes de gens ont toujours leurs intérêts liés avec ceux du public, au lieu que ceux qui ne possèdent point de biens immeubles dans l'Etat, ne le regardent pas comme leur patrie, mais comme une espèce d'auberge où ils s'arrêtent en voyageant.

5. Le prince peut se servir du ministère d'un méchant arbre en quelques rencontres, s'il le trouve propre à certaines affaires : mais ce seroit une imprudence à lui d'honorer de ses bonnes graces un tel arbre ; car, si un mauvais sujet jouit de la faveur de son maître, les emplois ne seront plus occupés que par des méchans, que le favori se fera un plaisir d'avancer.

6. Les souverains doivent tenir pour suspects ceux qui leur font la cour, & qui se promènent continuellement dans leur anti-chambre ; car quiconque paroît trop souvent à la cour sans y être appellé, a déjà commis quelque vilaine action, ou en médite quelqu'une.

7. Les gens avides d'honneurs ne méritent point l'attention du souverain ; car comme on ne mandie que quand on est pauvre & pressé par la faim, ainsi on n'est avide de titres & d'honneurs, que lorsqu'on n'est point en état de s'acquérir de l'estime par le mérite & la vertu.

8. (Voici un précepte très-utile à la vérité, mais que je ne pouvois approuver à cause de l'exemple odieux dont il est appuyé.) Il ne faut pas croire qu'aucun citoyen ne soit absolument bon à rien ; car personne n'est si hébété ni si stupide, qui, au moyen d'un bon choix, ne puisse rendre quelque service, & qui n'ex-

celle même en quelque chose. Par exemple, celui-ci a du jugement, l'autre de l'esprit; l'un a la force du génie, l'autre celle du corps; celui-ci est propre à être juge, l'autre à être greffier; l'un a le don d'inventer, l'autre celui de bien exécuter; & ainsi peu de gens peuvent passer pour inutiles dans ce monde. Que s'il se trouve néanmoins des créatures qui nous paroissent telles, ce n'est pas la faute du créateur, mais de ceux qui ne consultent point assez les talens & les forces d'un chacun, & ne les emploient point selon leur portée. (Ce sentiment étoit confirmé par mon propre exemple en ces termes) Nous avons vu de notre tems un animal surterrain, que chacun regardoit comme le poids le plus inutile de la terre, à cause de la promptitude de son esprit, mais qui pourtant ne nous a pas été d'un petit usage par la légèreté de ses pieds. (Quand j'eus lu cet article, je me dis tout bas à moi-même : le commencement est d'un honnête personnage, mais la fin est d'un fripon).

9. Ce n'est pas une petite affaire à un prince, qui sait l'art de régner, que de faire choix d'un bon précepteur, pour celui de ses fils qui doit lui succéder. Il ne faut confier cet emploi qu'à une personne d'une piété & d'une érudition reconnues, vu que le salut de l'état dépend de

l'inſtitution ou de l'éducation de celui qui eſt deſtiné à le gouverner; & que ce qu'on apprend dans l'enfance devient une ſeconde nature. Il eſt néceſſaire qu'un ſouverain aime ſa patrie, & que cet amour ſe répande ſur tous ſes ſujets: C'eſt vers ce but qu'il faut diriger l'eſprit d'un élève que ſa naiſſance appelle au trône, & c'eſt à quoi tous les ſoins du précepteur doivent tendre.

10. Un ſouverain doit connoître à fond le génie & le tempérament de ſes ſujets, & s'y conformer. S'il veut remédier à leurs défauts, il faut que ſon exemple opère ce changement, & non pas ſes édits; car

> Les exemples des grands ont beaucoup d'influence
> Sur ceux qui ſont ſoumis à leur obéiſſance.

11. Il ne doit pas ſouffrir que perſonne vive dans l'oiſiveté; vu que les gens oiſifs ſont à charge à la patrie, & que ce n'eſt que par l'induſtrie & le travail continuel que les forces de l'état s'accroiſſent, & qu'on prévient les mauvais deſſeins, & les machinations qui ſont les fruits ordinaires de l'oiſiveté, ainſi il vaut mieux occuper les eſprits par des jeux & des divertiſſemens, que de les laiſſer dans le repos après le travail.

12. Le prince doit ſe faire un devoir d'entretenir l'union & la concorde parmi ſes ſujets;

mais il ne fera pas mal de fomenter de petites divisions entre ses ministres; puisque par-là on découvre souvent bien des vérités, comme les Juges découvrent l'état d'une cause par les disputes des avocats.

13. Le souverain agit prudemment qui assemble son conseil pour délibérer sur des affaires importantes; mais il agira encore mieux, s'il consulte chaque conseiller en particulier; car, dans une assemblée où il faut dire sa pensée à haute voix, il arrive d'ordinaire que le plus éloquent des conseillers entraîne les autres à son avis, & le souverain au lieu du sentiment de plusieurs, n'entend que celui d'un seul.

14. Les châtimens ne sont pas moins nécessaires que les récompenses; car les uns arrêtent le vice, & les autres encouragent la vertu. Ainsi il faut récompenser jusqu'aux méchans, lorsqu'ils font quelque chose de bon, afin d'exciter par-là un chacun à se bien acquitter de ses devoirs.

15. Dans les promotions aux charges publiques, il faut sur-tout avoir égard à la capacité des gens; car, quoique la piété & l'intégrité soient des vertus infiniment plus recommandables, ce sont néanmoins celles dont les apparences trompent le plus; & lorsqu'on fait que la dévotion est un moyen pour parvenir aux

dignités, il n'y a perſonne qui ne l'affecte extérieurement ; & qu'on ne prenne au premier abord pour ce qu'il ſe donne, & qu'il n'eſt pourtant pas. Ajoutez à cela qu'il n'eſt pas aiſé de diſtinguer la fauſſe piété de la véritable, & que ce n'eſt que dans les fonctions d'une charge, comme ſur un grand théâtre, que l'on montre ſi l'on eſt vertueux. Quant à la capacité, il eſt aiſé d'en juger par un examen préalable ; car il eſt plus difficile à un hébêté, ou à un ignorant de cacher ſa ſtupidité, qu'il ne l'eſt à un hypocrite, à un ſcélérat de cacher ſon impiété & ſes autres vices. Mais comme la capacité & la probité ne ſont pas des vertus qui s'excluent tellement qu'elles ne ſe puiſſent rencontrer dans un même ſujet, & que d'ailleurs l'imbécillité ne ſe trouve pas toujours non plus avec la probité, on doit abſolument préférer celui qui ſemble réunir les deux premières vertus en lui même. Un ſtupide eſt bon ou méchant ; s'il eſt méchant, on ſait aſſez de quoi eſt capable la ſtupidité jointe avec la malice ; s'il eſt bon, cela ne lui ſert guère, puiſque ſon imbécillité ne lui permet pas d'exercer ſa probité ; car, s'il ne peut ſe réſoudre à faire du mal, ceux qui l'aideront dans les fonctions de ſa charge en feront pour lui ; & l'on voit d'ordinaire que le ſeigneur d'une terre, lorſqu'il eſt imbécille, a un fermier qui eſt ruſé, & un juge ſtupide a ordinairement un greffier frauduleux & trompeur, qui exerce ſans crainte ſes pirateries à l'abri de ſon maître. D'où je conclus que, dans la diſtribution des charges, il faut ſur-tout faire attention à la capacité.

16. Il ne faut pas toujours condamner les ambitieux, ni les exclure des emplois; car ſi le prince ſuivoit trop exactement cette méthode, il donneroit lieu aux ambitieux de ſe couvrir du maſque de l'humilité, dans la croyance que, par ce moyen, ils parviendroient mieux à leurs fins. Le ſouverain fera donc ſagement de préférer ces chaſſeurs de dignités à ces faux humbles qui, au moindre bruit d'emploi vacant, feignent de prendre la fuite, & de chercher quelque coin pour ſe cacher, ayant grand ſoin de faire publier par leurs amis, qu'ils ont de l'averſion pour les emplois & pour les charges publiques. On cite, à ce propos, l'exemple d'un perſonnage qui, brûlant d'obtenir un certain emploi vacant, écrivit au prince, qu'ayant ouï dire que ſon alteſſe avoit deſſein de lui conférer l'emploi en queſtion, que pluſieurs perſonnes briguoient, il le ſupplioit très-humblement de jetter les yeux ſur quelqu'un qui en fût plus digne; que, pour lui, il reconnoiſſoit qu'il n'y étoit point propre

du tout, & que d'ailleurs il étoit content de l'état ou Dieu l'avoit placé, & n'aspiroit pas à une plus haute fortune. Le prince n'apperçut point le piège; &, touché de cette fausse humilité, il éleva ce fourbe à l'emploi qui vaquoit, contre ce qu'il avoit déjà résolu: mais il vit bientôt qu'il avoit été la dupe de cette feinte humilité; car le nouveau ministre porta le faste & l'orgueil au dernier période.

17. Donner la direction des finances à un pauvre insolvable, ce seroit remettre la clé des provisions à un famélique. Le même inconvénient auroit lieu à l'égard d'un avare; car si l'insolvable n'a rien, l'avare n'a jamais assez.

18. Il ne faut point confirmer de legs ou de fondation faite pour l'entretien des arbres oisifs, & qui ne tend qu'à nourrir leur fainéantise.

Par où l'on peut juger que, dans les monastères & les collèges de la principauté de Potu, on n'admet que des arbres actifs, laborieux, capables de porter de bons fruits; des arbres, dis-je, qui, par le travail de leurs mains ou par leur érudition, peuvent se rendre utiles à la société dont ils sont membres. Il faut seulement excepter quelques monastères où l'on nourrit des arbres épuisés d'années & de travail, qui, à cause de cela, sont dispensés d'agir.

19. Quand les vices de l'état demandent une réforme, il faut y procéder à pas lents; car, de vouloir tout-d'un-coup extirper des défauts invétérés, c'est comme si on ordonnoit des vomitifs, la saignée & la purgation en même-tems à un malade.

20. Ceux qui se mêlent témérairement de tout, & se chargent de diverses affaires à la fois, sont, ou des extravagans qui ne connoissent pas leurs propres forces, ou des méchans citoyens qui cherchent leur intérêt & non pas celui de l'état. Le sage éprouve ses épaules avant que de se charger d'un fardeau, & celui qui a le salut de la patrie véritablement à cœur ne se fait point un jeu des affaires de l'état.

CHAPITRE VIII.

Des universités des Potuans.

IL y a trois écoles supérieures ou trois universités dans le pays des Potuans. La première est à Potu, la seconde à Kéba, & la troisième à Nahami. Les sciences qu'on y enseigne sont l'histoire, l'économie, les mathématiques & la jurisprudence. Quant à la théologie des Potuans, elle est si concise & si abrégée, qu'on pourroit facilement l'expofer toute en deux pages, puifqu'elle ne contient que deux ou trois préceptes : favoir, qu'il faut aimer un Dieu créateur & confervateur de toutes chofes; que ce même Dieu récompenfera la vertu & punira le vice. On comprend bien que, pour fi peu de dogmes, il ne vaut pas la peine d'établir une faculté de théologie : auffi les Potuans n'en ont-ils point, & vont même, comme je l'ai déja remarqué, jufqu'à défendre, fur peine de punition corporelle, les difputes de religion. Ils ne comptent pas non plus la médecine pour une étude d'univerfité; car, comme ces arbres font fort fobres, ils connoiffent peu les maladies internes. Je ne parle point de la métaphyfique ni des autres fciences tranfcendentes, j'ai déja rapporté ce que cette nation penfe à cet égard.

Les exercices de l'univerfité confiftent à propofer des queftions curieufes, & à les réfoudre. Il y a des tems deftinés à cela, & des prix pour ceux des étudians qui réuffiffent le mieux à donner ces fortes de folutions. C'eft par-là qu'on éguife les efprits, & que les profeffeurs peuvent juger de la capacité de leurs difciples, & dans quel genre chacun d'eux en particulier pourra fe fignaler. Perfonne n'ofe s'adonner à plufieurs fortes de fciences; mais chacun eft obligé de s'en tenir à une seule : car la polymathie est regardée dans ce pays-là comme la marque d'un génie vague & flottant. Delà vient que les sciences renfermées dans des bornes si étroites parviennent dans peu à leur maturité. Les docteurs eux-mêmes sont obligés, tous les ans, de donner des preuves de leur savoir. On charge ceux qui se sont appliqués à la philosophie morale, de résoudre certains problêmes difficiles. Ceux qui ont étudié l'histoire, doivent traiter quelques points de cette science. Les mathématiciens sont tenus de découvrir les vérités cachées, & de répandre un plus grand jour sur les sciences par de nouvelles hypothèses. Les jurisconsultes ont pour leur tâche de faire quelques discours éloquens ; car ils sont les seuls qui étudient la rhétorique, comme les seuls à qui elle pourra un jour être avantageuse, lorsqu'ils seront appellés à être avocats. Quand je racontois aux Potuans, que toutes nos épreuves académiques ne consistoient qu'à composer des discours oratoires, ils désapprouvoient hautement cette coutume. Si tous les artisans, disoient-ils, étoient obligés de faire un soulier pour leur chef-d'œuvre, certainement les cordonniers remporteroient le prix. Cette réponse me fermoit la bouche, & je n'avois garde de parler de nos disputes d'école, vu que cette nation les met au rang des spectacles comiques. Les savans de ce pays-là proposent doucement les choses qu'il est avantageux de connoître & de croire. Ils ne font pas comme nos philosophes (1), qui prennent le ton aigre, impérieux & sévère, pour persuader ceux qu'ils ne peuvent même convaincre. Ils soutiennent leurs systêmes d'une manière enjouée & agréable, sans insultes, sans invectives, de sorte qu'il y a du plaisir à les entendre discourir sur des vérités salutaires.

C'est une chose admirable de voir avec quelle décence & quelle gravité on procède aux promotions qui se font dans les universités. On a grand soin d'éviter, dans ces occasions, tout ce qui pourroit donner matière à rire, ou qui pourroit avoir l'air de comédie ; car on a pour maxime, que la simplicité & la gravité doivent distinguer les usages de l'université d'avec les jeux de théâtre, de peur que les arts libéraux ne tombent dans le mépris & l'avilissement. Cela m'empêchoit de faire mention de la manière dont on confère les grades, & dont on célèbre les promotions dans nos universités ; &

---

(1) C'est un effet de l'orgueil humain, & un défaut qu'on peut reprocher au plus grand philosophe de nos jours, ou qu'on croit du moins tel.

ce que j'avois vu & ouï à Kéba, à la promotion du docteur en philosophie, m'avoit assez fait connoître que je devois me taire sur cet article.

Outre les trois universités dont je viens de parler, chaque ville a son propre collège, où l'on enseigne les basses classes, & où l'on examine de bonne-heure les talens de chaque écolier, le genre d'étude où il promet le plus, & la science dans laquelle il pourra exceller. Dans le tems que j'étois au séminaire de Kéba, à faire mon épreuve, j'avois pour condisciples quatre fils du grand-prêtre de la nation, qui apprenoient l'art militaire, quatre autre fils de sénateurs étoient instruits dans divers métiers, & deux filles apprenoient la navigation. J'ai déja dit qu'on n'a point d'égard aux différences de sexe, & qu'au sortir des seminaires, on reçoit un témoignage de la part des examinateurs. Ces témoignages, je le répète encore, sont extrêmement sincères & impartiaux, quoiqu'à l'égard du mien, j'en jugeasse autrement, parce que je le trouvois extravagant, absurde & injuste.

Aucun savant ne peut écrire de livre s'il n'a atteint l'âge de trente ans accomplis, & qu'il n'ait été trouvé capable d'écrire par les professeurs. Delà vient qu'il paroît peu d'ouvrages au jour; mais, en revanche, on n'en voit que de bons & de bien digérés. Quand je me rappellois, à ce propos, qu'avant l'âge de puberté, j'avois déja écrit cinq à six dissertations, j'étois tout confus, & je n'avois garde d'en dire mot à personne, de peur de m'exposer à de nouvelles risées.

Mais en voilà assez sur cette matière, il me reste encore à parler de quelques autres choses remarquables & particulières à cette nation. Si un arbre en appelle un autre en duel, on interdit l'usage des armes à l'aggresseur, & on le condamne à vivre sous tutelle, comme un enfant qui ne sait pas commander à ses passions: ce qui est bien différent de chez nous, où ces sortes de défis sont regardés comme des marques d'un courage héroïque, sur-tout dans notre nord, où cette abominable coutume a pris naissance; car les Grecs ni les Romains n'ont jamais su ce que c'étoit que les duels.

Voici un paradoxe que j'ai remarqué dans la manière dont les Potuans administrent la justice. Dans les procès civils, les noms des plaideurs restent inconnus aux juges, & les différens ne sont point terminés dans les lieux où ils naissent, mais on les envoie à des tribunaux éloignés. L'expérience apprend que les juges se laissent, ou corrompre par des présens, ou prévenir par leurs liaisons avec les parties. Or, pour obvier à tant de sujets de tentation, on trouve à propos de cacher le nom des parties litigantes, & celui des fonds & terres qui sont en litige. On envoie seulement l'état de la cause & les raisons de part & d'autre à un tribunal arbitraire, & que le prince nomme selon son bon plaisir. Tout cela se fait sous certains caractères: par exemple, on demande si *A*, qui est en possession d'un certain bien, doit le restituer à la requisition de *B*.

Quelque extraordinaire que me paroisse cette manière de plaider, je voudrois pourtant qu'elle eût lieu chez nous, où l'on n'éprouve que trop souvent les tristes effets de la corruption & de la partialité des juges.

Au reste, la justice s'administre avec beaucoup de liberté dans le Potuan; le prince est le seul contre qui on ne puisse intenter action pendant sa vie; mais, dès qu'il est mort, les accusateurs publics ou les avocats du pays le citent en jugement. Le sénat s'assemble, on y examine à loisir les actions du défunt, & on prononce sa sentence, laquelle contient certains termes particuliers qui expriment la conduite qu'il a tenue. Ces termes reviennent à-peu-près à ceux-ci: « Louablement, non inlouablement; » bien, pas mal; tolérablement, médiocre-

» ment ». Le crieur public va répéter ces mots au milieu de la place : & on les grave ensuite sur le tombeau du prince défunt.

Les Potuans donnent pour raison de cet usage que pendant la vie du prince il n'y a pas moyen de l'appeler en justice sans troubler l'état: qu'on lui doit d'ailleurs une obéissance aveugle & un respect inviolable sur lequel est fondé le repos de la république ; mais que sa mort rompant ce lien, donnoit à ses sujets la liberté de juger ses actions, & de procéder librement contre lui. Ainsi par cet usage salutaire, quoique paradoxal, on a égard à la sûreté du prince; on ne porte aucune atteinte à son autorité, & l'on pourvoit en même-tems au salut de l'état. En effet, quoique ces caractères ne conviennent qu'au prince qui est décédé, ils servent néanmoins d'aiguillon à son successeur & à toute sa postérité, pour les animer à la vertu. On apprend par l'histoire de ce pays-là que pendant quatre cens ans entiers il n'y a eu que deux princes qui aient reçu le dernier caractère qui est celui de médiocre. Presque tous les autres ont eu celui de louable, ou de non-inlouable : comme il est aisé de s'en convaincre par les inscriptions qui sont sur leurs tombeaux, & qui ont échappé aux injures des tems. Le caractère de médiocre, que les Potuans expriment par Rip-fac-si, cause tant de douleur à la famille du souverain, que son successeur & tous ceux de son sang en portent le deuil durant six mois. Et tant s'en faut que le successeur s'oppose à la publication de ces sortes de jugemens, ou qu'il sévisse contre les juges; qu'au contraire, il les regarde comme un motif pour lui de se distinguer par sa sagesse, & d'effacer par une conduite vertueuse, pleine de justice & de douceur, la tache faite à toute la maison souveraine.

Mais pour revenir aux deux princes qui avoient reçu le caractère de médiocres, l'un d'eux s'appelloit Mékléta: voici ce qui lui attira ce titre honteux.

Quoique les Potuans soient fort bons soldats & fort entendus dans l'art militaire, néanmoins ils ne déclarent jamais la guerre à personne; mais quand on la leur déclare, ils la font avec vigueur. Cette sage conduite les a fait choisir presque toujours pour arbitres des différens qu'ont eu entre eux les habitans de ce globe. Mais le prince Mékléta, peu content du personnage de médiateur, voulut devenir conquérant; dans cette vue il fit la guerre à ses voisins, & les subjugua. Cet accroissement de puissance, ne servit qu'à faire décheoir les Potuans de leur ancien lustre: l'amour que leurs voisins avoient eu pour eux jusqu'alors, se changea en crainte, & en jalousie; & l'idée qu'on s'étoit faite de leur équité, commença dès-lors à s'évanouir. Mais Mékléta ne fut pas plutôt mort, que les Potuans plus jaloux de leur réputation que de leurs conquêtes, s'en dessaisirent & notèrent le conquérant de cette marque d'infamie.

Les docteurs publics sont ceux qui ont atteint le troisiéme âge. Pour bien comprendre ceci, il faut observer que la vie des arbres est divisée en trois classes différentes. Le premier âge est celui où ils sont instruits dans les affaires publiques; le second est celui où ils exercent ce qu'ils ont appris; & le troisiéme, c'est lorsqu'étant honnêtement démis de leurs emplois, ils instruisent les autres, & leur font part des lumières qu'ils ont acquises. Ainsi personne ne peut enseigner publiquement, s'il n'a vieilli lui-même dans l'administration des affaires publiques; & cela est d'autant plus sensé, que personne n'est en état de donner des leçons sur une science, si une longue pratique ne lui en a donné à lui-même une connoissance parfaite.

Si quelqu'un, perdu d'honneur & de réputation, ouvre un avis salutaire à l'état, on en fait un décret sous le nom de quelque personnage de probité; de peur que celui de l'auteur ne souille le décret; à cela près, l'avis est suivi; on ne fait que changer le nom honteux de celui qui l'a donné.

J'ai appris qu'au sujet de la religion, il n'étoit défendu de disputer que sur les articles fondamentaux, & particulièrement sur l'essence & les attributs de Dieu. A cela près, il est permis d'agiter des questions, & de proposer des sentimens particuliers sur des points de moindre importance; car les Potuans prétendent que le mal qui nait de ces sortes de disputes peu considérables, doit être comparé aux orages qui renversent les arbres & les toîts, mais qui servent à purifier l'air, & empêchent qu'il ne se corrompe par un trop long calme. La raison pourquoi ils ont si peu de fêtes, c'est de peur que l'oisiveté ne s'introduise chez eux: d'ailleurs ils croyent que Dieu n'est pas moins honoré par un travail utile que par des vœux & des prières.

Les Potuans ne s'adonnent guère à l'étude de la poésie, quoiqu'ils ne manquent pas de bons poëtes. Leurs vers ne diffèrent de la prose que par la diction & par la sublimité du style. C'est pourquoi on se mocquoit de moi quand je leur parlois de nos rimes & de nos syllabes.

Parmi les docteurs de cette nation, il y en

à qu'on nomme profeſſeurs du bon goût. Leur emploi eſt de prendre garde qu'on n'occupe pas l'eſprit des jeunes gens à des fadaiſes; qu'on ne publie point d'ouvrage trivial qui ſente la poliſſonnerie, & dont la lecture gâte le goût; & qu'on ſupprime ceux qui ſont écrits en dépit du bon-ſens. C'eſt dans cette vue qu'on a établi des cenſures, & des réviſions de livres, leſquelles s'exercent un peu plus judicieuſement que dans notre monde, où nos cenſeurs n'ordonnent la ſuppreſſion d'un ouvrage, d'ailleurs excellent, que parce qu'il s'écartent de quelque opinion en vogue, ou de quelque façon de parler reçue, ou parce qu'il attaque avec un peu trop de ſincérité & de vivacité les vices des hommes. De-là vient que les études languiſſent chez nous & que les écrits marqués au bon coin pourriſſent & ſont rongés des vers dans le fond d'un cabinet. Le commerce libre que les Potuans accordent chez eux à leurs voiſins, fait que parmi pluſieurs marchandiſes il ſe gliſſe quelquefois de mauvais livres dans leur pays. Pour obvier à cet inconvénient, on a établi des cenſeurs, qui viſitent de tems en tems les librairies. On les appellent Syla-Macati, c'eſt-à-dire, purgeurs de bibliothéques: car, comme dans notre monde il y a des ramoneurs pour nétoyer tous les ans les fourneaux & les cheminées, de même ces censeurs examinent les livres que l'on vend, confisquent ceux qui leur paroissent bas, rampans, capables de corrompre le bon goût, & les font jetter dans des cloaques. Hélas! me disois-je quelquefois à moi-même, s'il y avoit un pareil établissement chez nous, quelle déconfiture de livres!

Il me semble qu'on ne sauroit assez louer les soins de ceux des Potuans préposés pour sonder le génie des jeunes gens, & le genre de vie qui convient le mieux à chacun d'eux : comme dans la musique, les oreilles distinguent les moindres faux tons, de même ces scrutateurs de vices & de vertus, jugent des grandes choses par les moindres : les regards, la manière de froncer ou de baisser les sourcils, la tristesse, la gaieté, le rire, la loquacité, le silence, tout cela sont des préjugés favorables ou désavantageux; & c'est par-là que l'on peut connoître aisément à quoi chacun est propre & ce qui est contraire à son tempérament.

Je reviens à présent à ce qui me regarde. Il faut avouer que je passois mon tems bien peu agréablement avec ces arbres pour qui j'étois un sujet de mépris & de risée, à cause de la précipitation d'esprit qu'ils m'imputoient; & je supportois impatiemment le sobriquet qu'ils m'avoient donné à cette occasion, car ils ne m'appelloient pas autrement que Skabba, c'est-à-dire, l'étourdi. Il n'y avoit pas jusqu'à ma blanchisseuse, qui ne s'émancipât jusqu'à me donner ce titre, quoique ce ne fut qu'une misérable gourgandine du plus bas étage, un tilleul qui ne valoit pas deux liards, & c'est ce qui me fâchoit le plus.

CHAPITRE IX.

Voyage de Klimius autour de la planète de Nazar.

APRÈS que j'eus exercé deux ans le fatigant emploi de coureur, & parcouru toute la principauté de Potu, chargé des plus importantes dépêches de l'état, je commençai à m'ennuyer d'un office si bas & si désagréable, & je résolus de demander qu'on m'en déchargeât, pour être employé d'une façon plus digne de moi. J'en parlai plusieurs fois au prince, mais sans aucun succès ; il me répondit toujours, que toute autre chose plus importante étoit au-dessus de mes forces. Il m'alléguoit aussi les loix & les coutumes du pays, qui ne permettent pas qu'on employe les gens au-delà de leur capacité. Il faut donc, me dit-il un jour, te contenter de l'emploi qu'on t'a donné, jusqu'à ce que, par ton mérite, tu te frayes la route à des charges plus considérables. Il termina son discours par les avis suivans,

> Il faut se consulter & rentrer en soi-même,
> Avant que de briguer les emplois, les honneurs ;
> Cet oracle important vient de l'être suprême,
> Et je voudrois qu'il fût gravé dans tous les cœurs.

Ces refus continuels me firent venir dans l'esprit un dessein hardi & désespéré. Je tâchois d'imaginer quelque chose de nouveau, capable de faire connoître la supériorité de mon génie, & de laver la tache qu'on avoit faite à mon honneur. Depuis près d'un an, j'étudiois les loix & les coutumes de cette nation, & je m'y appliquois avec tout le soin possible, pour voir si je ne découvrirois point, par hasard, quelque défaut qui demandât une réforme. Je fis part de mes méditations à un buisson, avec qui j'étois lié d'une étroite amitié, mêlant dans nos conversations le sérieux avec le badin. Celui-ci ne trouva pas que mon dessein fût tout-à-fait absurde, mais il doutoit fort qu'il pût être d'aucune utilité à l'état. Il faut, me disoit-il, qu'un réformateur connoisse à fond le naturel de ceux qu'il veut réformer, car une même chose produit divers effets, selon les différens génies des peuples, comme il arrive aux médicamens qui sont bons pour certains malades, & dangereux pour d'autres. Ensuite il me fit souvenir qu'il y alloit de ma tête ; que je devois prendre garde à moi ; que le sénat décideroit de ma vie ou de ma mort ; & que si, par malheur, mes projets étoient condamnés, on me feroit périr sans rémission. Enfin il me pria ardemment de ne rien hâter, & de peser toutes choses à loisir. Je convins qu'il avoit raison, mais je ne renonçai point à mon dessein, & je n'attendis plus qu'une occasion favorable qui me découvrît quelque chose d'utile à l'état, pour le mettre en exécution. En attendant, je continuai mon emploi de coureur, allant de ville en ville, de province en province, selon ma coutume. Ces courses continuelles me mirent à même d'examiner toute la principauté & les pays circonvoisins ; &, de peur que mes remarques ne m'échappassent, je m'étois muni d'un crayon, avec lequel j'écrivois tout ce que je trouvois de remarquable. Dès que j'eus formé un volume raisonnable, je le présentai au prince. Il en fut si satisfait, qu'il loua mon travail en plein conseil, & bientôt après, il me donna la commission de parcourir toute la planète de Nazar, & de découvrir les pays inconnus aux Potuans. J'avoue que je m'étois attendu à une autre récompense de mes peines ;

mais enfin il me fallut dire avec le poëte,

Le mérite est loué, mais chacun le néglige.

Mais comme j'étois avide de nouveautés, & que je me flattois qu'à mon retour j'éprouverois de plus doux effets de la bonté du prince, je ne fus pas fâché de ma nouvelle commission, & je me mis en devoir de l'exécuter.

Le globe ou la planète de Nazar n'a qu'à peine deux cens milles d'Allemagne de circuit; mais, à cause de la lenteur des nations qui l'habitent, il paroît d'une étendue immense. Delà vient que les contrées un peu éloignées sont inconnues aux habitans souterrains placés d'un côté opposé; car deux ans ne suffiroient point à un Potuan pour parcourir tout ce globe à pied; mais moi, je pouvois faire cela en un mois à la faveur de la légéreté de mes jambes. Ce qui m'embarrassoit le plus, c'étoit la difficulté de me faire entendre, car je m'imaginois que la diversité de langues avoit lieu dans ces pays-là, tout comme dans notre monde; mais on me désabusa, & l'on m'assura que quoique les habitans de la planète fussent extrêmement différens entr'eux quant aux mœurs, ils n'avoient néanmoins qu'un même dialecte; &, ce qui acheva de me rehausser le cœur, c'est que l'on me dit que toute l'espèce arborienne étoit douce, affable, sociable & bienfaisante, de sorte que je pourrois parcourir tout le globe habité par les arbres, sans courir le moindre risque de la part de ces peuples. Là-dessus, je sentis redoubler ma curiosité, & je me mis en chemin au commencement du mois de peuplier.

Les choses que je raconterai dans la suite de cette relation vont paroître inventées à plaisir; on les prendra pour des fictions poétiques ou pour des jeux d'esprit, sur-tout par rapport à la diversité des corps & des génies que j'ai rencontrés dans ce voyage, qui est telle, qu'à peine on pourroit le croire des nations les plus reculées les unes des autres, & qui vivroient sous un soleil différent. Il faut d'abord remarquer que la plupart de celles de ce globe sont séparées par des bras de mer, & que le globe lui-même ressemble à un archipel. Ces bras de mer sont peu fréquentés, & les batteliers qui se tiennent sur le rivage, n'y sont placés qu'en faveur des voyageurs; car les naturels du pays ne passent guère les limites de leur province; &, s'ils sont obligés de traverser un bras de mer dans certaines occasions, ils reviennent le plutôt qu'ils peuvent, n'aimant point à s'arrêter long-tems sous un autre climat. Delà vient qu'autant de nations, autant de différens mondes. La principale cause de cette dissemblance vient de la nature même des terres; dont on reconnoît la différence par les diverses couleurs qu'elles ont, par celles des plantes, des fruits & des légumes. De sorte que quand on considère combien ces choses-là different dans une province, de celles d'une autre, on n'est plus si surpris de voir tant de diversité parmi les habitans. Dans notre monde, le tempérament, les mœurs, les inclinations des nations même les plus reculées, ne different que légèrement; & cela n'est point étonnant, vu que les qualités du soleil qui l'éclaire, sont presque par-tout les mêmes, excepté qu'en certains lieux, la terre est plus fertile qu'en d'autres; néanmoins la nature des fruits, des herbes & des eaux y est par-tout semblable; & delà vient encore que notre globe ne peut pas produire tant de créatures hétérogènes, comme on en voit sur la planète de Nazar, où chaque portion de terre a ses qualités particulières. Les étrangers peuvent passer d'une province à l'autre; mais on ne leur permet pas de s'établir hors de leur patrie; & cette permission ne peut guère être accordée, eu égard aux diverses natures des terres. C'est pour cela que les étrangers qu'on rencontre, ne sont que des voyageurs ou des marchands. Les pays limitrophes à la principauté de Potu lui ressemblent assez.

Leurs

Leurs habitans ont eu autrefois de grandes guerres avec les Potuans; mais aujourd'hui, ou ils sont leurs alliés, ou, ayant été domptés, ils sont assujettis à leur douce domination. Mais dès qu'on a traversé le canal ou le bras de mer qui coupe toute la planète par le milieu, on rencontre de nouveaux animaux & de nouveaux mondes. Tout ce qu'ils ont de commun avec le pays de Potu, c'est qu'ils sont tous habités par des arbres raisonnables, qui parlent tous le même langage : ce qui est fort commode en voyage, sur-tout à cause que la fréquentation des marchands & des voyageurs a accoutumé ces peuples à voir chez eux des créatures fort différentes d'eux-mêmes. Il m'a semblé nécessaire de faire ce petit préambule, pour prévenir toute chicane à l'égard des choses merveilleuses que je vais rapporter.

Il seroit trop long & trop ennuyeux de raconter dans un ordre historique toutes les particularités que j'ai remarquées; il suffira de s'arrêter sur ce que j'ai vu de plus considérable chez les nations principales dont le caractère est si extraordinaire, qu'on peut à cet égard compter la planète de Nazar parmi les merveilles du monde.

Après qu'on a traversé le grand canal, on entre dans la province de Quamso, dont les limites s'étendent jusques sur les bords du rivage opposé à celui de Potu. Les habitans du pays de Quamso ne sont sujets à aucune maladie, & jouissent tous d'une parfaite santé jusqu'à une extrême vieillesse. Cela me les fit regarder comme les plus heureux peuples du monde : mais dès que j'eus séjourné quelque tems parmi eux, je m'apperçus que je m'étois infiniment trompé. En effet, si personne d'entre-eux ne m'a jamais paru triste, je n'y ai non plus jamais vu personne qui fût parfaitement content, ou qui eût seulement la moindre apparence de gaieté : car comme nous ne goûtons la sérénité du ciel, & la tempérie de l'air, qu'après que nous avons éprouvé l'épaisseur des brouillards ; de même ces arbres ne sentent point leur bonheur, parce qu'il est continuel, & sans mélange : ils ignorent qu'ils sont en santé, parce qu'ils ne sont jamais malades. Ainsi ils passent leur vie dans une continuelle indifférence ; car les biens continuels languissent, parce qu'ils rassasient, & il n'y a que ceux dont les plaisirs sont mêlés de quelque amertume, qui goûtent véritablement les agrémens de la vie. Je puis protester ici que je n'ai jamais vu de nation qui eût moins d'enjouement : & dont la conversation fût plus froide, & plus insipide. C'est une nation à la vérité sans malice, mais qui n'est digne ni d'amour, ni de haine, dont il ne faut espérer ni faveur, ni injure : une nation en un mot qui n'a rien qui plaise, ni qui déplaise. Comme elle n'a jamais devant les yeux l'image de la mort, & qu'elle n'est point touchée de compassion, parce qu'elle ne voit souffrir personne, elle passe ses jours dans la sécurité & dans l'indolence, ignorant ce que c'est que le zèle & la pitié : car les maladies nous font souvenir de notre mortalité, nous excitent à bien mourir, & font comme des espèces d'avant-coureurs qui nous viennent avertir de nous préparer à ce voyage dont on ne revient point ; enfin les maladies, en nous affligeant, nous enseignent à compatir aux souffrances d'autrui. Sur ce pied-là, il m'étoit aisé de comprendre combien les maux nous portent à la charité, & contribuent à nous rendre sociables ; & combien injustement nous nous plaignons du créateur, quand nous nous voyons destinés à souffrir certaines afflictions, qui au fond nous sont salutaires & avantageuses. Il est bon de remarquer en passant, que toutes les fois que ces arbres se transportent dans quelqu'autres provinces, ils sont sujets aux maladies, comme les autres, ce qui me persuade qu'ils sont redevables à leur climat ou à leur nourriture de l'avantage dont ils jouissent, si toutefois on peut appeller cela un avantage. I ij

La province de Lalac, qui eſt ſurnommée *Maſcatta*, c'eſt-à-dire, fortunée, me parut meriter cette épithète :

De lait & de Nectar y coulent cent rivières ;
On y voit des forêts entières
Toutes diſtilantes de miel ;
Et, par une faveur du ciel,
La terre y produit tout ſans être cultivée.

Cependant, malgré cet avantage extraordinaire, les Lalaciens ne ſont pas plus heureux que ceux de Quamſo ; car n'ayant pas beſoin de s'adonner au travail pour avoir de quoi vivre, ils paſſent leurs jours dans une molle oiſiveté & dans une lâche pareſſe, qui eſt pour eux une ſource inépuiſable de maladies. Delà vient qu'il y a peu de gens parmi eux qui ne ſoient emportés par une mort prématurée, tant ils ſont ſujets à la cangrène & à la pourriture. La nature de ce pays ne fournit pas moins matière à réflexion, & elle m'a du-moins convaincu, que les domeſtiques, & tous ceux qui travaillent pour gagner leur pain, ſont bien plus heureux que ceux qui, vivant du travail d'autrui, s'endorment dans le ſein de la pareſſe & de la volupté.

La molle oiſiveté, fille de l'abondance,
Ruine la ſanté du corps :
La bonne-chère & la bombance
Enervent les plus forts.

Delà naissent tant de mauvais desseins, tant de résolutions désespérées, & tant de morts violentes qui ont lieu chez ce peuple. Car l'abondance où chacun y vit, leur ôtant le goût des plaisirs, les dégoûte de la vie, & les porte souvent à s'en délivrer dès qu'ils en sont las. Ainsi cette région, que j'avois prise pour le séjour des bienheureux, ne me parut plus que le siège de la tristesse, plus digne de compassion que d'envie.

Sans regret, ni délai j'abandonnai ces lieux.

Je passai dans la province la plus proche; elle s'appelle Mardak. Ses habitans sont tous Cyprès de même forme & de même stature; ils ne sont distingués entr'eux que par la diversité de leurs yeux. Quelques-uns les ont longs, d'autres quarrés; il y en a qui les ont très-petits, d'autres en ont de si larges qu'ils occupent presque tout le front. Quelques-uns naissent avec deux, d'autres avec trois & même avec quatre. Il y en a aussi qui n'en ont qu'un, & on les prendroit pour des descendans de Polyphème, excepté qu'au lieu que ce géant avoit son œil au milieu du front, ceux-ci l'ont derrière la tête. Cette différence d'yeux a donné lieu à ce peuple de se diviser en tribus, dont voici les noms.

1. Les Nagires, c'est-à-dire, ceux qui ont les yeux longs, & à qui par conséquent les objets paroissent longs.

2. Les Naquires, qui ont les yeux de figure quarrée.

3. Les Talampes, qui ont de petits yeux.

4. Les Jarakes qui en ont deux, dont l'un est un peu plus louche que l'autre.

5. Les Méhankes qui en ont trois.

6. Les Tarrasukes qui en ont quatre.

7. Les Harrambes, dont les yeux occupent tout le front.

8. Les Skadolkes, qui n'ont qu'un œil placé sur le derrière de la tête.

La plus nombreuse, & par conséquent la plus puissante de toutes ces tribus, est celle des Nagires, qui ont les yeux longs, & à qui tous les objets paroissent longs. C'est de cette tribu que l'on tire les sénateurs, les prêtres & autres qui composent la régence de la république. Ils sont les seuls qui aient part au gouvernement, & aucun particulier des autres tribus n'est admis aux charges publiques, à moins qu'il ne confesse qu'une certaine table consacrée au soleil, & placée sur le lieu le plus élevé d'un temple, lui paroît longue comme aux Nagires, & qu'il ne confirme cet aveu par un serment. Cette table est le principal objet du culte des

Mardakans. Delà vient que les citoyens qui ont quelque sentiment de religion, ne veulent pas souiller leur conscience d'un parjure, & aiment mieux être exclus de tout emploi public : mais ce n'est pas là le plus grand inconvénient où ils s'exposent; ils sont encore obligés de souffrir mille railleries amères, & mille persécutions. Ils ont beau en appeler au témoignage de leurs yeux, on n'y fait nulle attention, & on leur impute à malice ou à caprice ce qui n'est qu'un défaut de nature.

Voici à peu près quelle est la formule du serment que chacun doit prêter, avant que de pouvoir être élevé à aucune charge.

Kaki manasca qui hompu miriac Jacku mesimbrii Caphani Crukkia Manaskar Quebriac Krusundora.

C'est-à-dire, je jure que la sainte table du soleil me paroît longue, & je promets de demeurer ferme dans cette opinion jusqu'au dernier souffle de ma vie.

Ceux qui prêtent ce serment sont déclarés habiles à exercer des emplois publics, & sont incorporés dans la tribu des Nagires.

Le lendemain de mon arrivée je fus me promener sur la place publique. A peine y étois-je arrivé, que je vis paroître un vieillard à qui on alloit donner le fouet, & qui étoit suivi d'une foule de Cyprès, qui le maudiſſoient, & le chargeoient d'injures. Je m'informai de ce que ce miſérable avoit fait, & j'appris qu'il avoit été convaincu d'héréſie pour avoir enſeigné publiquement, que la table du ſoleil lui ſembloit quarrée, & avoir perſiſté dans cette opinion diabolique, malgré les avertiſſemens fréquens qu'on lui avoit donnés de ce qu'il s'attireroit, s'il ne changeoit de ſentiment. Là-deſſus il me prit envie d'aller au temple du ſoleil, éprouver ſi j'avois des yeux orthodoxes. J'examinai la table ſacrée, & elle me parut quarrée. Je m'en ouvris le ſoir même à mon hôte, qui exerçoit alors la charge d'Edile. Celui ci pouſſa un grand ſoupir, & me dit que cette table lui paroiſſoit auſſi quarrée, mais qu'il n'oſoit en parler à perſonne, de peur de ſe faire des affaires avec la tribu régnante, & d'être dépoſſédé de ſon emploi. Sur cela je jugeai à propos de ſortir de la ville, craignant que mon dos ne payât le crime de mes yeux, & qu'on ne me chaſſât honteuſement comme un hérétique. Je n'ai jamais rien vu qui m'ait ſemblé plus barbare, ni plus injuſte que cette loi qui exclut des dignités tous ceux qui n'y veulent point monter par le parjure & la diſſimulation. Et lorſque je fus de retour chez les Potuans, je ne ceſſai d'invectiver contre cette cruelle république de Mardak. J'en parlois un jour à un Génévre avec qui j'étois fort lié ; & comme je m'échauffois furieusement contre les Mardakans : il me répondit en ces termes. « Il est certain, dit-il, que la conduite des » Nagires paroîtra toujours à nos Potuans ex- » travagante & injuste ; mais pour toi, tu ne » dois pas être surpris que cette diversité » d'yeux fasse exercer tant de cruautés, puisque » tu m'as assuré autrefois que parmi tes Euro- » péens il y avoit aussi des tribus dominantes, » qui à cause du défaut, non pas de leurs » yeux, mais de leur raison se ruoient sur les » autres, la flamme & le fer à la main, chose » que tu trouvois fort pieuse & fort avanta- » geuse à chaque gouvernement. » Je voyois bien où mon Génévre en vouloit venir, & j'en rougissois de honte ; mais aussi depuis ce tems-là, j'ai toujours prêché la tolérance, & j'ai porté des jugemens plus doux sur ceux qui sont dans l'erreur.

La principauté de Kimal passe pour très-puissante, à cause des richesses dont elle abonde ; car outre les mines d'argent qui y sont en quantité, on tire un profit immense de l'or que les rivières y roulent à foison avec leur gravier ; & la mer y fournit beaucoup de perles ; mais cette nation me convainquit, après que je l'eus examinée, que le vrai bonheur ne consistoit pas dans les seules richesses : car autant d'habitans, autant de mineurs ou de plongeurs, qui amorcés par l'appât du lucre, paroissent être condamnés à un continuel esclavage & à un travail qui semble être réservé pour les criminels. Ceux des Kimaliens qui ont acquis assez de richesses, pour se dispenser du soin d'en chercher, sont occupés à garder celles qu'ils possèdent. Tout le pays est infesté de voleurs : de sorte qu'il n'y a pas moyen de se hasarder sur les chemins sans escorte.

>Chaque jour voit grossir le nombre des larrons.
>Qui s'écarte un instant s'expose à leur furie.
>*Alte-là*, vous dit-on, *ou la bourse, ou la vie.*
>Raisonnez un instant : ces insignes fripons
>Vous assomment de coups pour avoir vos richesses ;
>Nul n'est en sûreté contre leurs mains traîtresses.
>Il faut toujours veiller de peur d'être surpris.
>Là le fils scélérat assassine son père ;
>Et le père indigent assassine son fils.
>La fille s'enrichit en étouffant sa mère.
>L'horrible soif de l'or a banni de ces lieux
>Tout sentiment humain, toute crainte des dieux.
>Et cet affreux séjour n'est pas celui d'Astrée.

Ainsi cette nation, que ses voisins envient, ne me parut mériter que de la compassion. En effet y a-t-il des gens plus à plaindre que ceux qui passent leur vie dans des soupçons & des défiances continuelles ? Tel est pourtant le sort des habitans de la principauté de Kimal. Ils sont toujours en crainte les uns contre les autres : chacun y regarde l'autre comme un ennemi qui lui tend des pièges, pour avoir ses biens, & personne n'y dort tranquillement. Ce ne fut pas sans peine que je me tirai de ce pays-là; car comme il y a des gardes sur tous les chemins, il me falloit à tout moment décliner mon nom, dire le sujet de mon voyage, & essuyer enfin toutes ces questions que l'on a coutume de faire aux voyageurs chez les nations soupçonneuses. Il y a une montagne dans cette région qui peut passer pour un volcan, car elle vomit continuellement des tourbillons de flammes.

Après avoir parcouru toute la principauté, avec plus de peine que je n'en avois encore rencontré, je poursuivis mon chemin en tirant toujours vers l'orient, & je passai à travers plusieurs nations sociables & civilisées, mais qui me sembloient pourtant fort étranges. Rien ne me surprit tant que ce que je vis dans le petit royaume de Quamboia, où l'ordre de la nature est renversé sans dessus-dessous : car plus les habitans avancent en âge, plus ils sont frétillans, voluptueux & lascifs. Ils ont en un mot tous les défauts qu'on remarque ailleurs dans la verte jeuneſſe. Delà vient que perſonne n'eſt élévé aux emplois, s'il n'eſt au-deſſous de l'âge de quarante ans; que s'il excède ce terme, il eſt

Comme un enfant fougueux que l'on garde avec ſoin.

Je voyois des vieillards chenus ſautant & gambadant par les rues comme des enfans qui cherchent à tuer le tems.

Ils jouoient les marionettes,
Ou bâtiſſoient des maiſonnettes;
Atteloient des rats à des chars;
Ou bien on les voyoit courir de toutes parts;
Comme l'on fait ailleurs quand on eſt dans l'enfance;
Montés ſur de foibles roſeaux;
Qu'ils diſoient être leurs chevaux;
Et commettre en un mot mainte autre extravagance.

Je voyois ces mêmes vieillards rabroués par de jeunes gens, qui les ramenoient au logis le fouet à la main. J'apperçus au milieu de la place un vieillard tout décrépit qui faiſoit tourner une toupie ou un ſabot avec une courroie. Ce même vieillard avoit été dans ſes jeunes ans, un des plus graves perſonnages de la nation, & s'étoit vu élévé à la charge de préſident du grand conſeil. Ce renverſement a auſſi lieu chez le ſexe féminin. Delà vient que tout adoleſcent qui épouſe une vieille s'expoſe au ſort d'Actéon (1). Ce qui est diamétralement opposé à ce qui arrive chez nous, où les vieillards qui épousent de jeunes filles, sont les seuls qui aient sujet de craindre les cornes. Je rencontrai un jour deux personnages tous pelés de vieillesse, qui ferrailloient au milieu du marché. Surpris de voir tant d'emportement dans des personnes si âgées, je demandai la cause de ce duel, & j'appris, que ces deux vieillards se battoient pour une fille de joie, qu'ils avoient trouvée dans un lieu de débauche, & qui leur avoit (2) plu à tous deux. Ceux qui me racontoient cela, ajoutèrent que si les tuteurs de ces vieux pécheurs étoient informés de leur différend, ils les viendroient étriller d'importance. Le même soir le bruit courut qu'une dame fort âgée s'étoit pendue de désespoir, pour avoir essuyé un refus de la part d'un jeune hêtre à qui elle avoit demandé la courtoisie.

Un tel renversement de l'ordre naturel, en

---

(1) On sait l'aventure de cet infortuné chasseur, qui eut l'audace de jetter les yeux sur Diane qui se baignoit toute nue. La déesse, pour le punir, lui fit venir des cornes sur le front.

(2) J'ai un peu adouci dans cette période les expressions de l'original, qui m'ont paru trop libres pour pouvoir être rendues mot pour mot en françois.

attire un autre dans les loix civiles. Ainsi dans le chapitre du réglement fait au sujet de la tutelle, il est ordonné que toute personne qui aura plus de 39 ans, ne pourra être chargée d'aucune administration de biens. Enfin les contrats y sont déclarés nuls, si quelqu'une des parties a passé l'âge de quarante ans, à moins qu'ils ne soient signés par leurs tuteurs, ou par leurs enfans. Et dans le chapitre de la subordination, on lit ces paroles, *que les vieillards & les vieilles obéissent aux ordres de leurs enfans.* Toute personne en charge est déposée avant l'âge de quarante ans.

Sous ses jeunes parens on la met en tutelle.

Je crus qu'il ne me convenoit pas de séjourner plus long-tems dans un pays où, si j'eusse vécu encore dix ans, j'aurois été forcé par les loix à redevenir enfant.

Je passai dans le pays de Cokléku, où je fus frappé d'une coutume que nos Européens condamneront à coup sûr. C'est un nouveau renversement d'ordre, qui ne prend point sa source dans la nature, mais dans les loix. Tous les habitans sont Génévres de l'un & de l'autre sexe : mais les mâles sont les seuls qui font la cuisine, & les autres fonctions viles & pénibles. Ils servent aussi en tems de guerre, mais rarement ils n'obtiennent d'autre rang que celui de simple soldat. Quelques-uns deviennent enseignes; & c'est le plus haut dégré où les arbres masculins puissent prétendre; les femelles sont en possession de toutes les autres dignités, tant civiles que militaires & religieuses. Je m'étois mocqué ci-devant des Potuans, qui dans la distribution des charges n'observent aucune différence de sexe; mais je crus sérieusement que ce peuple-ci étoit enragé: car je ne pouvois comprendre l'indolence des mâles, qui ayant l'avantage des forces, se laissoient imposer un joug si indigne, & avoient pu digérer cette ignominie depuis tant de siècles, pendant qu'il leur auroit été facile de se délivrer d'une tyrannie si honteuse. Mais la coutume les aveugle si fort, qu'aucun d'eux n'a la pensée de tenter cette entreprise, & ils s'imaginent tous que l'ordre de la nature le veut ainsi; que les femmes doivent gouverner, battre leurs maris, les envoyer moudre le grain, leur faire balayer la maison, coudre, tisser, &c. La raison dont les femelles se servent pour justifier cette coutume, est, que la nature ayant donné aux mâles la force du corps, a voulu par-là les destiner aux fonctions les plus pénibles & les plus basses. Les étrangers, qui vont dans ce pays-là, sont fort étonnés de voir les femmes écrivant dans leurs cabinets, & les maris occupés dans la cuisine à laver la vaisselle. Pour moi, toutes les fois que j'entrois dans une maison pour parler au maître, j'étois tout ébaubi de m'entendre dire, que je le trouverois dans la cuisine, & en effet je l'y trouvois,

> Faisant les fonctions d'une vile servante ;
> Et craignant sa moitié, dont la voix l'épouvante.

Je remarquois d'horribles effets de cette vilaine coutume : car comme on voit ailleurs des femmes effrontées & lascives qui prêtent leur corps au public, ou qui se prostituent pour de l'argent, ici les mâles vendent leurs faveurs, & se tiennent dans des maisons de débauche qu'on reconnoît à des enseignes, ou à des écriteaux placés sur la porte. Mais lorsque ces arbres mâles sont un peu trop effrontés, & agissent un peu trop ouvertement dans ce trafic, on les met en prison, & on les fait fouetter, ni plus ni moins que les filles de joie chez nous. Au contraire, les femmes & les filles marchent sans crainte, regardent les mâles en face, leur font des signes, les agacent, les appellent, les importunent, écrivent des vers amoureux sur leurs portes, elles parlent avec emphase de leurs lubricités ; & comptent les galans qu'elles ont eus, avec autant de satis-
faction,

faction, que nos petits maîtres en font paroître dans le récit de leurs bonnes fortunes. Enfin, ce n'est point une honte aux filles de ce pays-là d'envoyer des poulets à leurs amans, de leur donner des cadeaux, mais c'en seroit une aux adolescens de se rendre à la première semonce; ils doivent savoir garder le décorum, & faire un peu les renchéris. Pendant que j'étois encore chez cette nation, il arriva un cas qui causa beaucoup de rumeur. Il s'agissoit du fils d'un sénateur qui avoit été violé par une fille. J'entendois de tous côtés les jeunes garçons, amis de celui qui avoit été violé, qui complotoient sourdement entr'eux de citer la fille en justice, & de l'obliger, dans la prochaine assemblée du clergé, à réparer l'honneur du garçon en l'épousant; cela étoit d'autant plus juste, que celui-ci avoit de bons témoignages d'une vie sans reproche.

Je n'osois pas blâmer ouvertement les usages de ces Génèvres, lorsque j'étois encore parmi eux ; mais, dès que j'en fus parti, j'en dis mon sentiment à d'autres arbres, & je leur témoignai combien j'avois été choqué de voir chez cette nation les femmes assises au timon des affaires ; vu que par le droit général & le consentement de tous les peuples, le sexe viril est seul propre aux grandes choses. A cela, on me

K

répondoit que je confondois mal à propos la coutume & l'usage avec la nature ; vu que la foiblesse que je reprochois aux femmes, ne venoit que de l'éducation ; ce qui se prouvoit assez par la forme du gouvernement de Cockléku, où l'on voyoit briller chez les femmes toutes les bonnes qualités de l'esprit, que les mâles s'arrogent à eux seuls ; car les Cocklékuanes, ajoutoit-on, sont graves, prudentes, constantes & taciturnes, au lieu que les mâles y sont légers, étourdis & grands parleurs ; d'où est venu le proverbe chez ce peuple, quand on raconte quelque chose d'extravagant : « ce sont » des bagatelles viriles » ; &, lorsqu'on a fait quelque chose à l'étourdie, les Cockékluanes disent « qu'il faut passer quelque chose à la foi- » blesse virile ».

Mais jamais je n'ai pu me rendre à de pareils argumens ; & j'ai toujours été persuadé que la coutume de ce peuple étoit abominable & contraire à la nature. L'indignation que je conçus cependant contre l'orgueil de ces femmes, me fit naître ensuite un dessein qui m'attira bien des malheurs, comme je le dirai en son lieu.

Parmi les édifices somptueux qui sont dans la ville de Cockléku, on remarque le serrail royal, qui est rempli de trois cens jeunes garçons d'une beauté extraordinaire. Ces garçons sont entretenus aux dépens de la reine, qui s'en sert pour ses plaisirs, à-peu-près comme les rois d'orient se servent de leurs concubines. Comme j'appris que plusieurs Génèvres s'avisoient de vanter ma figure, je craignis qu'il ne prît fantaisie à cette reine de vouloir avoir de ma race, & qu'elle n'ordonnât à ses chasseurs de beaux garçons de m'enlever & de m'enfermer dans son serrail ; c'est pourquoi je pris le parti de décamper au plus vîte.

   La crainte me donna des aîles.

Je passai dans le pays des Philosophes. On lui a donné ce nom à cause de ses habitans, qui sont continuellement ensevelis dans des spéculations profondes, & qui s'adonnent fort aux études subtiles de la philosophie. J'avois un désir extrême de voir cette région que je me figurois comme le centre des sciences & le véritable séjour des muses. Je ne croyois pas y trouver des champs ni des prés,

 Mais des jardins semés des plus brillantes fleurs.

Dans cette idée je hâtois le pas, comptant sur mes doigts les momens & les heures.

Cependant, les chemins par où je passois, étoient pierreux, entrecoupés de fossés & de trous, de sorte que j'allois tantôt par un terrein raboteux, tantôt il me falloit traverser des bourbiers d'où je fortois tout mouillé & tout croté. Mais je me confolois de ces accidens, fachant bien qu'on ne va au ciel que par les traverfes. Après avoir lutté environ une heure contre ces difficultés, je rencontrai un payfan à qui je demandai combien j'étois éloigné de Mafcattia, c'eft-à-dire du pays des Philofophes. Demandez-moi plutôt, me répondit-il, combien il vous refte de chemin à faire pour en fortir; car vous êtes au milieu même du pays. Surpris de cette réponfe, comment fe peut il, pourfuivis-je, qu'un pays qui n'eft habité que par des philofophes, paroiffe plutôt une etable à cochons, que le féjour de créatures raifonnables? Il me répartit que le pays feroit bientôt en meilleur état fi les habitans avoient le loifir de s'appliquer à de pareilles fadaifes. Maintenant, ajouta-t-il, ils ont leur efprit vers les aftres, & ne font occupés qu'à découvrir un chemin pour aller au foleil; ainfi on doit leur pardonner, s'ils négligent ceux de leur pays: il n'eft pas aifé de fouffler & d'avaler en même-tems.

Je compris bientôt où tendoit le difcours du rufé villageois; & pourfuivant ma route, j'arrivai près de Caska, qui eft la capitale. Je vis aux portes de cette ville, au lieu de fentinelles, des oies, & je remarquai dans les murailles des nids de poules & des toiles d'araignées. Les philosophes & les porcs se promenoient pèle-mèle dans les rues. Ils n'étoient distingués que par la figure du corps; car pour la crote & la boue ils en avoient également. Les philosophes étoient couverts de manteaux; mais je n'en pus jamais distinguer la couleur tant ils étoient crasseux & crotés. J'en vis un qui venoit droit à moi, & je lui adressai ces paroles : maître, dites-moi je vous prie, quel est le nom de cette ville-ci. A ces mots s'arrêtant tout court & demeurant immobile, comme si son ame avoit été séparée de son corps, il leva les yeux au ciel, & s'écria: il n'est pas loin de midi. Cette réponse insensée qui marquoit un étrange dérangement d'esprit, me persuada qu'il vaut mieux étudier peu, que d'extravaguer à force d'études.

Le marché de la ville étoit vaste, orné de statues, & de colonnes chargées d'inscriptions. Je m'approchai pour voir si je n'en pourrois pas déchifrer quelqu'une; mais dans le tems que je tâchois d'en venir à bout, je sentis subitement couler sur mon dos quelque chose de chaud & d'humide. Je me tourne pour voir d'où pouvoit venir cette pluie chaude, & je vis un philosophe qui pissoit contre moi. Ce personnage étoit si enseveli dans ses méditations qu'il

K

m'avoit pris pour une statue près de laquelle il avoit coutume de faire ces sortes de nécessités. Pour moi, piqué de cette injure, & de voir encore le philosophe me rire au nez, je lui sanglai un soufflet à tour de bras, qui le fit bien revenir de sa distraction. Aussitôt, il me saisit par les cheveux, & me traîna en écumant de rage, & criant de toute sa force, par-tout le marché. Comme je voyois que sa colère ne pouvoit s'assouvir, je tâchai de l'adoucir, lui représentant que nous étions à deux de jeu; que si je l'avois souffleté, il m'avoit arraché les cheveux, & qu'ainsi toute compensation faite, il devoit me laisser aller. Tout cela étoit inutile; mais enfin, après un rude combat nous tombâmes l'un sur l'autre. A ce spectacle, les philosophes accourent de tous côtés, & se jettant sur moi comme des enragés, ils me frappent à tour de rôle avec de gros bâtons, me traînant de nouveau autour du marché. J'étois sur le point de rendre l'ame. Enfin lassés plutôt que rassasiés, ils me menent vers une grande maison. Arrivé sur le seuil de la porte, je refusai de passer outre; mais MM. les philosophes, me passant une corde au col, me traînèrent dedans comme un veau meuglant, & me laissèrent étendu sur mon dos au milieu du plancher. Tout étoit dans un désordre extrême dans cette maison. Elle me parut dans le même état où l'on voit les nôtres vers Pâques où la S. Michel lorsqu'on déménage. Cependant je conjurois ces sages de mettre fin à leur colère, & de se laisser toucher de compassion, leur représentant combien il étoit peu glorieux pour des gens qui s'adonnoient à l'étude de la philosophie & de la sagesse, de se conduire comme des bêtes féroces, & de s'abandonner à des mouvemens contre lesquels ils déclamoient sans cesse. Mais je parlois à des sourds: car le philosophe qui m'avoit si bien arrosé le dos, recommençoit le combat à chaque instant, & me frappoit comme une enclume, avec tant d'opiniâtreté, qu'il sembloit qu'il n'y eût que ma mort qui pût l'appaiser. Je compris qu'il n'est point de haine pareille à celle des philosophes (1); & que ces gens qui étalent dans la spéculation toutes les beautés de la vertu, se mettent peu en peine de la pratiquer.

Le courroux, la fureur bouillonnent dans leur ame,
Au travers de leurs yeux on voit sortir la flamme.

Quatre philosophes arrivent cependant; la forme de leurs manteaux désignoit une secte

_____

(1) Quand l'histoire ancienne & moderne ne fourniroient pas une infinité de preuves de cette vérité, l'expérience journalière nous en convaincroit de reste.

particulière. Ils appaisent, du geste & de la voix, ce tumulte horrible, & paroissent compatir au triste état où ils me voient. Après avoir parlé à chacun de ces furieux en particulier, ils me firent transporter dans une autre maison: je me réjouissois d'être sorti des mains de ces enragés, & d'être tombé parmi d'honnêtes gens. Je racontai à ceux-ci la cause de tout ce tintamare; & mon récit les fit rire. Ils me dirent que les philosophes vuidoient d'ordinaire leur vessie sur le marché, lorsqu'ils s'y promenoient, & qu'il étoit croyable que mon aggresseur, plongé & absorbé dans de profondes méditations, m'avoit pris pour une statue. Ils ajoutèrent que ce même personnage étoit un astronome de grande réputation; & que ceux qui m'avoient épousseté le dos avec tant de rage, étoient des professeurs de philosophie morale. J'écoutois tout cela avec plaisir, me croyant hors de danger, & en sûreté contre la fureur philosophique. Toutefois j'étois allarmé de l'attention avec laquelle mes bienfaiteurs me considéroient, & des questions réitérées qu'ils me faisoient touchant ma patrie, mon genre de vie, & le sujet de mon voyage: enfin, les entretiens particuliers que ces gens-là avoient entre eux sur mes réponses, achevèrent de me remplir l'esprit de soupçons. Mais ce fut bien autre chose lorsque je me vis conduire dans une chambre d'anatomie, où j'apperçus d'abord des tas d'ossemens qui répandoient une odeur empoisonnée. Je crus pour lors, d'être dans une caverne de brigands : mais les instrumens anatomiques que je voyois pendus aux murailles, me firent revenir de cette idée, & je compris que mon hôte étoit un médecin ou un chirurgien. Il y avoit environ une demi-heure que j'étois seul dans cet horrible cachot, lorsque je vis entrer une dame qui m'apportoit un dîné qu'elle m'avoit préparé elle-même. Elle paroissoit extrêmement bonne & compatissante. Elle ne m'eut pas plutôt considéré avec quelque attention, qu'elle commença à pousser de profonds soupirs qu'elle renouvelloit de tems en tems. Je ne pus m'empêcher de lui demander la cause de sa douleur. Hélas, me répondit-elle, c'est le sort qui vous attend qui m'arrache ces soupirs. Vous êtes à la vérité dans un lieu honnête ; car mon mari, à qui cette maison appartient, est physicien gagé de la ville, & docteur en médecine : ceux que vous avez vus avec lui, sont ses collègues. Ils ont été frappés de la figure extraordinaire de votre corps, & ils ont résolu d'en examiner les ressorts cachés, & d'éplucher vos entrailles, en un mot, de vous disséquer pour voir s'ils ne feront pas fur vous quelque découverte utile à l'anatomie. Cette nouvelle m'étourdit, & mon cœur commença à palpiter d'une étrange manière : quoi, madame, m'écriai-je, vous ofez appeller d'honnêtes gens des fcélérats qui ne fe font point fcrupule de fendre le ventre à un innocent qui ne leur a jamais fait le moindre mal ! A quoi elle répondit :

Oubliez-vous fitôt dans quel pays vous êtes ?

Certainement vous avez à faire à d'honnêtes gens, qui n'agiffent point dans de mauvaifes vues, mais pour l'amour du bien public, pour enrichir l'anatomie par de nouvelles découvertes. Je lui repartis qu'elle fe moquoit de moi & que j'aimerois bien mieux tomber entre les mains d'une troupe de voleurs qui m'auroient bientôt dépêché, que d'être difféqué par les plus honnêtes gens du monde. Là-deffus, je me jettai aux pieds de la bonne dame, la fuppliant, avec des torrens de larmes, de vouloir bien intercéder pour moi. Elle me répliqua, que fon interceffion me ferviroit de fort peu de chofe contre les décrets de la faculté, qui d'ordinaire étoient irrévocables ; mais qu'elle tâcheroit de me fouftraire à la mort par une autre voie. En difant cela, elle me prit par la main, & me fit defcendre par un efcalier dérobé, d'où elle m'accompagna tout tremblant que j'étois, jufqu'aux portes de la ville. Alors je voulus prendre congé de ma bienfaitrice, & je tâchois de lui exprimer toute l'étendue de ma reconnoiffance; mais elle interrompit mes remercimens, pour me dire qu'elle ne me quitteroit pas que je ne fuffe tout-à-fait en fûreté, & continua à m'accompagner fans que je m'y oppofaffe. Pendant que nous marchions enfemble, nous nous mîmes à difcourir fur le compte des philofophes, & ce fut à cette occafion que la bonne dame me fit un compliment qui ne me plut guère; car je compris qu'elle exigeoit de moi, pour le fervice qu'elle m'avoit rendu, des chofes qui étoient alors au-deffus de mes forces. Elle m'expofa le plus pathétiquement qu'elle put le trifte fort des dames de fon pays, qui n'avoient pour maris que des pédans de philofophes qui, étant toujours enfevelis dans les études, négligeoient le devoir conjugal. Je puis vous protefter, continua-t-elle avec ferment, que ce feroit fait de nous, fi quelque honnête & compatiffant voyageur ne foulageoit en paffant nos maux & n'apportoit de tems en tems quelque remède à nos fouffrances. Je faifois la fourde oreille à toute cette harangue, feignant de n'en pas comprendre le but; & je tâchois de doubler le pas. Ma froideur ne fit que l'enflammer davantage.

> Voyant enfin que ses instances
> Ne pouvoient point fléchir mon cœur,
> Elle se livre à la fureur
> Et commet mille extravagances.

Elle me reprocha mon ingratitude ; mais comme j'allois toujours mon train, sans daigner lui répondre, elle me saisit par le bout de ma robe, & s'efforça de me retenir. Alors je me servis du peu de force qui me restoit, & me dépêtrai enfin de cette femme. L'avantage que j'avois sur elle du côté de l'agileté, m'emporta bientôt hors de sa vue. Elle étoit dans une rage extrême, & elle l'exprimoit par ces mots, kaki spalaki, c'est-à-dire, chien ingrat. Je souffris ces injures avec un sang-froid de Spartiate, m'estimant fort heureux d'en être quitte à si bon marché, & de me voir hors du pays de ces sages, dont le souvenir me fait encore dresser les cheveux à la tête. J'arrivai dans la province de Nakir, dont la capitale est une ville ou plutôt un grand village de même nom. Je n'en puis pas dire grand'chose ; car je passois rapidement par les endroits trop voisins du pays des philosophes, me hâtant d'arriver chez des nations moins curieuses de philosophie, & sur-tout d'anatomie ; car tel étoit l'excès de ma crainte, que toutes les fois que je rencontrois quelqu'un en chemin, je lui demandois s'il étoit philosophe; les cadavres & les instrumens d'anatomie me revenoient aussi fort souvent dans l'imagination. Les habitans du village de Nakir me parurent extrêmement affables; car tous ceux que je trouvai sur mes pas, me vinrent offrir leurs services, m'assurant fort au long de leur probité. Cela me paroissoit pourtant ridicule, car je n'avois témoigné aucun soupçon contre personne, & n'avois révoqué en doute la probité de nul d'entre eux: j'en témoignai mon étonnement à quelques-uns de ces complimenteurs, leur demandant à quoi bon tant d'assurances d'une chose dont je ne doutois aucunement; ce fut encore des protestations à perte de vue, accompagnées de mille sermens. Lorsque je fus sorti de ce village, je rencontrai un voyageur qui portoit sur son dos une grosse malle pleine de hardes. Il s'arrêta en me voyant & me demanda d'où je venois. Comme je lui eus dit que j'avois traversé le village de Nakir, il me félicita d'en être sorti sain & sauf, m'assurant que les habitans étoient des maîtres fripons, des fourbes qui savoient l'art de plumer les passans & de les renvoyer ensuite. Je lui répondis que si les effets répondoient aux paroles, ce devoient être les plus honnêtes gens du monde, vu que chacun d'eux s'empressoit de faire connoître sa probité, & d'en assurer chacun avec des fermens exécrables. Le voyageur souriant à ces mots : gardez-vous, me dit-il, de toute personne qui vante sa propre vertu, & sur-tout de ceux qui se donnent au diable pour vous en convaincre. Cet avis est resté gravé bien avant dans mon esprit, & j'ai éprouvé maintefois que ce voyageur avoit raison ; de-là vient qu'aujourd'hui, lorsque mes débiteurs m'assurent de leur probité en jurant, je déchire le contrat & je reprends mon bien.

Après avoir traversé toute la province de Nakir, j'arrivai sur le bord d'un lac, dont l'eau étoit d'un rouge foncé. Il y avoit sur le rivage un navire à trois rangs de rames, sur lequel les voyageurs passoient pour un prix modique pour aller dans le pays de la raison. Etant convenu du prix de mon passage, j'entrai dans le vaisseau, & j'eus beaucoup de plaisir à traverser ce lac ; car, comme je l'ai déja remarqué ailleurs, les navires du monde souterrein, voguent sans le secours de personne : les rames agissent par le moyen de ressorts, & fendent les ondes avec une rapidité étonnante. Dès que j'eus abordé de l'autre côté, je pris un de ces gens qui se tiennent sur les ports pour servir les voyageurs, & je me fis conduire par lui à la ville de la raison. Pendant le chemin il me mit au fait de ce qui regardoit cette ville & les mœurs de ses habitans. J'appris qu'ils étoient tous logiciens sans exception, & que la ville étoit le véritable siège de la raison, d'où elle avoit aussi tiré son nom. Quand j'y fus arrivé, je compris que tout ce qu'on m'en avoit dit étoit vrai; car chaque citoyen me parut un sénateur, tant à cause de sa pénétration, que de la régularité de ses mœurs & de sa gravité. Je ne pus m'empêcher alors d'élever les mains au ciel, & de m'écrier à diverses reprises, oh trois fois heureuse terre, qui ne produit que des Catons ! cependant quand j'eus examiné de près l'état de cette ville, je m'apperçus qu'il y régnoit beaucoup de nonchalance, & que faute de fous tout y languissoit : car, comme les habitans pèsent tout au poids du bon-sens, qu'ils ne se laissent point éblouir par de belles promesses, ni par des discours étudiés, ni par des colifichets, ces moyens salutaires dont on se sert ailleurs pour exciter les sujets à des entreprises avantageuses à l'état, sans qu'il en coûte rien au trésor public, n'ont point lieu dans cette république.

Les défauts inséparables de cette exacte attention à peser toutes choses, me furent très-bien expliqués par un certain ministre des finances. Les arbres, me dit-il, ne sont ici distingués entre eux que par le nom & par la figure. Il

n'y a point d'émulation parmi nos citoyens, parce qu'il n'y a point de caractères qui les diſtinguent; & perſonne ne paroît être ſage, parce que chacun l'eſt. J'avoue que la folie eſt un défaut; mais il ne faut pas ſouhaiter qu'il n'y en ait point du tout. Il ſuffit à chaque ville d'avoir autant de ſages, qu'il y a d'emplois publics. Il faut des gens pour gouverner, & d'autres pour ſe laiſſer gouverner. Ce que les régens des autres états font avec des bagatelles & des colifichets, notre magiſtrat eſt obligé de le faire par des récompenſes ſolides, qui épuiſent ſouvent ſes finances; car, pour un ſervice rendu à l'état, les ſages veulent avoir des noyaux & les fous ſe contentent de pelures. Ainſi, par exemple, les honneurs & les titres ſont ailleurs des hameçons où l'on prend les fous, & par leſquels on les anime aux travaux les plus difficiles; mais ils ne ſervent guère chez des gens qui ne croyent pas qu'on puiſſe acquérir l'eſtime publique & les honneurs ſolides, autrement que par la vertu & le mérite intérieur, & qui par conſéquent ne veulent pas ſouffrir qu'on les leurre par de ſpécieuſes promeſſes. Enfin il ſe peut que l'idée qu'ont vos guerriers, qu'il ſera parlé d'eux dans l'hiſtoire, les excite à courir les plus grands riſques pour le ſalut de leur patrie; mais les nôtres regardent cela comme
un

un galbanon, & ces phrases, mourir pour la patrie, vivre dans l'histoire, ne leur semblent pas plus compréhensibles, parce qu'ils croyent qu'il est vain & inutile de donner des louanges à des gens qui ne peuvent les entendre. Je passe sous silence plusieurs autres inconvéniens qui résultent de cette attention à tout éplucher, & qui font assez voir que dans un état bien constitué, il est nécessaire que la moitié des citoyens extravague. La folie est à l'égard de la société ce qu'est la fermentation à l'égard de l'estomac : le trop, ou le trop peu de fermentation nous cause des maladies.

J'entendois tout cela avec un grand étonnement ; & le sénat m'ayant fait offrir, quelques jours après, une demeure dans la ville, si je voulois m'y fixer, & faisant même réitérer ses instances, je me trouvai dans une étrange confusion, soupçonnant que ce compliment ne procédoit que de l'opinion qu'on avoit de ma folie, & qu'on me regardoit comme un ferment utile à l'état, lequel languissoit pour trop de sagesse. Ce qui me confirma dans mes soupçons, ce fut un certain bruit qui courut alors, que la république envoyoit un grand nombre de citoyens dans des colonies, & que pour les remplacer on avoit dessein de ramasser autant de fous des nations voisines. Il ne m'en fallut

L

pas davantage pour me faire sortir de cette ville raisonnable. J'eus long-tems dans l'esprit l'axiome de ce peuple, que dans un état bien réglé, il est nécessaire que la moitié des citoyens extravague; axiome qui est inconnu à nos politiques, & je m'étonnois que nos philosophes ne l'eussent point encore trouvé. Peut-être qu'il n'a pas été caché à quelques-uns de ces derniers, mais apparemment ils n'ont pas cru qu'il valût la peine de le mettre au rang des axiomes politiques, vu que les fous abondent par-tout chez nous, & qu'il n'y a point de ville ni de village qui n'ait bonne provision de ce ferment si salutaire.

Etant donc parti du pays de la raison, je me remis en chemin & parcourus plusieurs régions, que je passerai sous silence, n'y ayant rien trouvé de remarquable. Je pensois avoir vu toutes les merveilles de la planette de Nazar; mais étant arrivé dans la province de Cabac, je découvris de nouveaux prodiges qui surpassent toute croyance. Parmi les habitans de ce pays-là, il y en a plusieurs qui sont acéphales, c'est-à-dire, sans tête. Ceux-ci parlent par une bouche qu'ils ont au milieu de l'estomac; ce défaut naturel les exclut de tout emploi important où il faut avoir de la cervelle. Les charges auxquelles ils peuvent prétendre à la cour, sont celles de chambellans, de maîtres d'hôtel, de grand-maître de cuisine : & on en tire aussi quantité pour en faire des valets de pied, des bedeaux, des cuistres, en un mot, pour exercer toutes les charges où il n'est pas besoin de tête. Quelques-uns néanmoins sont reçus aux emplois du sénat à cause du mérite de leurs parens, & par la faveur du magistrat, ce qui peut se faire quelquefois sans que l'état en souffre : car on sait d'expérience que toute l'autorité magistrale réside entièrement dans quelques sénateurs particuliers, que les uns ne sont dans le sénat que pour completter l'assemblée, & pour signer les résolutions des autres. Ainsi il y avoit de mon tems dans le sénat de Cabac deux assesseurs nés sans tête qui tiroient les gages de sénateurs, car quoiqu'ils fussent destitués de jugement à cause de leur défaut naturel, ils donnoient pourtant leur consentement, & ils étoient plus heureux que leurs collègues, contre qui, dans certains cas, le peuple déchargeoit sa bile sans faire mention de ceux qui étoient acéphales ; ce qui montre qu'il est quelquefois bon à un sénateur de n'avoir point de tête. Au reste la ville de Cabac ne le cède à aucune de ce globe-là. Elle a une cour, une université & des temples magnifiques

Je passai, au sortir de-là, dans deux autres régions, dont l'une a le nom de Cambare, l'autre de Spélek. Les habitans sont tous tilleuls. Ils diffèrent entre eux en ce que les uns ne vivent pas au-delà de l'âge de quatre ans, les autres, au contraire, vivent long-tems & atteignent même l'âge de quatre cens ans. Quand on vient chez ceux-ci, on ne voit que pères, grands-pères, ayeux, bisayeux &c. On ne les entend parler que de leurs aventures ; ils récitent mille fables, & on a si souvent les oreilles rebattues de ces vieilles sornettes, qu'on s'imagine être né depuis plusieurs siécles, sur-tout quand on voit tant de vieilles gens devant ses yeux. Voilà quel étoit l'état des habitans du pays de Spélek. Il me parut d'abord plus heureux que celui des peuples de Cambare ; mais je m'apperçus quelque tems après que je me trompois. En effet les cambariens acquièrent la maturité de l'esprit & du corps, quelques mois après leur naissance, ensorte qu'une année suffit pour les former & les perfectionner. Ils employent le tems qu'ils ont encore à vivre à se préparer à la mort. La vue de ce peuple rappelle dans l'esprit la république de Platon, où les vertus étoient d'abord portées au plus haut degré de perfection. Les cambares ont continuellement devant les yeux la briéveté de la vie, & étant toujours occupés de cette idée, ils regardent ce monde comme la porte par où l'on passe à l'autre vie, ainsi l'image de l'avenir bannit de leur esprit l'idée du présent; ensorte donc que chacun d'eux peut-être regardé comme un philosophe qui, indifférent pour les biens terrestres, ne tâche que de s'assurer ce trésor durable & éternel qui est la récompense de la vertu, de la piété & de la bonne réputation. En un mot ce pays sembloit être habité par les anges, ou le domicile des saints, ou l'école véritable où la sagesse & la piété étoient enseignées excellemment bien. De-là on peut juger combien sont injustes les murmures de ceux qui se plaignent de la briéveté de la vie, & qui font à ce sujet une espèce de procès à Dieu; car notre vie n'est courte que parce que nous en passons la meilleure partie dans les plaisirs, mais elle seroit assez longue si on en faisoit un meilleur usage.

Dans l'autre province, où j'ai dit, qu'on vivoit jusqu'au-delà de quatre cens ans, je remarquai tous les vices que l'on voit régner parmi les hommes. Les habitans ne pensoient qu'aux choses présentes, comme si elles eussent été éternelles, & qu'ils ne les eussent jamais dû quitter.

> La piété sincère est bannie à jamais
> De ce peuple trompeur qui se plaît aux forfaits.

Une autre espèce d'inconvénient qui résultoit de cette longue vie, c'est, que ceux qui avoient malheureusement perdu leurs biens, ou qui étoient perclus de leurs membres, ou qui tomboient dans des maladies douloureuses & longues, se donnoient eux-mêmes la mort; ne voyant pas d'autre moyen de se délivrer de leurs misères, ce qui ne seroit pas arrivé, si leur vie eût dû être de peu de durée. L'un & l'autre peuple fut pour moi un sujet d'étonnement; & je sortis de ces lieux la tête pleine de réflexions philosophiques.

Je continuai ma route par des lieux raboteux & déserts par où l'on passe pour aller au pays des innocens, qu'on nomme en langue vulgaire Spalank. Ce nom vient de l'innocence & de l'humeur pacifique des habitans de cette province. Ils sont tous néfliers & les plus heureux des mortels, n'étant sujets à aucune passion, & conséquemment à aucun défaut.

> Il n'est question chez eux de loix, ni de supplices.
> Ils n'ont ni juges, ni procès,
> Ils pratiquent pourtant la vertu, la justice,
> Avec un merveilleux succès.
> L'innocence les met à l'abri des alarmes;

Ils ont autant d'amis qu'ils comptent de voisins.
On n'entend point chez eux le bruit affreux des armes,
Soldats, arsénaux, magasins
Sont à ce peuple heureux des choses inconnues.

Je trouvai que tout ce qu'on m'avoit dit de ces néfliers étoit véritable, & qu'en effet ils ne se gouvernoient point par des loix; mais par leur propre génie. L'envie, la haine, la colère, l'orgueil, l'amour de la fausse gloire, les divisions, & tous les autres vices qu'on remarque dans l'espèce humaine, n'ont point lieu chez cette nation. On ne trouve pas non plus chez elle, plusieurs autres choses qu'on prétend faire l'ornement des créatures raisonnables, & les distinguer des brutes; car excepté la théologie, la physique & l'astronomie, toutes les autres sciences lui sont inconnues, de même que les arts. Elle n'a aucune idée de jurisprudence, de politique, d'histoire, de morale de mathématiques, d'éloquence, &c. L'amour de la gloire lui étant aussi inconnu, l'émulation qui anime les sujets aux grandes choses, y est tout-à-fait ignorée. Je ne voyois dans ce pays-là aucun palais, nul édifice tant soit peu considérable, point d'hôtel-de-ville, point de tribunaux, point de richesses, point de magistrats, & par conséquent point de procès, ni d'envie d'en avoir; & pour tout dire en deux mots, s'il n'y avoit point de vices, aussi n'y avoit-il point de politesse, point d'arts, point de magnificence, & une infinité d'autres choses pareilles à qui nous donnons le nom de vertus, qui rendent les sociétés civiles recommandables, & font passer les hommes pour polis & civilisés. A dire le vrai, il me sembloit être plutôt dans une forêt que dans une société, & je ne savois quel jugement porter sur cette nation, ni si cet état naturel seroit à souhaiter aux hommes; mais enfin, quand je faisois réflexion que la vertu étoit préférable au vice, & que l'ignorance de certains arts éloignoit les vols, les meurtres, les rapines, & plusieurs autres crimes qui perdent l'ame avec le corps, je ne pouvois m'empêcher de reconnoître le bonheur de ces néfliers. Pendant que j'étois encore parmi eux, je marchois un jour sans attention, & je heurtai si rudement contre une pierre, que je me fracassai la jambe gauche qui s'enfla aussi-tôt. Un paysan me voyant dans cet état, accourut incontinent, & avec une certaine herbe qu'il appliqua sur la partie offensée, il me guérit sur le champ. Je conjecturai alors que ces gens-là excelloient dans les cures, & je ne me trompois pas; car comme le nombre de leurs études est extrêmement borné, ils ne se contentent pas d'efleurer les sciences, comme font nos savans, qui veulent tout apprendre, mais ils s'adonnent à une seule, & l'approfondissent autant qu'il est possible. Cependant je remerciai mon médecin du service qu'il m'avoit rendu, priant dieu de l'en récompenser. Ce paysan me parla avec tant de solidité, de savoir & de piété, quoiqu'en des termes un peu rustiques, que je crus que c'étoit un ange qui m'étoit apparu sous la figure d'un arbre. Je compris par là avec combien peu de raison nous nous déchaînons contre ces Stoïciens qui, ne désirant rien, ne s'affligent, ne se réjouissent de rien, & ne se fâchent contre personne, s'étant défaits des passions impétueuses de l'ame; & que nous accusons à cause de cela de mener une vie lâche & paresseuse. Je compris aussi, & plus clairement encore, combien se trompent ceux qui admettent la nécessité de certains vices parmi les mortels qui croient que la colère aiguise la force, que l'émulation produit l'industrie, & que la défiance est la mère de la prudence; car qui ne sait, que d'un mauvais œuf il ne peut naître qu'un mauvais corbeau, & que plusieurs qualités dont les humains s'enorgueillissent, & que nous célébrons dans nos vers, sont plutôt des sujets de honte que de gloire, si on les regarde avec les yeux d'un philosophe.

Je sortis du pays des innocens, & me rendis dans la province de Kiliac, où les habitans naissent avec de certaines marques au front, qui désignent le nombre de leurs années, & le tems qu'ils ont encore à vivre. Je les croyois les plus fortunés des mortels, vu que la mort ne pouvoit les surprendre en flagrant délit; mais, comme ils connoissoient tous le jour de leur mort, ils prolongeoient aussi leur pénitence jusqu'à ce dernier jour; ensorte que si on trouvoit quelque honnête personnage parmi eux, ce ne pouvoit être que quelqu'un à qui les marques de la mort ne venoient que dans une extrême vieillesse. Je voyois quantité de ces arbres qui marchoient la tête penchée, comptant avec leurs doigts, les jours & les momens qu'ils avoient encore à vivre; & se désespérant lorsque cette heure fatale approchoit; ce qui me fit conclure que le créateur avoit sagement fait de cacher au reste des mortels l'heure de leur mort.

Après avoir parcouru ce pays, j'arrivai au bord d'un canal dont l'eau étoit noire, je le traversai dans un esquif, & j'abordai dans la province d'Askarac. C'est-là que je vis d'horribles monstres; car si parmi les Cabaques, il y a des gens sans tête, on en voit en revanche chez les Askaraques, qui en ont sept. Ces heptacéphales, ou gens à sept têtes, font des prodiges de science. Le peuple leur portoit autrefois une telle vénération, que peu s'en falloit qu'il ne les adorât. Tous ceux qui gouvernoient l'état étoient tirés de cette tribu; mais comme ces régens avoient autant d'idées que de têtes, il n'y avoit sorte de choses dont ils n'essayassent; mais cette quantité d'entreprises, & ces diverses idées dans une seule personne, embrouillèrent extrêmement les affaires, & dans la suite la confusion monta à un si haut point, qu'il fallut des siècles entiers, pour débrouiller le cahos que ces trop habiles magistrats avoient répandu dans les affaires de l'état. Il ne se peut rien de plus avisé que le décret que l'on fit alors pour exclure les heptacéphales du gouvernement, & pour les restraindre aux simples, c'est-à-dire, aux citoyens qui n'avoient qu'une tête. Depuis ce tems-là, ces gens, qui avoient été révérés comme des dieux, sont aussi déchus, & aussi peu estimés que les acéphales parmi les Capaques : car comme ceux-ci ne peuvent rien faire faute de tête, ceux-là font tout de travers pour en avoir trop. C'est pourquoi on les éloigne de toute sorte de charge, & on les laisse croupir dans l'obscurité. Ils sont pourtant une espèce d'ornement à leur pays, car on les mène d'un côté & de l'autre, pour servir de spectacle, & pour montrer combien la nature a été libérale envers eux ; mais on peut dire qu'elle auroit mieux fait de n'être pas si prodigue, & de se contenter de leur donner une seule & bonne tête. De toute cette race d'heptacéphales, il n'y en avoit que trois qui fussent employés de mon tems ; encore ne les avoit-on admis aux emplois qu'après leur avoir coupé six têtes, car par-là on leur avoit ôté ces idées confuses qui les brouilloient, & on les avoit réduits au sens commun, à-peu-près comme on émonde les arbres chez nous pour les faire pousser plus haut. Mais il y a peu d'heptacéphales qui veuillent souffrir cette opération, à cause de la douleur qu'elle cause & du danger où ils sont exposés de mourir bientôt après. Tout cela me fit conclure qu'il n'y a point d'excès qui ne soit nuisible, & que la véritable prudence ne se trouve que dans un cerveau simple, mais solide & judicieux.

Pour aller de ce pays-là dans la principauté de Bostanky, il faut passer par des déserts. Les Bostankis diffèrent peu des Potuans, quant à la figure extérieure ; mais intérieurement il il y a une différence remarquable, qui consiste en ce que les Bostankis ont le cœur placé dans

la cuisse droite, de sorte qu'on peut dire avec vérité, qu'ils portent leurs cœurs dans leurs culottes. Delà vient qu'ils sont regardés comme les plus poltrons de tous les habitans du globe. En arrivant dans la ville, j'entrai dans un cabaret tout près de la porte, & comme les fatigues du voyage m'avoient mis de mauvaise humeur, je commençai à quereller l'hôte, dont la lenteur me choquoit. Celui-ci tout effrayé, se jetta à mes genoux, me demandant pardon les larmes aux yeux. Il me fit toucher sa cuisse droite, pour que je jugeasse de sa frayeur par la palpitation de son cœur. Je n'eus pas plutôt senti ce mouvement, que ma colère se changea en risée, je lui dis de se rassurer & d'essuyer ses larmes. A ces mots il se leva, & m'ayant baisé la main, il s'en fut apprêter à manger. Un moment après j'entendis des cris & des gémissemens qui venoient du côté de la cuisine. J'y courus, & je ne fus pas peu surpris de voir ma poule mouillée d'hôte, qui se ruoit à coups de pied & de fouet sur sa femme & sur les servantes. Dès qu'il m'apperçut, il se jetta à mes pieds : « qu'est ceci, dis-je à
» ces femmes, quel crime avez-vous commis
» qui ait pu mettre cet agneau si fort en co-
» lère ? » Elles me regardoient sans rien dire, n'osant pas me découvrir le sujet de leur afflic-

tion, mais leur ayant ordonné avec menaces de s'expliquer, l'hôtesse me parla en ces termes: les habitans de cette principauté, dit-elle, ne peuvent soutenir les regards d'un ennemi armé, & dès qu'ils sont hors de leurs maisons, ils tremblent au moindre bruit : mais au logis, ils font le diable à quatre. Ils parlent avec hauteur dans leur cuisine, & se jettent avec fureur sur leur famille timide ; mais ils n'osent pas se montrer contre des gens armés, & ils ne sont vaillans que contre ceux qui n'ont ni armes, ni forces. De là vient que notre république est exposée aux insultes & aux déprédations de ses voisins. Mais une nation voisine, à qui nous payons tribut, est d'un naturel bien différent; car elle ne se bat que contre les ennemis armés. Là, les mâles commandent au dehors, & servent au dedans.

J'admirai la sagesse de cette femme, que je jugeai digne d'un meilleur sort : & lorsque j'ai un peu mieux connu le genre humain, j'ai trouvé qu'elle m'avoit bien dit vrai ; & qu'Hercule n'avoit pas été le seul, qui eût cédé aux charmes d'une femme ; mais que c'étoit même le sort des vaillans hommes de subir le joug des femmes, pendant que les poltrons, & ceux, qui comme les Bostankis, portent le cœur dans leur culotte, sont des héros dans leur maison,

& font trembler leurs domestiques. Au reste, les Bostankis sont sous la protection d'un peuple voisin, auquel ils paient un tribut annuel. Je partis de ce pays-là, & me transportai par eau dans la province de Mikolac. Avant que de sortir du bateau, je m'apperçus qu'on m'avoit dérobé ma besace. J'en accusai le batelier, & je lui soutins long-tems qu'il étoit l'auteur du vol. Comme il se tenoit obstinément sur la négative, j'eus recours au magistrat, & lui exposai le fait, prétendant qu'on obligeât le batelier à la restitution simple de la chose volée, s'il s'opiniâtroit à nier. Le coquin ne se contenta pas de persévérer dans la négative, mais il voulut encore m'accuser moi-même de calomnie. Le cas paroissant douteux, le sénat m'ordonna de produire des témoins; c'étoit me réduire à l'impossible : mais j'eus recours à un autre moyen, ce fut de demander que le batelier se purgeât par serment du crime en question. A cette proposition le juge sourit. « Mon ami, me dit-il, nous ne sommes gênés
» par aucune religion, & nous n'avons d'au-
» tres dieux que les loix de la patrie. Les accu-
» sations se prouvent chez nous par des voies
» légitimes, telles que la consignation des frais,
» l'ajournement des parties, l'exhibition des
» papiers ou des seings, & l'interpellation des

» témoins. Les procès destitués de ces forma-
» lités sont non seulement nuls, mais attirent
» encore à ceux qui les intentent une accusa-
» tion de calomnie. Rends ta cause claire par
» des témoins, & l'on te fera restituer ce que
» tu dis qu'on t'a pris ».

Ainsi le défaut de témoins rendant ma plainte inutile, je commençai à déplorer, non pas mon sort, mais celui de cette république; car quoi de plus foible & de plus chancelant, qu'une société qui n'est appuyée que sur des loix humaines ? & quoi de plus fragile que ces édifices politiques qui ne sont point cimentés par la religion ?

Je ne restai que trois jours dans ce pays-là, & je les passai même dans une crainte continuelle; car quoique les loix du sénat fussent très-bonnes, & qu'on ne fît point de grace au crime, il me sembloit qu'il n'y avoit point, ou qu'il ne falloit point espérer de sûreté chez une nation athée, qui n'est liée par aucun sentiment de religion, vu que chez une telle nation, les crimes ne coûtent rien, pourvu qu'ils soient cachés.

Je sortis donc de cette province, & après avoir passé par une montagne fort roide, je gagnai la ville de Bracmat, située dans une plaine au pied de cette même montagne. Le

premier

premier que je rencontrai sur ma route, se roula sur moi, & me renversa sur mon dos, par la pesanteur de son corps. Je ne comprenois rien à cette aventure, & j'en demandois la cause à cet arbre, qui se contenta de me faire des excuses. A cent pas delà, un autre me lança un pieu, qui pensa me casser les reins. Aussi-tôt il s'excusa par un long verbiage. Je compris qu'il falloit que cette nation fût ou entiérement aveugle, ou qu'elle eût la vue bien foible, & j'évitois avec soin la rencontre des passans. Cependant tout cela ne venoit que des visières trop perçantes de quelques-uns de ce peuple, lesquels on nommoit vulgairement Maskattes, & dont la plupart s'adonnent à l'astronomie & à d'autres sciences abstraites. Ces gens-là ne sont d'aucune utilité en ce monde, car ils ont les yeux perçans pour découvrir des minucies, ils sont aveugles, & ne voient point du tout dans les choses solides. Cependant l'état en tire quelque avantage dans les mines, où il les emploie, pour découvrir les métaux; car tel ne voit pas la superficie de la terre, qui perce avec ses regards jusqu'aux cavités. Je jugeai delà qu'il y a des gens qui sont aveugles, pour avoir la vue trop perçante, & que peut-être ils verroient mieux, s'ils avoient les yeux moins fins & moins aigus.

M

Je passai encore une montagne fort escarpée, & j'entrai dans le pays de Mutak, dont la capitale ressemble à une forêt de saules, à cause que ses habitans sont tous arbres de cette espèce. Comme je traversois le marché, je vis un grand garçon fort robuste, qui étoit assis sur une chaise percée, & qui imploroit la miséricorde du sénat. Je m'informai de son crime, & l'on me dit que c'étoit un malfaiteur à qui on alloit donner la quinzième dose. Frappé de cette réponse, je priai l'hôte, chez qui je vins loger, de m'expliquer cette énigme. Là dessus il me parla en ces termes : « Les nations voisines, » dit-il, châtient le vice par le fouet, par la » potence, ou en marquant d'un fer rouge ; » mais ces sortes de supplices n'ont point lieu » ici, parce que l'on y cherche moins à punir » qu'à corriger. Le coupable que vous avez » vu au marché, sur la chaise percée de la ville, » est un auteur extravagant, qui a une violente » démangeaison d'écrire, que ni les loix, ni » les avertissemens n'ont pu éteindre en lui. » Cela lui a attiré l'indignation des magistrats, » qui l'ont condamné à la peine publique, & » l'ont livré entre les mains des médecins, » qui sont les censeurs de la ville, & qui ont » soin de le macérer par de fréquentes purga- » tions, jusqu'à ce que le feu de sa passion soit

» entièrement éteint, & qu'il cesse lui-même
» d'écrire ». A peine avoit-il achevé de parler, que l'envie me prit d'aller voir l'apothicairerie publique, & je m'y fis mener sur le champ. J'y vis avec étonnement des boëtes placées par ordre, avec les étiquettes suivantes : « poudre pour l'avarice ; pillules d'amour ;
» teinture pour la colère ; lénitif ou infusion
» anodine contre l'ambition ; écorce contre la
» volupté, &c. » Tout cela me paroissoit autant de visions, & je ne saurois exprimer combien j'en eus l'esprit troublé. Mais je pensai tomber de mon haut, quand je vis des liasses de manuscrits avec ces titres (1). « Sermon du
» maître ès arts Pisage, dont la lecture prise
» le matin vaut six doses de tartre émétique ;
» méditations du docteur Jukesius, qui gué-
» rissent de l'insomnie, &c. » Cela me fit croire que cette nation avoit tout à fait perdu le jugement ; cependant je voulus essayer si ces livres avoient les vertus qu'on leur attribuoit, & je jettai les yeux sur le premier. Il étoit si pitoyablement écrit, & si rempli d'imperti-

---

(1) Il y a des titres de livres encore plus bizarres dans notre globe, & qui font faire de plaisantes bevues. Je demandois l'autre jour à un homme qui se pique d'avoir tout lu, s'il connoissoit la belle Wolfienne. Si je la connois, me répondit-il, & c'est ma blanchisseuse !

M ij

nences, que dès le premier chapitre, je commençai à bâiller, & continuant de lire, je sentis bientôt des tranchées. Comme je me portois parfaitement bien, & que je n'avois pas besoin de laxatif, je jettai le livre au diantre. Je tirai néanmoins delà cette réflexion, qu'il n'est rien dans le monde qui n'ait son utilité, vu que les livres les plus insipides étoient bons à quelque chose; & je compris aussi que les Mutaques, quoique très-singuliers, n'étoient point tout-à-fait fous. En effet, mon hôte m'assura, qu'ayant été long-tems affligé de fâcheuses insomnies, une seule lecture des méditations du docteur Jukesius l'avoit entièrement guéri, & que la vertu de ce livre étoit telle, qu'il feroit ronfler l'insomnie même.

Cependant, de peur qu'un plus long séjour chez les Mutaques, ne fit évanouir les réflexions philosophiques que j'avois faites auparavant, je partis, & j'eus bientôt occasion d'oublier heureusement ce que j'avois vu chez cette nation, ayant rencontré de nouveaux monstres, & de nouveaux phénomènes. Je remarquerai en passant qu'ayant ensuite fini mes courses autour de la planette de Nazar, & repassant dans mon esprit la philosophie des Mutaques, leur manière de guérir les malades ne me paroissoit pas à rejetter; car j'avois souvent remarqué dans notre Europe des livres capables de donner la diarrhée aux plus constipés, & d'endormir les plus éveillés. Mais pour la manière dont les Mutaques prétendent guérir les maladies de l'esprit, je n'ai jamais pu la goûter; quoique je convienne qu'il y a des maladies corporelles, que l'on confond avec les spirituelles ; comme nous l'apprend fort à propos un certain poëte de notre globe dans l'épigramme suivante :

   Sextus, nous sommes vous & moi
   Travaillés d'une maladie
   Qui ne vient, à ce que je crois,
Que des noires humeurs de la mélancolie.
Vous en avez la goute ; & je sens, par malheur,
   Qu'elles me corrodent le cœur.
   Je passe pour un homme étrange,
Parce qu'on ne voit point ce qui me fait souffrir :
   Et vous, vous passez pour un ange,
Parce qu'on vous entend soupirer & gémir.
   Chacun vous plaint & vous regrette ;
On n'est point étonné de vous voir refuser
   D'aller au bal, & de danser ;
Mais si quelqu'un me dit, en secouant la tête,
   Entonnez une chansonnette :
   J'ai beau jurer sur mon honneur,
Et protester cent fois que je suis asmatique,
   On me traite de lunatique,
   Et d'homme de bizarre humeur.
Il est pourtant certain, soit dit sans vous déplaire,

> Que ce n'est point pour vous une aussi rude affaire
> De gambader & de sauter,
> Qu'à moi de frédonner, Sextus, ou de chanter.

Au sortir du pays de Mutak, il me fallut encore traverser un lac, dont l'eau étoit rouge, & j'abordai dans la province de Mikrok, dont la capitale porte le même nom. Les portes de cette ville étoient encore fermées quand j'y arrivai. Je fus obligé d'attendre qu'on les ouvrît. J'entrai enfin, & je remarquai une grande tranquillité dans les rues, excepté que mes oreilles étoient frappées du bruit que faisoient ceux qui ronfloient en dormant. Je crus être dans ce pays consacré au sommeil, que les poëtes nous vantent. O plut à dieu, me dis-je à moi-même, que les bourguemestres, quelques-uns des sénateurs, & plusieurs autres citoyens de ma patrie, qui sont grands partisans du repos, pussent passer leur vie dans cette bienheureuse cité! Cependant, à la vue des enseignes qui pendoient aux maisons, je compris que les arts & les professions n'étoient point éteintes dans cette ville. A la faveur de ces enseignes, je découvris une hôtellerie, dont les portes étoient toutes fermées, parce qu'il étoit encore nuit pour les habitans, quoiqu'il fût midi passé. Enfin, après avoir beaucoup heurté, l'on m'ouvrit, & j'entrai dans l'hôtellerie. Chez cette nation, le jour est divisé en vingt-trois heures, dont dix-neuf sont consacrées au sommeil, les autres quatre se passent en veillant. Cela me fit soupçonner qu'il devoit régner une terrible négligence dans les affaires publiques & particulières ; c'est pourquoi j'ordonnai qu'on me donnât sur le champ à manger ce qu'il y auroit de prêt, car je craignois que la nuit ne surprît le cuisinier en préparant le dîné, & que je n'eusse à croustiller de long-tems. Mais j'ignorois que cette nation se pique d'abréger en toutes choses, qu'elle évite avec soin tout embarras, tout détour, & que par là ses petits jours sont assez longs, & suffisent pour faire toute sorte de travail. Le dîné me fut apporté, plutôt que je ne m'y étois attendu ; & lorsque j'eus mangé, je priai mon hôte de me faire un peu voir la ville, ce qu'il m'accorda fort obligeamment. Nous entrâmes, en passant, dans une église, où j'entendis un sermon fort court, eu égard au tems, mais assez long par l'importance de la matière. Le prédicateur en vint d'abord au fait ; il écarta tout verbiage, toute tautologie (1) ; il ne dit rien de superflu, rien d'inutile, de sorte que quand je comparois son sermon à ceux du maître ès arts Petri, qui

―――――――――――――――――――――

(1) Ce mot signifie une répétition de paroles inutiles.

m'ont souvent fait venir l'envie de vomir, je trouvois ces derniers d'une longueur effroyable. Les procédures s'expédient avec la même brièveté. Les avocats disent beaucoup en peu de mots. On produit les témoins, & on les entend. Je me souviens d'avoir vu la copie d'un traité d'alliance, conçu en ces termes : « Il y aura
» amitié perpétuelle entre les Mikrokans &
» les Splendikans. Les limites des deux états
» seront le fleuve Klimac, & la croupe du
» mont Zabor, signé, &c., &c. » C'est ainsi que trois lignes suffisent à ce peuple, pour exprimer ce qui demande chez nous des volumes entiers. Cela me fit croire qu'on pourroit venir au but, avec moins de bruit & moins de perte de tems, si l'on retranchoit les inutilités, comme un voyageur arriveroit plutôt au gîte, s'il marchoit toujours par un chemin droit. Tous les habitans de cette ville sont cyprès. Ils ont des tumeurs, ou des loupes sur le front qui les distinguent des autres arbres. Ces loupes croissent & diminuent à certaines heures marquées. Lorsqu'elles sont bien enflées, il en découle des humeurs qui, tombant dans les yeux, les ferment, excitent au sommeil, & en un mot marquent qu'il est nuit.

A une journée delà, est le pays des Makrokans, c'est-àdire, des éveillés, qui ne dorment jamais. En entrant dans la ville de Makrok, je rencontrai un garçon qui paroissoit fort pressé, & je le suppliai de m'indiquer une auberge où je pusse loger : mais ce maraud me répondit qu'il avoit à faire, & passa outre. Tout ce peuple se hâtoit d'une si terrible manière, qu'on ne voyoit qu'aller & venir, ou plutôt courir & voler dans les rues, comme si chacun eût craint d'arriver trop tard. Je crus d'abord que le feu étoit aux quatre coins de la ville, ou qu'il étoit arrivé quelqu'autre désastre qui avoit épouvanté & troublé les citoyens. J'errois d'un côté, & de l'autre, ne sachant à qui parler; enfin j'apperçus une enseigne devant une maison, qui marquoit que c'étoit une auberge. Je m'en approchai, & je n'y vis que des gens qui sortoient, qui montoient, qui descendoient, se heurtant les uns les autres, à force de se hâter : je fus plus d'un quart-d'heure dans la cour du logis, avant que de pouvoir entrer. Chacun me faisoit des questions en passant ; l'un me demandoit d'où j'étois, où j'allois, si je m'arrêterois long-tems dans la ville, si je mangerois seul ou en compagnie, dans quelle chambre je mangerois, si ce seroit dans la rouge, dans la verte, dans la blanche, ou dans la noire, au rez-de-chaussée ou en haut, & enfin mille impertinences pareilles. L'hôte qui étoit en même-tems greffier d'un tribunal subalterne, entra dans la cuisine, & revint un moment après pour m'accabler de ses verbiages. Il me parle d'un procès, qui duroit depuis quatorze ans, & qui avoit passé par dix tribunaux différens. J'espère, me dit-il, qu'il sera pourtant terminé dans deux ans d'ici; car il ne reste plus que deux tribunaux, après quoi il n'y a plus d'appel. Là-dessus mon hôte me laissa fort étonné de son discours, & convaincu que toute cette nation étoit très-occupée à faire des riens. Après qu'il m'eut quitté, je me mis à parcourir la maison, & je tombai par hasard dans une bibliothéque, assez considérable par rapport au nombre des livres, mais fort petite & fort pauvre, quant aux choses que ces livres contenoient. Parmi ceux qui étoient le plus proprement reliés, je remarquai les suivans:

1. Description de l'église cath., 24 vol.

2. Rélation du siège de la citadelle de Pehunc, 26 vol.

3. De l'usage de l'herbe de Slac, 13 vol.

4. Oraison funèbre du feu sénateur Jacksi, 18 vol.

Mon hôte étant retourné, me mit au fait de tout ce qui concernoit l'état de la ville, & je jugeai par ce qu'il m'en dit, que les dormeurs de Mikrok faisoient plus de besogne que les éveillés de Makrok, & que les premiers vont droit au dedans des choses, & ces derniers s'arrêtent à la superficie. Les Makrokans sont aussi tous cyprés, & différent peu des Mikrokans, si ce n'est qu'ils n'ont pas de loupes sur le front. Ils n'ont pas non plus le même sang ou le même suc qu'ont les autres arbres animés de ce globe, mais au lieu de cela, il coule dans leurs veines une liqueur plus épaisse qui ressemble fort à du vif argent. Et il y a même des gens qui prétendent que c'en est véritablement, vu qu'il fait le même effet que le mercure, quand on l'emploie dans les thermomètres. A deux journées de Makrok, est la petite république de Siklok, qui est divisée en deux provinces alliées, mais qui vivent sous des loix différentes & fort opposées. La première de ces provinces s'appelle Miho, & a été fondée par Mihac, célèbre législateur, & le Licurgue des souterreins. Celui-ci fit des réglemens contre les dépenses superflues, & défendit sévèrement toute sorte de luxe : en sorte que ce petit état, par la tempérance, & l'économie de ses habitans, peut être regardé comme une autre Lacédemone. J'étois pourtant surpris de voir dans un état si bien réglé, &

qui se glorifie tant de l'excellence de ses Loix; une si grande quantité de mendians; car quelque part où je portasse la vue, je voyois des arbres qui tendoient le bras aux passans, pour leur demander l'aumône, ce qui me paroissoit fort incommode pour les voyageurs : mais lorsque j'eus un peu mieux connu ce pays, je m'apperçus que cela ne venoit que de l'économie même des habitans; car comme tout le luxe est banni de chez eux, & que les richards se refusent même les choses nécessaires; il s'ensuit que le petit peuple n'a point les occasions de gagner sa vie, & qu'il faut qu'il mandie, s'il ne veut mourir de faim. Je conclus de là, que l'épargne & l'avarice causent les mêmes inconvéniens dans les états, que les obstructions du sang dans le corps humain. Dans l'autre province qui porte le nom de Liho, on vit splendidement & dans la bombance; rien n'est épargné pour la magnificence. Cela fait fleurir toutes sortes d'arts & de professions. Le peuple est animé au travail pas l'appas du gain, & il n'y a nul des citoyens qui n'ait l'occasion, non seulement d'éviter la misère, mais même de s'enrichir; ensorte que si quelqu'un se trouve dans l'indigence, il ne peut s'en prendre qu'à sa propre paresse ou à sa fainéantise. Ainsi la profusion des riches donne l'ame à tout le corps de l'état, comme la circulation du sang, fortifie les membres, & les fait végéter.

Le territoire de la ville de Lama est contigu à celui de Liho. Lama est une école célèbre de médecine. Cet art est si cultivé, qu'un médecin ne sauroit passer pour habile, s'il n'a fréquenté les leçons qui se font à Lama. La ville est si remplie de médecins, qu'on y voit plus de docteurs que d'autres personnes. Il y a des rues entières, où l'on ne voit que des boutiques d'apothicaires, & des magasins d'instrumens anatomiques. Un jour que je me promenois par la ville, je rencontrai un petit arbre qui vendoit des catalogues, contenant le nombre des gens morts cette année-là à Lama. J'en pris un, & j'y vis avec surprise qu'il n'étoit né de l'année d'auparavant que cent cinquante arbres, & qu'il en étoit mort six cens. Je ne pouvois pas comprendre comment, dans un lieu où Appollon (1) sembloit avoir fixé sa résidence, il pouvoit arriver tous les ans une si terrible mortalité. J'entrai chez un libraire; apprenez-moi de grace, lui dis-je, quelle peste a pu si fort ravager cette ville l'année dernière? Il me répondit que deux ans auparavant il étoit mort bien davantage de monde, & que ce qui

---

(1) Dieu de la médecine.

m'étonnoit n'étoit que la taxe ordinaire, & la proportion accoutumée entre ceux qui naissent, & ceux qui meurent. Il ajouta que les habitans de Lama, étoient continuellement affligés par des maladies qui hâtoient leur mort, & que cette ville seroit entièrement déserte, si on n'y envoyoit des recrues des autres endroits de la province. Cela me persuada que je ferois bien de quitter ce séjour, d'autant plus que j'avois encore dans l'esprit ce qui m'étoit arrivé dans le pays des philosophes, & les instrumens d'anatomie que j'y avois vus. Je marchai donc sans m'arrêter, jusqu'à un village distant de quatre mille pas, où l'on ne connoît point de médecin, ni par conséquent de maladie.

En deux jours de tems je gagnai le pays libre. Tous les habitans y sont leurs propres Juges. Ils consistent en famille distinguées les unes des autres, qui ne reconnoissent aucune domination, ni aucune loi, & qui cependant forment entre elles une espèce de société, dont les vieillards consultent ensemble sur les affaires communes, & exhortent chacun à la concorde & à l'observance de ce premier précepte de la nature, « ne faites pas à autrui ce que vous ne » voudriez point qu'on vous fît.

Sur toutes les portes des villes, & des villages, l'image de la liberté paroissoit en bas relief, foulant aux piés des ceps & des chaînes avec cette inscription, la liberté vaut plus que l'or. Dans la première ville où j'entrai, tout me parut assez tranquille : mais je remarquai que chaque citoyen portoit sur l'épaule des rubans de diverses couleurs. J'appris que ces rubans étoient la marque des différentes factions qui partageoient alors la ville. Les avenues des maisons des grands étoient gardées par des soldats armés, qui se tenoient prêts à combattre ; car la trève n'avoit pas plutôt cessé que la guerre recommençoit. Je partis tout tremblant de ce pays-là : & je ne me crus en liberté, que lorsque je me vis loin de cette terre libre.

J'arrivai dans la province de Jochtan, dont j'avois ouï faire une description qui m'avoit fort allarmé ; & je m'imaginois qu'il y avoit moins d'ordre, moins de sûreté & plus de confusion que dans la terre libre ; car, à Jochtan, il y a une si grande diversité de religions, qu'on croiroit que c'est l'égoût & le cloaque de toutes les sectes du monde. Tous les dogmes répandus chez les divers peuples de la planète s'y enseignent publiquement ; &, lorsque je pensois aux troubles excités en Europe par la diversité des religions, j'osois à peine entrer dans cette capitale, dont les rues & les places sont remplies de temples des sectes différentes & opposées, qui habitent dans la ville. Mais ma crainte fut bientôt dissipée, quand je vis de tous côtés régner l'union & la concorde, sans être interrompues par aucune division. Dans les affaires politiques, c'étoit la même forme; on ne voyoit qu'un même sentiment, une même tranquillité & un même soin. Comme il étoit défendu, sur peine de la vie, de troubler la dévotion ou les cérémonies religieuses les uns des autres, la diversité des dogmes ne portoit personne à se fâcher contre un autre; les dissentions y régnoient sans hostilité; on y disputoit sans altercation & sans invectives; & il n'y avoit point de haine, parce qu'il n'y avoit point de persécution. On voyoit une certaine émulation louable parmi ces gens divisés; ils s'animoient à l'envi à se surpasser les uns les autres par la pureté de leurs mœurs & par leur régularité de vie, s'efforçant de prouver, par cette voie, la préexcellence de leur religion. Ainsi la sagesse des magistrats avoit tellement réglé toutes choses, que cette diversité de dogmes n'excitoit pas plus de trouble dans l'état, que les diverses boutiques des marchands en excitent sur une place, quand, par la seule bonté des marchandises, ils attirent les chalands, sans user, ni de violence, ni de ruse, ni de ces

autres

moyens que l'envie dicte. Delà vient que la moindre semence de discorde est étouffée dès sa naissance ; & on ne fomente que cette honnête émulation qui tend à l'avantage de l'état. Un savant de ce pays-là m'expliqua encore plus au long les mœurs de la nation, la nature du gouvernement, & les causes de cette tranquillité : & ce qu'il me dit à ce sujet fut si fort de mon goût, que je l'ai toujours eu gravé dans l'esprit. A la vérité, je lui fis des objections, mais il y satisfit si bien, que je fus obligé d'avouer ma défaite, d'autant plus qu'il étayoit toutes ses preuves d'exemples tirés de l'expérience. Je fus donc obligé de me rendre, & de reconnoître que la liberté de penser étoit la source de cette concorde & de cette tranquillité ; mais je dressai une autre espèce d'attaque, en témoignant à mon adversaire, que le devoir des législateurs, en fondant des républiques, étoit d'envisager plutôt le bonheur à venir des peuples, que le présent ; & qu'ils ne devoient pas tant chercher à flatter le goût des mortels, qu'à se conformer aux vues du créateur. Alors mon Jochtanien me regardant : Pauvre homme, me dit-il, que vous vous trompez, si vous croyez que Dieu, qui est la vérité même, puisse se plaire à un culte feint, masqué & hypocrite ! Les autres nations forcent un chacun, par l'autorité souveraine, à se soumettre à une certaine règle de foi, & nous voyons que cette conduite ouvre la porte à l'ignorance & à la dissimulation; car personne n'osant déployer ses véritables sentimens, il arrive qu'on professe extérieurement ce qu'on ne croit point dans l'intérieur. Delà vient cette froide indolence des théologiens dans la recherche de la vérité; delà vient encore que l'on se jette dans les études profanes, car les prêtres eux-mêmes, pour ne point s'attirer le titre infâme d'hérétiques, abandonnent l'étude des choses saintes, & se tournent entièrement à une autre qui n'est pas sujette aux mêmes inconvéniens, & dans laquelle on ne court pas risque de perdre, ni la vie, ni la liberté. Le vulgaire condamne quiconque s'écarte de l'opinion dominante; mais Dieu reprouve les hypocrites & les dissimulateurs; & une foi erronée, mais sincère, lui déplaît infiniment moins qu'une foi orthodoxe, mais simulée. Ces raisons me fermèrent la bouche : je perdis l'envie de disputer avec une nation si subtile. Il y avoit déja deux mois que j'étois en voyage, lorsque j'arrivai enfin au pays de Tumbac, qui confine à la principauté de Potu. Il me sembloit être dans ma patrie, me voyant presqu'à la fin d'une course si désagréable. Les Tumbaques sont la plupart oliviers. C'est une nation dévote, mais rude & brutale. Je fus deux heures dans l'auberge où j'étois venu loger, sans pouvoir obtenir à manger, quoique j'eusse demandé plusieurs fois à déjeûner. La cause de ce retardement venoit de la dévotion déplacée de l'hôte, qui ne mettoit jamais la main à aucun ouvrage, s'il n'avoit fini sa prière du matin. Quand il eut achevé,

Il vint, pâlissant de courroux,
Et murmurant tout bas des injures grossières,
M'apporter quelques mauvais choux,
Et du pain de ses chambrières.

Je payai cher ce vilain déjeûné, & je puis dire que je n'ai jamais rencontré d'hôte ni plus dévôt, ni plus brutal. Il vaudroit bien mieux, disois-je alors à moi-même, se répandre un peu moins en oraisons, & exercer un peu mieux les devoirs de l'hospitalité. Je dissimulai cependant mon ressentiment, sachant combien il est dangereux d'exciter la bile des dévots. Autant qu'on voyoit de citoyens dans la ville, autant on voyoit de catons & de rigides censeurs des mœurs. Ils vont tous par les rues la tête penchée, & leurs rameaux baissés ; ils déclament sans cesse contre les vanités du siècle, & condamnent jusqu'aux plaisirs les plus innocens. Ils se font une fausse réputation de sainteté par leurs perpétuelles censures & leurs réprimandes aigres & atroces. Pour moi, comme j'étois fort épuisé de fatigues, je tâchois de me refaire par des récréations innocentes ; mais je m'apperçus bientôt que mes dévots n'approuvoient point cela, & chaque maison étoit à mes yeux un tribunal où les pécheurs venoient faire l'aveu de leurs crimes. Plusieurs de ces dévots voyant que les reprimandes ni les châtimens ne faisoient que blanchir sur moi, commencèrent à me fuir comme la peste, ou quelqu'autre mal contagieux. Je n'entrerai pas dans un plus grand détail sur la bisarrerie de cette nation ; j'acheverai de la dépeindre par un seul exemple qui exprime parfaitement son caractère. Dans le tems que j'étois à Potu, j'avois lié amitié avec un Tumbaque ; &, ayant passé par hasard ensemble devant un cabaret, il m'invita à y entrer. Je ne me fis pas presser. Le Tumbaque savoit que j'aimois un peu mes plaisirs. Il me fit là-dessus un long sermon, & me lava la tête en des termes qui me faisoient frémir d'horreur. Pendant que cet autre Caton lançoit les foudres de sa censure, nous vuidions nos verres, & nous les vuidâmes si bien, que nous tombâmes tous deux par terre, gris comme des cordeliers, en sorte qu'on fut obligé de nous porter chez nous, demi-morts. Après que les vapeurs de la boisson se furent dissipées, & que, m'étant éveillé, je fus revenu à moi-même, je ne pouvois assez admirer la dévotion des Tumbaques, la conclusion de mes réflexions fut que leur grand zèle étoit plutôt l'effet de leurs humeurs noires & de leur bile, qu'un véritable mouvement de piété. Je ne voulus pas dire tout haut ce que j'en pensois pendant que j'étois chez cette nation; & je partis sans m'expliquer à personne sur ce sujet.

J'arrivai enfin à Potu fort fatigué, & avec des jarrets si affoiblis par cette longue marche, qu'ils pouvoient à peine porter mon corps. Ce fut le 10 du mois de néflier, que je rentrai dans cette capitale. J'eus d'abord l'honneur de présenter mes éphémérides au prince, qui en ordonna aussitôt l'impression; car il est bon de remarquer que l'art de l'imprimerie, que les Européens & les Asiatiques se vantent d'avoir inventé, est connu des Potuans depuis beaucoup plus de tems. Ceux-ci furent si satisfaits de la relation de mon voyage, qu'ils ne pouvoient se lasser de la lire. Je voyois courir par les rues des arbrisseaux portant des exemplaires de mon journal, & criant de toutes leurs forces : » Re-
» lation exacte d'un voyage fait autour de toute
» la terre, par le courreur de la cour Scabba
» (l'Etourdi).

Enflé de ce succès, je me crus en droit d'aspirer à quelque emploi important, me flattant même que l'on préviendroit ma demande ; mais, comme je vis que je me trompois dans mon calcul, je fis une nouvelle tentative auprès du prince, lui insinuant quelles étoient mes vues, & le priant de récompenser mes peines, que j'exagérai le plus qu'il me fut possible. Le prince, qui étoit la bonté même, fut touché de mes prières, & me promit, de la manière du monde la plus affable, qu'il auroit soin de moi. Il me tint à la vérité parole ; mais toute la faveur que je reçus se borna à une augmentation de gages. Je m'étois attendu à une autre récompense de mes peines, & je ne pouvois goûter la grace que l'on croyoit m'avoir faite. Mais, comme je n'osois plus fatiguer le prince de mes importunités, je m'adressai au grand chancelier, & lui découvris ce qui me tenoit au cœur. Il reçut mes plaintes avec sa bonté accoutumée, & me promit sa protection ; mais il m'avertit en même tems de me désister de mes prétentions absurdes, & m'exhorta à mieux connoître mes talens & la foiblesse de ma caboche. La nature, ajouta-t-il, a été pour toi une vraie marâtre, & t'a refusé les qualités de l'ame qui frayent le chemin aux grands emplois. Tu ne dois pas viser où tu ne saurois atteindre. Imite le naturel des autres, & défais-toi du tien. Pour obtenir ce que tu demandes, il faudroit que le prince fût mal informé, ou qu'il eût résolu d'enfreindre les loix de l'état. Contente-toi de la situation où le sort t'a mis, & renonce à des espérances auxquelles la nature a mis obstacle. Il finit en louant les peines que je m'étois données dans mon dernier voyage : mais il ajouta que ce n'étoit point là un mérite qui dût m'élever aux honneurs, puisque, par la même raison, il faudroit faire des sénateurs de tous les peintres, sculpteurs & autres, parce qu'ils réussiroient bien dans leurs professions : ce qui ne sauroit se faire sans causer un grand préjudice à l'état, & sans l'exposer au mépris de ses voisins, vu que, s'il falloit récompenser le mérite, il falloit aussi que les récompenses fussent convenables aux différentes espèces de mérite.

Touché de ces raisons, je me tins pendant quelque tems en repos ; mais bientôt je revins à mon premier dégoût pour mon emploi, & il me sembloit trop dur de vieillir dans des fonctions si basses. Je repris donc le dessein désespéré que j'avois eu ci-devant de chercher quelque chose dans les affaires politiques, qui eût besoin de réformation, & de me rendre utile à l'état par quelque projet qui me fût en même tems avantageux à moi-même. On a vu qu'avant mon dernier voyage, j'avois sérieusement pensé à cela, & que j'en avois été détourné par un ami. Toutefois j'avois examiné le fort & le foible de la république potuane, & j'avois appris chez les Cocklékuans, qu'un état est en danger lorsque les femmes sont admises aux charges publiques, parce que ce sexe impérieux & ambitieux cherche toujours à étendre son autorité & sa puissance, & peu-à-peu à s'arroger la souveraineté. Sur cela, je résolus de demander que les femmes fussent expulsées de l'administration des charges, & qu'elles en fussent exclues pour jamais. Je me flattois d'avoir bientôt force partisans, m'assurant qu'il ne me seroit pas difficile de prouver les maux inséparables de l'autorité des femmes, & le danger où le sexe masculin seroit si on n'y mettoit ordre. Que, s'il arrivoit que l'abolition entière de la coutume en question parût trop difficile & trop délicate, j'étois résolu de demander au moins que la puissance féminine fût refrénée, & renfermée dans des bornes plus étroites. Mon projet avoit trois buts : 1°. de remédier à l'inconvénient auquel l'état étoit sujet ; 2°. d'améliorer ma condition en rendant un service si signalé ; 3°. de venger le tort que les femmes m'avoient fait, & d'effacer la tache qu'elles m'avoient tant de fois imprimée. J'avoue franchement ici, que mon intérêt & ma vengeance furent le principal mobile de mon dessein: mais je dissimulois adroitement ces vues, de peur que, sous le prétexte du bien public, je ne parusse vouloir cacher le mien, comme ces autres innovateurs dont les projets annoncent toujours l'utilité publique, & paroissent pourtant n'avoir pour but que l'intérêt particulier à ceux qui les examinent de plus près.

Cependant je dressai mon projet, & je l'étayai des meilleures raisons que je pus trouver, après quoi j'eus l'honneur de le présenter au prince. Son altesse m'avoit toujours témoigné beaucoup d'affection. Elle fut frappée à la vue d'une entreprise si hardie & si extravagante qu'elle prévoyoit bien qui seroit la cause de ma perte. Elle tâcha de m'en détourner,

. . . . par prières & par menaces.

Mais moi, ne comptant pas moins sur l'utilité de mon projet, que sur les suffrages du sexe masculin, me flattant qu'il n'abandonneroit pas la cause commune, je ne fus point ému des menaces, ni des prières du prince, & il ne put ébranler ma constante résolution. Ensuite de cela, je fus mené sur le marché, la corde au col, attendant le résultat des délibérations du sénat. Enfin, pour abréger, ma sentence fut prononcée & envoyée au prince pour être confirmée : cela fait, elle fut publiée à son de trompe dans les termes suivans.

« Ayant examiné mûrement la loi du sieur
» l'Etourdi, premier coureur de la cour, con-
» tenant un projet d'exclure le sexe féminin des
» charges de l'état, nous avons jugé qu'elle ne
» pouvoit être reçue sans un grand préjudice
» pour la république, qui est composée en par-
» tie de femmes, lesquelles ne souffriront pas
» patiemment cette exclusion, d'où il pourroit
» suivre divers troubles dans l'état. D'ailleurs
» nous estimons que ce seroit une injustice
» d'exclure des honneurs des arbres qui en sont
» dignes par leurs talens, puisque la nature
» n'agissant point aveuglément, il est à croire
» que ce n'est pas pour rien qu'elle les a com-
» blés de ses dons. Nous croyons que, dans la
» distribution des charges, on doit plus avoir
» égard au mérite qu'aux noms ; & que, puis-
» que l'état manque souvent de bons sujets
» mâles, il seroit ridicule & extravagant de
» déclarer, par un décret du sénat, la moitié
» de la république inhabile à exercer les char-
» ges, & indigne d'y parvenir, pour la seule
» raison du sexe, qui n'est qu'un hasard de la
» naissance. C'est pourquoi, tout bien compté

» & rabattu, nous condamnons ledit sieur l'E-
» tourdi à la punition accoutumée, pour avoir
» proposé un projet si fou & si téméraire ».

Le prince étoit fort affligé de cette affaire. Ce n'étoit point la coutume que le souverain révoquât le décret du sénat, lorsqu'une fois il l'avoit signé, confirmé, & livré pour être publié; mais celui-ci avoit inséré une clause portant que, puisque j'étois étranger, né dans un monde nouveau & inconnu, où l'on comptoit parmi les heureux talens un esprit prématuré, je serois exempt de la peine de mort; mais qu'aussi, pour que les loix ne fussent point infirmées par une impunité entière, je serois détenu en prison jusqu'au commencement du mois de bouleau, auquel tems je serois envoyé en exil avec les autres violateurs des loix. Cela étant ainsi conclu, je fus jetté dans un cachot. Plusieurs de mes amis tâchoient de me persuader de protester contre cette sentence, vu que parmi mes juges il y avoit eu beaucoup de dames qui avoient jugé dans leur propre cause. D'autres prétendoient qu'il étoit plus sûr de reconnoître ma faute, & d'en rejetter la cause sur le pays où j'avois pris naissance; mais je rejettai constamment ce dernier avis, pour l'honneur des hommes, à la réputation desquels un pareil aveu ne pouvoit que faire une grande brèche.

J'appris, quelques jours après, que le prince étoit résolu de me pardonner tout-à-fait, pourvu que j'implorasse sa miséricorde, & que je demandasse pardon de ma faute, quoique la grande tréforière Rahagna fît tout son possible pour détourner ce coup. Mais, à dire vrai, je n'étois point fâché de ma sentence; car la mort me sembloit moins dure que l'emploi que j'exerçois, & j'étois las d'être parmi ces arbres trop enflés de leur sagesse outrée. Je m'attendois à un meilleur sort dans le Firmament, où l'on m'avoit dit que les étrangers étoient tous bien reçus sans aucune distinction.

CHAPITRE X.

Voyage au Firmament.

J'ai différé jusqu'à présent de parler de cet exil singulier au Firmament, parce qu'il m'a semblé que c'étoit à ce chapitre qu'appartenoit ce que j'ai à en dire.

Deux fois par an, on voit arriver sur la planète des oiseaux d'une grandeur démesurée, appellés cupac, c'est-à-dire, oiseaux-de-poste, qui viennent à certains tems marqués, & qui s'en retournent ensuite. La régularité de ces oiseaux à venir & à s'en aller, a beaucoup exercé les physiciens souterreins. Les uns croyent qu'alléchés par certains insectes ou par une quantité prodigieuse de mouches qui tombent dans certaines saisons sur la planète, & dont ces oiseaux sont extrêmement friands, ils descendent du Firmament pour s'en repaître : ils disent qu'une preuve évidente de cela, c'est que lorsqu'il n'y a plus de mouches, ces oiseaux s'en retournent aussitôt vers le Firmament, & ce sentiment est assez conforme au mien. Que cela puisse arriver par une direction particulière de la nature, on en a une preuve dans l'exemple de plusieurs autres oiseaux qui paroissent à des tems préfix dans d'autres pays, attirés sans doute par le même sujet. D'autres croyent aussi que les oiseaux en question sont dressés comme des gerfauts ou autres oiseaux de rapine, par les habitans du Firmament, qui les lâchent dans la vue de leur faire rapporter quelque proye dont ils puissent profiter. Cette hypothèse est appuyée sur le soin & sur l'adresse avec laquelle ces oiseaux ont coutume de poser doucement, lorsqu'ils sont de retour, ce dont on les a chargés. On ajoute à cela d'autres circonstances qui marquent, ou qu'ils sont dressés & instruits, ou qu'ils sont doués de quelque espèce de jugement ; car, lorsque le tems de leur départ de la planète approche, ils sont si doux & si apprivoisés, qu'ils souffrent qu'on les enferme dans des filets, où ils restent cachés & immobiles, vivant des insectes qu'on a déja ramassés, & qu'on leur donne, pour ainsi dire, avec la main. On les nourrit ainsi jusqu'à ce qu'on ait préparé ce qui est nécessaire à ceux qu'on envoie en exil. Voici quel est l'appareil de ce départ. On attache avec des cordes une cage ou un coffre capable de contenir un homme ou un arbre au filet où l'oiseau est enfermé, & on accommode ce filet de façon que l'animal a les aîles libres. Cela fait, on cesse de lui fournir des insectes, & alors l'oiseau comprenant qu'il est tems de partir, prend son essor & traverse les airs. Telle étoit la voiture qui me devoit porter moi & les autres exilés dans un autre monde. Ceux qui devoient m'accompagner dans ce voyage, étoient deux Potuans condamnés pour différens crimes. L'un étoit métaphysicien : il avoit disputé sur l'essence de Dieu & sur la nature des esprits. Son audace avoit d'abord été punie par la saignée, mais ayant persisté à vouloir disputer, on l'avoit condamné à être exilé au Firmament. L'autre étoit un fanatique qui ayant conçu des doutes sur la religion & sur les droits de l'autorité civile, avoit paru vouloir bouleverser l'état. Il avoit refusé d'obéir aux loix de la république, sous prétexte que cette obéissance étoit contraire aux mouvemens de sa conscience. Ses amis avoient tâché de fléchir son opiniâtreté par les raisons les plus efficaces, lui représentant combien les mouvemens de la conscience & les inspirations imaginaires étoient sujettes aux illusions. Souvent, lui disoient-ils, on confond le zèle, la confiance & les inspirations, avec la mélancolie & les vapeurs d'un cerveau égaré; ils ajoutoient que rien n'étoit plus ridicule que d'en appeller au témoignage de sa propre conscience, ni de plus injuste que de prétendre que les mouvemens de notre ame fussent une règle de foi pour les autres qui peuvent se servir des mêmes argumens contre nous, & opposer conscience à conscience. Enfin, ils lui faisoient voir que quiconque s'attachoit obstinément à ce principe, couvrant son opiniâtreté du voile de sa conscience, ne devoit point jouir du droit de citoyen, vu que c'est le devoir d'un bon citoyen d'obéir aveuglément aux loix de l'état; & que de ne vouloir pas, ou de dire qu'on ne peut pas rendre une telle obéissance, c'étoit donner dans la folie des fanatiques, qui veulent qu'il n'y ait point d'autre règle dans l'état, que le dictamen de leur conscience. Mais comme les raisons ni les preuves ne font aucun effet sur l'esprit des fanatiques, celui-ci ne vou-

lut point démordre de ses sentimens; c'est pourquoi il fut condamné à l'exil. Ainsi la troupe des exilés fut cette fois-là de trois: d'un innovateur, d'un métaphysicien & d'un fanatique. Vers le commencement du mois de bouleau, on nous tira des prisons, & on nous conduisit en des lieux séparés. Je ne saurois dire ce qui arriva à mes collègues; j'étois trop occupé de mes propres affaires, pour prendre garde à celles des autres. Ce que je sais de sûr, c'est qu'ayant été conduit au lieu accoutumé, je fus enfermé dans le coffre avec les vivres nécessaires pour un voyage de quelques jours. Peu de tems après, les oiseaux voyant qu'on ne leur donnoit plus à manger, pour les avertir, en quelque sorte, qu'ils devoient partir, prirent leur vol, fendant les airs avec une rapidité merveilleuse. Les habitans de la région souterreine croyent communément que l'espace entre la planète de Nazar & le Firmament est de cent milles; je ne saurois dire si cette supputation est juste ou non; mais seulement qu'il me sembla que cette espèce de navigation aërienne avoit duré vingt-quatre heures. Un long silence avoit régné pendant ce voyage, mais enfin un bruit confus commença à frapper mes oreilles, & me fit juger que j'approchois de quelque terre habitée. Je compris, un moment après, que les oiseaux étoient dressés

fés & exercés avec soin; car ils posèrent leurs coffres avec tant d'adresse & d'habileté, que rien ne souffrit le moindre dommage. Alors je me vis environné d'une multitude extraordinaire de singes, dont la vue m'effraya beaucoup, me souvenant de ce que j'avois souffert de la part de ces animaux sur la planète de Nazar. Mais ma frayeur redoubla, lorsque j'entendis ces singes discourir entr'eux, & que je les vis se promener vêtus d'habits de différentes couleurs. Je compris cependant que ce devoient être les habitans de la terre où je venois d'aborder; &, comme j'étois accoutumé à voir des monstres, je commençai à prendre courage, sur-tout lorsque je vis ces singes s'approcher de moi d'un air d'affabilité, me tirant doucement de ma cage, & me recevant avec humanité comme un nouvel hôte. Ils venoient tour-à-tour auprès de moi, m'adressant ces mots, *pul asser*. Comme ils répétoient souvent cette bien venue, je la répétai aussi, & cela excita de grands éclats de rire parmi eux, marquant, par leurs gestes, qu'ils se plaisoient à m'entendre proférer ces paroles. Cela me fit juger que ce peuple étoit léger, babillard & amateur de nouveautés. Vous auriez dit d'un tambour à les entendre parler. Leurs paroles partoient tout d'une haleine, avec une volubilité semblable à un torrent. En un mot, ils étoient, pour l'habillement, les mœurs, le langage & la figure du corps, diamétralement opposés aux Potuans.

D'abord ils parurent étonnés à l'aspect de ma figure, & cela parce qu'ils ne me voyoient point de queue : car, comme de toutes les brutes, il n'y en a point qui aient plus la forme du corps humain que les singes, si j'avois eu une queue, ils m'auroient pris pour un animal de leur espèce, d'autant plus que tous ceux qui avoient été apportés chez eux de la planète de Nazar, leur avoient paru d'une figure fort différente. Dans le tems de mon arrivée, la mer étoit extrêmement enflée à cause du voisinage de la planète de Nazar ; car de même que sur le globe, le mouvement de l'océan s'accorde avec le cours de la lune, ainsi la mer de ce firmament croît & décroît selon le cours ou le décours de la planète de Nazar.

Je fus d'abord conduit dans une grande maison toute brillante de pierreries, de miroirs, de marbre, de vases précieux & de tapisseries. Il y avoit des sentinelles à la porte, ce qui me fit comprendre que ce logis n'étoit pas celui d'un singe du commun. En effet, j'appris bientôt que c'étoit l'hôtel du consul. Celui-ci, curieux de pouvoir s'entretenir avec moi, fit venir des maîtres de langue pour m'apprendre celle du pays. Au bout de trois mois, j'en fus assez pour pouvoir soutenir une conversation, & je croyois avoir mérité l'admiration publique par la promptitude de mon génie & la force de ma mémoire : mais je me trompois, & j'avois paru d'un esprit si tardif & si hébété à mes maîtres, qu'ils avoient pensé plusieurs fois perdre patience, & abandonner le disciple. C'est pour cela que, comme j'avois été surnommé Schabba ou l'Etourdi chez les Potuans, à cause de la hâtiveté de mon esprit, ces singes-ci, à cause de ma stupidité & de ma lente conception, me nommèrent, par sobriquet, Kakidoran, c'est-à-dire, le nigaud : car il est bon de remarquer qu'ils n'estiment que ceux qui conçoivent d'abord les choses, qui se répandent en verbiages, & qui parlent avec rapidité. Dans le tems que j'apprenois la langue de ces singes, mon hôte me mena plusieurs fois par la ville, qui me parut abonder en toute sorte de luxe & de magnificence ; car nous étions souvent obligés de nous faire faire place par la force, au travers des chaises, des carrosses, des valets & d'une foule de peuple qui remplissoit les rues ; mais tout cela n'étoit pourtant rien si on le compare avec le luxe qui règne dans la capitale, où l'on voit en raccourci tout ce que la vanité des hommes peut inventer.

Dès que j'eus appris la langue, mon hôte me mena à cette ville, dans le deffein de me donner en préfent à un fénateur dont il efpéroit de captiver les bonnes graces par un don fi extraordinaire. Le deffein étoit d'un finge qui entend fes intérêts : car il faut favoir que le gouvernement du pays eft ariftocratique, en forte que l'autorité fouveraine réfide dans le Sénat, dont les membres font tous patriciens, depuis le premier jufqu'au dernier ; & tout ce qui eft de famille plébeïenne, ne peut prétendre qu'à la charge de capitaine ou de juge de quelque ville médiocre. Quelques-uns parviennent pourtant au confulat ; mais il faut qu'ils aient quelque mérite éclatant, comme mon hôte, qui n'étoit parvenu que par cette voie ; car il avoit un génie fi fécond, que, dans l'efpace d'un mois, il avoit forgé vingt-huit projets ; & quoiqu'ils ne s'accordaffent pas avec l'utilité publique, ils étoient pourtant des preuves de la fécondité de fon efprit, propres à le rendre recommandable ; car, dans tout le monde fouterrein, il n'y a point de pays où les innovateurs foient plus eftimés que dans cette république. La ville capitale s'appelle Martinie ; elle donne fon nom à tout le pays, & eft fameufe par l'avantage de fa fituation, par la beauté des ouvrages qu'on y fabrique, par fon commerce, sa navigation & les vaisseaux de guerre qu'on y équipe. Je ne la crois pas inférieure à Paris, quant au nombre de maisons & d'habitans. Les rues y fourmilloient de tant de monde quand j'y arrivai, que nous étions obligés de frapper à droite & à gauche pour pouvoir passer, & nous rendre au quartier où le syndic du grand sénat étoit logé ; car c'étoit à lui à qui le consul avoit résolu me donner.

Quand nous fûmes proche de l'hôtel de M. le syndic, mon hôte s'arrêta pour s'atifer, ne jugeant pas à propos de paroître devant son supérieur sans être un peu paré. Là-dessus je vis accourir par troupes certains domestiques appellés vulgairement malkattes ou atifeurs, dont on se sert avant que d'entrer chez les sénateurs. Ces gens-là se tiennent aux environs des palais des magistrats ; &, dès qu'ils voyent quelqu'un qui veut entrer, ils volent à lui, vergettent ses habits, en ôtent les taches, & redressent jusqu'aux moindres plis qu'il peut y avoir. L'un d'eux s'empara d'abord de l'épée du consul, la frotta & la rendit luisante ; l'autre lui attacha des rubans de diverses couleurs à la queue : car ces singes n'ont rien de plus à cœur que la parure de leurs queues. J'ai vu des sénateurs, & sur-tout des femmes de sénateurs, qui, à certains jours de fêtes, paroient leurs queues, & y mettoient des ornemens pour plus de mille écus de notre monnoie. Mais, pour revenir au consul, un troisième atifeur vint avec un instrument géométrique, pour examiner les dimensions de l'habit, & pour voir s'il étoit fait selon les règles de proportion & de symmétrie. Un quatrième vint avec une bouteille de fard dont il lui barbouilla le visage. Un cinquième examinoit ses pieds, dont il rognoit les ongles avec une dextérité admirable. Un sixième apporta de l'eau de senteur dont il lui donna à laver. Enfin, pour couper court, l'un prit un linge pour le sécher, l'autre un peigne pour le peigner, & un miroir pour le faire mirer; le tout se fit avec autant de soin & d'exactitude que nos géomètres ont coutume d'en apporter en mesurant & en enluminant leurs cartes géographiques. Quels attirails, me disois-je alors tout bas, ne faudra-t-il pas aux dames pour se parer, s'il en faut tant aux hommes! Et en effet les femmes de Martinie donnent dans un excès qui n'est pas croyable, & elles cachent leur laideur sous une si grande quantité de fard, qu'à force de vouloir briller, elles se rendent dégoûtantes. La sueur ne se mêle pas plutôt avec ce fard, que ces dames sentent le relant, à-peu-près comme plusieurs sauces mêlées ensemble par un cuisinier; on ne fait pas bien ce qu'elles fentent, mais on fait qu'elles ne fentent pas bon.

Cependant mon hôte, nettoyé, peint & poncé, comme je viens de le dire, entra dans l'hôtel de M. le Syndic, fuivi feulement de trois valets de pied. Arrivé dans la cour, il quitta fes fouliers de peur de falir le pavé qui étoit de marbre. On le laiffa une heure dans le veftibule, en attendant qu'on allât avertir M. le fyndic de fon arrivée; & il ne fut introduit qu'après avoir fait les préfens par lefquels on achète dans ce pays-là la faveur des gardes. Le fyndic étoit affis fur un fiège doré. Dès qu'il nous vit, il fit de grands éclats de rire, & nous adreffa mille queftions triviales & puériles.

   Le conful répondoit à toutes;
 Et moi, l'on me voyoit fuer à groffes gouttes.

A chaque réponfe,

 Notre fyndic rioit; &, retrouffant fon nez.
  Pouffoit des éclats forcenés.

Je croyois qu'on avoit voulu jouer une farce en élevant ce perfonnage à la magiftrature, & je ne pouvois pas comprendre comment la république avoit pu donner la charge de fyndic, qui eft la feconde du fénat, à un pareil baladin. Je ne laiffai pas paffer long-tems fans en dire mon fentiment à mon hôte; mais celui-ci m'afsura que M. le syndic étoit un homme de mérite, qui avoit beaucoup d'acquis, & il m'en donnoit pour preuve les différens emplois qu'il avoit exercés dans le même tems, lorsqu'il étoit encore tout jeune, ajoutant qu'il avoit une conception si aisée & si vive, qu'il traitoit les plus grandes affaires parmi les pots & les verres ; & que même à ses repas, il forgeoit un édit toutes les fois qu'on desservoit, & en dressoit la minute avant que le maître-d'hôtel eût changé les services. Je lui demandai là-dessus, si des ordonnances conçues en si peu de tems étoient de longue durée ; & il me répondit qu'elles duroient jusqu'à ce qu'il plût au sénat de les abolir. Cependant monseigneur le syndic s'entretint une demi heure avec moi, discourant avec cette loquacité qu'on remarque en Europe chez les barbiers. Après quoi, il se tourna vers mon hôte, & lui dit que je pourrois être reçu parmi ses domestiques, quoiqu'il comprît bien à mon génie tardif,

Que j'étois né dans le pays des sots,

& que par conséquent je fusse à peine bon à quelque chose. J'ai aussi remarqué, répartit mon hôte, une espèce d'engourdissement d'esprit en lui ; mais, lorsqu'on lui laisse le tems de réfléchir, il porte un jugement assez solide sur les sujets qu'on lui propose. Tout cela ne sert de rien ici, poursuivit le syndic ; la quantité d'affaires n'y souffre point de délai. Ayant dit cela, il voulut connoître si j'étois bien fort & bien robuste, & m'ordonna de lever de terre un fardeau qu'il fit apporter. Comme il vit que je m'en acquittois sans peine : la nature, me dit-il, t'a refusé les qualités de l'esprit, & t'a pourvu de celles du corps. En achevant ces mots, il me fit passer dans un autre appartement, où je trouvai quantité d'officiers & de domestiques qui me reçurent avec beaucoup de civilité, mais qui me rompirent la tête par leurs jaseries & par leurs gesticulations. Ils me firent mille questions sur notre monde ; &, comme je leur disois tout ce que je pouvois m'en rappeller, & qu'ils ne paroissoient pas encore satisfaits, j'étois obligé de mêler le fabuleux avec le vrai ; encore n'étoient-ils pas las de me questionner. Enfin mon hôte sortit d'auprès du syndic, & m'annonça que son excellence me faisoit l'honneur de me retenir à sa cour. Le discours du syndic m'avoit fait juger déja que l'emploi qu'il me destinoit n'étoit pas des plus brillans : je m'imaginois qu'il m'avoit placé parmi ses gardes ou parmi les officiers de sa bouche. Pour m'en éclaircir, je m'en informai du consul, qui me répondit que son excellence avoit eu la bonté de me nommer son premier porteur de chaise, avec vingt-cinq stalates de gage. La stalate de Martinie revient à deux écus de notre monnoie. Le consul ajouta que son excellence avoit promis de ne m'employer qu'à la porter elle & madame son illustre épouse.

Je fus frappé de cette réponse comme d'un coup de foudre; je représentai combien il étoit indigne d'un homme de famille d'être employé à des fonctions si basses: mais je fus bientôt interrompu par les officiers & les domestiques qui venoient par troupes m'assommer de leurs impertinentes félicitations. Enfin, je fus conduit dans une chambre où l'on m'avoit servi un souper auquel je ne fis pas grand mal; car, dès que j'eus un peu mangé, je me couchai dans le lit qu'on m'avoit préparé.

J'avois l'esprit si agité, qu'il m'étoit impossible de fermer l'œil. L'accueil que ces singes m'avoient fait, me revenoit toujours dans la tête, & certainement il falloit avoir la patience d'un Spartiate pour digérer l'affront qu'on m'avoit fait. Je déplorois le sort où j'étois réduit dans ce pays, & je le trouvois plus dur que celui que j'avois eu sur la planète de Nazar. Hélas! me disois-je, que deviendroit ici le grand chancelier de Potu, ce personnage si rare, à qui il faut un mois entier pour dresser un Edit?

Voyages de Klimius. Tom. 19 pag. 219.

Dessin de C.P. Marillier. 1787. gravé par R. Delvaux.

Quel seroit le sort de la présidente Palmka dans ce pays où les sénateurs font des ordonnances parmi les pots & les verres ? Certainement ils seroient l'un & l'autre dans une très-petite considération. Delà je conjecturois que j'avois quitté le pays des sages pour venir dans celui des fous. Fatigué de toutes ces idées, je m'endormis enfin. Je ne saurois dire au juste combien de tems mon sommeil dura ; car, dans la Martinie, il n'y a point de différence entre le jour & la nuit. On n'y voit jamais d'obscurité, si ce n'est à certains tems réglés, lorsque, par l'interposition de la planète de Nazar, le soleil souterrein est éclipsé. Cette éclipse est sur-tout remarquable lorsque la planète, laquelle nage assez près du Firmament, offusque totalement le soleil par son ombre. Mais, comme cela n'arrive qu'après de longs intervalles de tems, & que le soleil, à cela près, donne toujours perpendiculairement sur ce pays, on n'y distingue ni nuits, ni saisons. Delà vient que les habitans ont pratiqué des bois, des allées & des caves pour se garantir des ardeurs du soleil.

A peine je m'étois réveillé, que je vis entrer dans ma chambre un sapajou qui se disoit mon camarade, & qui avoit ordre de m'attacher, avec de la ficelle, une queue postiche au derrière, pour me rendre semblable aux autres singes du pays. Ce sapajou m'avertit en même tems, de me tenir prêt pour porter monseigneur le syndic à l'académie, où il devoit se rendre dans une heure, ayant été invité avec les autres sénateurs à venir assister à un programme public, qui devoit se faire à l'occasion d'une promotion au doctorat, vers les quatorze heures après midi ; car il est bon de remarquer que, quoiqu'on ne puisse distinguer les jours des nuits, à cause de la clarté continuelle du soleil, on distingue cependant les tems par heures, demi-heures & quarts d'heures, & cela par le moyen de clepsydres ou horloges ; de sorte que les jours de la Martinie sont divisés en vingt-deux heures. Si cependant les horloges d'une ville venoient malheureusement à être dérangées, il faudroit avoir recours à celles d'un autre endroit pour les régler, parce que le soleil lançant toujours ses rayons verticalement sur cette région, il ne peut y avoir d'ombre, ni par conséquent de montre solaire ; & quelque part que l'on fasse un trou, quelque profond qu'il soit, s'il n'est couvert, le soleil y donne de tous côtés. Quant à l'année, elle est réglée sur le cours de la planète de Nazar, qui fait son période autour du soleil une fois plus vîte que le firmament souterrain. A quatorze heures, je commençai à entrer en exercice de ma charge; & nouveau porteur, j'endossai la bricole; &, la passant dans les bâtons de la chaise dorée, j'eus l'honneur de porter son excellence à l'académie. Arrivés dans l'auditoire, nous vîmes deux files de docteurs & de maîtres-ès-arts, assis selon leur rang. Dès que ces messieurs apperçurent le syndic, ils se levèrent tous, & lui tournèrent le dos, le saluant chacun de la queue : car c'est là leur manière de faire la révérence; & c'est pour cela que messieurs les singes prennent tant de peine à orner leur queue. Pour moi, j'avoue que je trouvai cette coutume fort ridicule ; car, chez nous, c'est une marque d'indifférence ou de mépris, que de tourner le dos à quelqu'un; & voilà comme chaque pays a sa guise.

Celui qui devoit être gradué, paroissoit dans une chaire placée à l'extrémité de l'auditoire. L'acte de la promotion fut précédé d'une thèse dont le sujet étoit tel : « Dissertation physique » d'inauguration, dans laquelle l'on examine & » l'on discute avec soin ce problême très-im- » portant : savoir, si le son que rendent les » mouches & quelques autres insectes, vient » de la bouche ou du derrière ». Le président des thèses entreprit de défendre le premier de ces deux sentimens. Il fut attaqué avec vigueur par les opposans, & se défendit en lion;

mais enfin la dispute s'échauffa si fort, qu'elle étoit sur le point de dégénérer en combat sanglant; & assurément on en fût venu aux mains, si le sénat n'avoit arrêté cette fougue impétueuse par son autorité. Pendant la dispute, il y avoit des joueurs d'instrumens, qui, par leurs concerts, animoient les ergoteurs quand ils laissoient languir le discours, & qui les adoucissoient lorsqu'ils s'échauffoient trop: mais c'est dans ce dernier point qu'ils réussissoient le moins; car il est bien difficile d'obliger les esprits à tenir un juste milieu quand on dispute sur les choses les plus importantes du monde; on en a tous les jours des exemples sur notre globe, où l'on voit d'étranges agitations, quand il s'agit de quelque question creuse & susceptible de démêlés. Cependant cette querelle, qui sembloit ne devoir se terminer que par le sang & le carnage, finit par des éloges & des félicitations, comme dans nos universités, où, selon la coutume générale, le président descend de chaire toujours victorieux & triomphant. Ces thèses, qui avoient pensé devenir tragiques, furent suivies d'une farce qui fut jouée ainsi: celui qui devoit être promu, s'assit au milieu de l'auditoire; aussitôt trois bedeaux de l'université s'avancèrent gravement & à pas comptés, & lui jettèrent un muid d'eau sur la tête, après quoi ils le parfumèrent d'encens, & lui firent avaler un vomitif. Cela fait, ils se retirèrent en inclinant trois fois la tête, & en déclarant à haute voix, qu'il étoit duement & légitimement créé docteur. Etonné à la vue de ces cérémonies merveilleuses & inconnues, je demandai à un sapajou, homme de lettres, qui se trouvoit près de moi, ce que tout cela signifioit. Celui-ci, déplorant mon ignorance, me dit que l'encens & le vomitif marquoient que le candidat devoit se défaire de ses anciens vices, revêtir de nouvelles mœurs, & se distinguer par-là du vulgaire. Cette explication me fit revenir de mon étonnement ; &, rassasié d'admiration, je ne fis plus de questions, de peur de passer pour un homme qui n'avoit vécu qu'avec des bêtes.

Enfin le nouveau docteur, enveloppé dans une robe verte, & ceint d'une écharpe, fut reconduit à son nouveau logis par tout le parnasse Martinien, aux fanfares des timbales, des flutes & des trompettes. Comme il étoit de famille plébéienne ou roturière, il ne fut point porté en chaise, mais traîné sur une brouette qui étoit précédée de coureurs en habits de cérémonie. Tout cela fut terminé, selon la louable coutume, par un festin superbe, où tous les conviés se grisèrent de façon à ne pouvoir se soutenir, de sorte qu'il fallut les porter jusques dans leurs lits, dont ils ne se relevèrent que par le moyen des remèdes qu'ils prirent pour se rétablir. Cette promotion fut très-solemnelle, comme il est facile d'en juger par ces derniers traits; & je puis dire que je n'en ai jamais vu où l'on ait mieux bu, & qui ait été par conséquent plus académique; je ne crois pas non plus que sur notre globe, il y ait de docteur plus légitimement gradué que celui dont il s'agit.

Les procès se jugent dans ce pays-là avec une vîtesse étonnante, & je ne puis qu'admirer la facilité de cette nation à concevoir & à décider les choses sur le champ & sans aucune réflexion. Souvent, avant que les avocats aient fini leurs plaidoyers, les juges se lèvent & prononcent la sentence avec autant de vîtesse que d'élégance. J'ai souvent été voir les tribunaux dans le tems de l'audience, pour savoir de quelle manière on procédoit aux jugemens. D'abord je trouvai que les sentences étoient fondées sur la justice & sur l'équité; mais, lorsque je vins à les examiner de près, elles me parurent folles, iniques & contradictoires, en sorte qu'il me sembloit plus raisonnable de remettre un différend à la décision d'un coup de dez, qu'à celle des juges de ce pays-là. Je ne saurois rien dire des loix, à cause des changemens perpétuels qu'on y fait, & qui égale

celui

celui des habits, dont les modes changent d'un an à l'autre. Delà vient qu'on punit aujourd'hui des actions qui n'étoient point criminelles lorsqu'elles furent commises, mais qui le sont devenues dans la suite par l'établissement d'une nouvelle loi. C'est ce qui fait aussi que les coupables appellent d'un tribunal subalterne à un tribunal supérieur, espérant de pouvoir se tirer d'affaire par ces délais, ce qui ne manque pas d'arriver, pour peu que le procès dure, car il survient une nouvelle loi contraire à la précédente, qui justifie l'action pour laquelle on est en litige. L'inconstance & la légéreté de ce peuple sont inconcevables. Les loix & les coutumes les plus utiles cessent d'être de leur goût, dès qu'elles cessent d'être nouvelles. Les avocats sont fort estimés dans ce pays-là, pour leur subtilité. Il y en a qui savent si bien faire tourner la roue (pour me servir de leurs expressions), qu'ils affectent de ne vouloir se charger que de causes douteuses, ou même injustes, afin de pouvoir montrer leur adresse dans la dispute, & avec quel art ils savent changer le noir en blanc. Souvent les juges favorisent ces avocats, lorsqu'ils ont montré beaucoup de subtilité, pourvu seulement que la cause ait été un peu débattue. Nous avons bien remarqué, disent ces juges, l'injustice de cette cause; mais il a fallu donner quelque chose à l'adresse avec laquelle elle a été défendue.

Les docteurs de ce pays-là enseignent le droit pour différens prix, selon la nature des procès. Par exemple, ceux qui instruisent dans la manière de défendre une cause mauvaise & injuste, ou, comme on dit communément, dans l'art d'éblouir par de belles paroles, exigent vingt stercolates; mais ceux qui enseignent à défendre les bonnes causes, n'en tirent que dix. Les formes du droit sont en si grand nombre, qu'il n'est pas possible d'en voir le fonds, enveloppées, comme elles le sont, dans ce cahos de loix entassées les unes sur les autres ; car les Martiniens ayant le génie haut & vif, ne peuvent souffrir ce qui est simple & dépouillé d'embarras ; ils ne font cas que de ce qui est subtil, embrouillé, confus & obscur. Ils portent ce goût jusques dans les matières de religion. Celle qu'ils professent ne consiste pas dans la pratique, mais dans de vaines spéculations. Ainsi il y a, dans leur théologie, deux cens trente opinions différentes touchant la figure sous laquelle il faut concevoir la divinité ; trois cens quatre-vingt-seize sur la nature & la qualité des ames. S'ils fréquentent les écoles de théologie, ce n'est pas pour y apprendre à bien vivre & à bien mourir, mais pour s'instruire dans l'art &

la subtilité avec laquelle les orateurs sacrés s'expriment ; car plus il y a d'obscurité dans leurs discours, plus ils sont applaudis, tant il est vrai que ce peuple ne trouve beau que ce qu'il ne comprend pas. Les prédicateurs s'attachent plus aux paroles qu'aux choses ; & s'appliquent davantage au choix des mots, au tour des phrases & des périodes, qu'à la force du raisonnement ; ne se souciant pas de persuader leurs auditeurs, mais de flatter leurs oreilles, & de les amuser par l'arrangement étudié de leurs discours. Tout cela m'empêcha de parler de la religion chrétienne, qui est dépouillée de tout fard & de toute pompe, & dont la simplicité prouve la vérité.

J'ai déja dit qu'il n'y avoit point de pays au monde où les innovateurs fussent plus estimés que chez les Martiniens, qui en effet font plus ou moins cas d'un projet, selon qu'il est plus ou moins absurde. Un jour j'expliquois à un certain sapajou la nature de la terre, lui prouvant qu'elle étoit habitée sous sa superficie. Sur cela, mon homme se mit en tête de faire creuser, pour s'ouvrir un passage chez les nations qui étoient souterreines à l'égard des Martiniens. Son projet fut reçu avec de grands applaudissemens, & l'on établit aussitôt une compagnie *du commerce souterrein*, dont les actions furent bientôt remplies, les Martiniens accourant en foule pour porter leur argent à la banque : mais tout le projet s'en alla en fumée, & ne servit qu'à troubler l'état & à ruiner les particuliers. On ne fit pourtant aucun mal à l'innovateur, au contraire, on le loua d'avoir eu une idée si relevée & si hardie ; en sorte que les Martiniens disoient hautement que si leur entreprise n'avoit pas réussi, ils avoient du moins

. . . . . . La gloire de l'avoir tentée.

Cependant cette affaire m'ayant parfaitement instruit du caractère de cette nation, je formai aussi le dessein de mériter son estime, & d'améliorer ma fortune par quelque invention singulière. Je m'appliquai à rechercher ce qu'il y avoit de défectueux dans l'état, & je crus y avoir réussi. En effet, je m'apperçus que le pays abondoit en artisans inventifs & subtils, mais qu'il manquoit d'ouvrages utiles. Sur cela, je proposai de faire une loi pour l'établissement de quelques ouvrages qui pussent être avantageux à la république. Mais ce projet étoit trop sage & trop solide pour être goûté par une nation qui n'aime que les folies & les bagatelles, aussi n'en retirai-je que du mépris & des railleries. Je m'emportai alors contre ma stupidité. Tu n'es qu'un sot, un lâche, & tu mérites de passer tes jours dans le digne emploi de porteur : c'est ainsi que je m'apostrophois moi-même. Je ne perdis pourtant pas courage; &, ayant éprouvé que je n'avancerois rien à proposer des choses solides, je résolus de tenter si je ne pourrois point surmonter la malignité de mon étoile par quelque projet extravagant & fou. Je m'en ouvris à un sapajou qui m'excita en m'adressant les vers suivans :

Si tu veux te tirer de cet état si vil,
 Et te donner un nom insigne,
 Fais quelque chose qui soit digne
 De la potence ou de l'exil.

Et comme il me raconta que plusieurs avoient fait fortune par des fadaises & des niaiseries d'enfans, sur-tout en inventant quelque nouvelle parure ou quelque nouvelle mode d'habit, je compris qu'il falloit absolument faire le fou avec des gens qui étoient en délire. J'appellai donc à mon secours les inventions les plus extravagantes de nos Européens ; &, les ayant passées en revue dans mon imagination, je m'arrêtai aux ornemens de tête vulgairement nommés perruques, & je résolus d'en introduire l'usage chez les Martiniens. Une chose pouvoit beaucoup faciliter mon dessein : c'étoit la quantité de chèvres que le pays nourrissoit,

& dont les poils étoient tout-à-fait propres à être treſſés & friſés; d'ailleurs je n'étois point ignorant dans cette profeſſion, mon bienheureux tuteur l'ayant exercée, j'avois eu l'occaſion d'en apprendre quelque choſe. J'achetai donc des poils de chèvre, & j'en fis une perruque que je me mis ſur la tête. Dans cet équipage, je me préſentai à monſeigneur le ſyndic, qui fut étonné à la vue de ce phénomène. Il me demanda ce que c'étoit que cela; &, ſans me donner le tems de lui répondre, il m'ôta la perruque de deſſus la tête, la mit ſur la ſienne, & courut au miroir pour ſe voir ſous cette coëffure. Il fut ſi ſatisfait de ſa figure, que, treſſaillant de joie, il s'écria: « Jupiter » n'eſt point mon couſin ». Il paſſa ſur le champ dans l'appartement de ſa femme, pour la rendre témoin du ſujet de ſa joie. Cette dame, agréablement ſurpriſe à cette vue, ne put retenir ſes tranſports; elle ſe jetta au col de ſon mari, l'aſſurant qu'elle n'avoit jamais rien vu de plus joli que cette nouvelle coëffure, & toute la famille fut de cet avis. Alors le ſyndic ſe tournant vers moi: mon pauvre Kakidoran, me dit-il, ſi ce que tu viens d'inventer agrée autant au ſénat qu'à moi, tu peux te promettre une brillante fortune dans notre république.

Je remerciai très-humblement ſon excellence

de la bonne volonté qu'elle me témoignoit, & la suppliai de se charger d'une requête que j'avois dessein de présenter au sénat sur ce sujet: ce qu'il me promit. Voici comme étoit conçue cette requête :

« Excellentissimes, illustrissimes, très-géné-
» reux, très-nobles & très-sages sénateurs &
» seigneurs,

» Le penchant naturel qui me porte à avan-
» cer le bien public, m'a engagé à imaginer
» cette coëffure nouvelle & inconnue jusqu'à
» ce jour, que j'ai l'honneur de présenter à vos
» excellences, & que je soumets à l'examen de
» votre très-grave tribunal, ne doutant pas
» qu'elle n'ait le bonheur de lui plaire, vu que
» cette nouvelle invention tend à la gloire & à
» l'ornement de la nation, & qu'elle servira à
» faire connoître au monde entier, que l'il-
» lustre nation Martinienne est aussi distinguée
» du reste des mortels par les ornemens qui
» rendent la figure extérieure respectable &
» majestueuse, qu'elle leur est supérieure par
» les qualités de l'esprit. Je puis protester sur
» ma conscience, que je n'ai point en vue mon
» intérêt particulier, & que je ne prétends à
» aucune récompense, m'estimant trop heu-
» reux si je puis avoir contribué à l'utilité pu-
» blique & à la gloire de la nation. Si toutefois

» vos excellences jugeoient à propos de récom-
» penser mon ouvrage, j'y souscrirois de bon
» cœur, pour faire connoître à toute la terre,
» jusqu'où s'étend leur munificence, & pour
» animer les autres à inventer des choses aussi
» utiles, & même davantage, s'il étoit possible.
» C'est dans cette seule vue que je ne m'oppo-
» serai point aux bienfaits dont il plaira au sé-
» nat & au peuple de Martinie de me gratifier.
» Du reste, je me recommande aux bonnes
» graces de vos excellences, & j'ai l'honneur
» d'être,

» Illustrissimes seigneurs,

Votre très-humble & très-
obéissant serviteur,

KAKIDORAN,

A Martinie le 7ᵉ du mois d'astral.

Le syndic ne manqua pas de produire en plein sénat, & la requête, & la perruque. J'appris que le même jour toutes les affaires avoient cessé, & qu'il n'avoit été question que d'examiner la perruque, tant elle avoit frappé les esprits de cette grave compagnie. Cependant on en vint aux opinions ; l'ouvrage fut loué ; on accepta les offres de dévouement de l'ouvrier, & on lui fixa une récompense. Il n'y eut que trois sénateurs qui s'opposèrent à cette résolution ; mais on se moqua d'eux, & on les traita de gens grossiers, & peu dignes des charges qu'ils occupoient.

L'arrêt du sénat ayant été dressé, je fus mandé pour comparoître dans la salle de l'assemblée. Dès que je fus entré, un sapajou des plus âgés se leva & me remercia au nom de l'état, m'assurant qu'on pourvoiroit à ce que j'eusse une récompense proportionnée au mérite de mon invention; après quoi, il me demanda combien il me faudroit de tems pour faire une seconde coëffure pareille à celle-là. Je répondis, sur le premier point, que j'étois assez récompensé par les applaudissemens que tant de grands personnages donnoient à mon travail, & par les éloges d'un sénat aussi illustre ; sur le second point, je promis une autre perruque dans l'espace de deux jours ; & que, pourvu que j'eusse quelques singes adroits à qui je pusse montrer mon art, je me faisois fort de fournir, dans l'espace d'un mois, toute la ville de perruques. A ces mots, le syndic me parla ainsi : A Dieu ne plaise, Kakidoran, dit-il, que cet ornement soit commun à toute la ville, & s'avilisse ainsi par un usage trop répandu. C'est par cette parure qu'il faut que les nobles soient distingués des roturiers. Cet avis fut applaudi de tous les sénateurs, & l'on chargea les censeurs de prendre bien garde que l'arrêt du sénat ne fût pas violé, & que personne ne s'avisât de porter perruque, à moins qu'il ne fût du corps de la noblesse, de peur que les roturiers ne souillassent un ornement réservé aux têtes des patriciens. Mais cette ordonnance eut le sort qu'ont toutes les loix concernant le luxe, lorsqu'on y énonce des exceptions; elle ne fit qu'exciter davantage le peuple à la transgresser; car, comme la mode des perruques plut à tout le monde, ceux des citoyens qui avoient de l'argent ou des amis achetèrent des titres de noblesse: de sorte qu'en fort peu de tems, une partie de la ville fut ennoblie. Enfin, comme ce feu-là se répandit dans les provinces, qu'on accouroit de tous les côtés pour présenter des suppliques au sénat, & comme on en étoit fatigué, on résolut de lever l'arrêt prohibitif, & de permettte à un chacun l'usage des tignasses; de manière qu'avant mon départ de Martinie, j'eus le plaisir de voir toute la nation entignassée (1). Ce fut un spectacle bien plaisant, de voir tout un peuple de singes enterré dans de vastes perruques. Le projet plut néanmoins si fort, qu'il donna lieu à l'établissement d'une nouvelle époque qui fut nommée, dans

―――――――――――――――――――

(1) J'abandone cette expression à tous les chiens-couchans qui vont à la chasse des mots.

les annales martiniennes, l'an des perruques.

Pour revenir à ce qui me regarde, je dirai que je me vis comblé d'éloges, couvert d'un manteau de pourpre, & reporté au logis dans la chaise de monseigneur le syndic; en sorte que le porteur qui étoit mon collègue autrefois, me servit ce jour-là de cheval. Le même jour, je fus admis à la table du syndic, ce qui continua sur ce pied-là. Cependant cet heureux prélude de bonheur ne me parut pas devoir être négligé ; je résolus de poursuivre ma pointe ; &, comme on m'avoit donné des gens pour m'aider à travailler, j'eus bientôt fait autant de perruques qu'il en falloit à tout le sénat; &, après qu'un mois se fut écoulé dans cette occupation, on m'accorda des lettres de noblesse conçues en ces termes :

« Le sieur Kakidoran, natif d'une certaine
» contrée qu'on appelle Europe, ayant bien
» mérité de la république par une invention
» aussi noble que salutaire, & s'étant rendu
» par-là toute la nation martinienne redevable,
» nous avons résolu de l'aggréger au corps de
» la noblesse, en sorte que lui & ses descen-
» dans soient tenus dès aujourd'hui pour bons
» & vrais nobles, & qu'ils jouissent des droits,
» privilèges & immunités attachés à cette
» qualité. Nous ordonnons aussi que ledit sieur

» ne soit plus nommé Kakidoran, mais Kiki-
» dorian. Enfin, comme ce nouvel état de-
» mande quelqu'éclat, nous lui avons assigné
» une pension de deux cens patars par an, afin
» qu'il ait de quoi soutenir sa nouvelle dignité.
» Donné dans la salle du sénat de Martinie le
» quatrième du mois de Merian. Scellé du
» grand sceau du sénat ».

C'est ainsi que de vil porteur, je fus élevé
à la dignité de noble. Je vécus quelque tems
dans une grande gloire & une prospérité parfaite. Les Martiniens remarquant que j'étois
bien avant dans les bonnes graces du syndic,
me faisoient beaucoup la cour. Ils poussèrent
la basse flatterie jusqu'à m'attribuer, dans des
vers faits à ma louange, des vertus que je
n'avois certainement point. Quelques-uns ne
balancèrent pas de faire une longue liste de
mes ancêtres, & de me faire descendre en droite
ligne des héros qui avoient servi la république
dans les premiers siècles : ils savoient pourtant
bien que j'étois né dans un monde inconnu.
Mais je ne me souciois guère d'une pareille gé-
néalogie, & je n'étois nullement curieux de
me donner des singes pour ancêtres.

Comme c'est aussi l'ordinaire chez les Martiniens de célébrer les queues des grands seigneurs, à peu près comme nos poëtes célèbrent

les appas de leurs maîtresses, bientôt je vis venir des rimeurs à foison, qui m'apportoient des poëmes faits à la louange de ma queue, quoiqu'ils sussent bien, les fripons, que je n'en avois qu'une postiche. Enfin leur adulation alla si loin, qu'un personnage qui n'étoit pas de la lie du peuple, à beaucoup près, mais dont je veux taire le nom par considération pour sa famille, n'eut pas honte de venir m'offrir la jouissance de sa femme, moyennant que je voulusse le recommander à monseigneur le syndic. Ce vil penchant que tous les Martiniens ont à la flatterie, fait que leurs annales ne valent pas la peine d'être lues quant à la matière, qui n'est qu'un vain fatras d'éloges; mais le stile en est vif, poli & élégant. Aussi peut-on assurer que le pays produit de meilleurs poëtes que d'historiens; & que, dans le genre sublime, les Martiniens l'emportent sur toutes les autres nations. J'avois joui d'une parfaite santé depuis que j'étois dans ce pays-là, quoique je fusse fort incommodé de la chaleur causée par cette présence continuelle du soleil. Cela fut cause que je tombai enfin malade d'une fièvre violente, mais qui ne dura pas long tems. Cependant j'eus besoin d'un médecin. Celui qu'on fit venir m'incommoda par son babil plus que ma fièvre. J'eus de la peine à m'empêcher de rire dès que je le vis, l'ayant aussitôt reconnu pour un barbier qui m'avoit rasé autrefois. Je lui demandai comment il avoit pu se transformer, en si peu de tems, de barbier en docteur en médecine : il me répondit qu'il exerçoit l'une & l'autre profession. Cela me fit balancer si je me fierois à ce singe universel ; &, comme je lui témoignai que l'étendue de son savoir m'effrayoit, & que j'aimerois mieux être entre les mains de quelqu'un qui ne fît profession uniquement que de la médecine, il me jura bien saintement, qu'on ne trouveroit point un tel médecin dans toute la ville ; ainsi je fus obligé de m'en remettre à lui. Ce qui augmenta mon étonnement, ce fut la promptitude du barbier-docteur, qui, après m'avoir ordonné de prendre une certaine potion, s'en alla aussitôt, alléguant qu'il avoit beaucoup d'autres affaires qui ne lui permettoient pas de s'arrêter long-tems auprès de moi. Lui ayant demandé quelles étoient ces affaires si pressantes, il me répondit que l'heure approchoit où il devoit se rendre dans une petite ville du voisinage pour y faire ses fonctions ordinaires de greffier.

Cette polymatie est fort du goût des Martiniens, en sorte qu'ils ne font point de scrupule d'exercer dans le même tems plusieurs offices opposés. Ce qui leur donne cette confiance, c'est cette vivacité d'esprit avec laquelle ils expédient tout : mais les fautes & les bévues que je leur ai vu faire, m'ont convaincu que ces génies fougueux & pleins de feu, servoient plutôt à l'ornement qu'à l'utilité de la république.

Après avoir passé deux ans dans ce pays-là, tantôt porteur, tantôt noble, il m'arriva une aventure qui pensa être cause de ma perte. Je jouissois de la faveur de son excellence, & madame son épouse me témoignoit tant d'affection, que j'étois regardé comme le premier de ceux qui partageoient ses bonnes graces. Elle m'honoroit souvent de son entretien particulier, & elle sembloit se plaire beaucoup avec moi, néanmoins elle m'avoit toujours parlé avec retenue, & je n'avois point sujet d'interprêter mal ses démarches, étant bien éloigné de soupçonner qu'une femme de ce rang, si distinguée par sa naissance, cachât, sous le voile de l'amitié, une passion impure. Mais, avec le tems, ses discours équivoques me firent naître quelques soupçons qui furent considérablement augmentés

 Par ses airs affectés, ses gestes enfantins,
  Ses sanglots, ses soupirs, souvent même ses larmes.

Enfin j'ouvris entièrement les yeux, quand je

vis entrer chez moi une fille de chambre de la dame, qui me remit, de la part de sa maîtresse, la lettre suivante :

« Très-cher Kikidorian,

» Ma naissance & la pudeur qui est le partage
» de notre sexe, ont empêché jusqu'à présent
» les étincelles de mon amour, renfermées dans
» mon cœur, d'éclater au dehors, & de dé-
» générer en incendie ; mais enfin je suis trop
» pressée de ma passion, pour que j'en puisse
» cacher plus long-tems la violence.

Pardonne cet indigne aveu,
Que l'excès de l'amour m'arrache.
PTARNUSE.

Je ne saurois exprimer combien je fus frappé à la vue de cette déclaration inattendue. Mais comme j'aimois mieux m'exposer à la vengeance d'une femme méprisée, que de troubler les droits de la nature, en mêlant mon sang avec une créature de cette espèce, je répondis en ces termes,

« Madame,

» La bienveillance dont M. le syndic m'a
» toujours honoré, & les bienfaits dont il m'a
» comblé, quelque peu digne que j'en fusse,
» tout cela, dis-je, me met dans une
» impossibilité morale de satisfaire vos desirs ;
» impossibilité

» sans compter une infinité d'autres motifs que
» j'omets, & qui me déterminent à m'exposer
» plutôt, madame, à votre colère, que de
» consentir à une chose si criminelle parmi les
» créatures raisonnables. Vous exigez de moi
» ce qui me paroît plus dur que la mort, &
» vous me chargez d'un office dont je ne puis
» m'acquitter sans couvrir de honte & d'igno-
» minie toute votre illustre famille, un office
» dont le préjudice rejaillit principalement sur
» la personne de mon maître. Je vous proteste
» donc, madame, que je ne saurois consentir
» à votre desir, quoiqu'en toute autre occa-
» sion, je me fisse un honneur de vous marquer
» mon entière obéissance.

KIKIDORIAN.

J'ajoutai au bout de la lettre les vers suivans
par manière d'avis :

Considérez l'ignominie,
L'opprobre & la honte infinie
Où vous allez vous plonger sans retour ;
Si vous ne combattez cet impudique amour.
Dans la retraite & le silence,
Il en est encor tems, repassez à loisir,
Quel est le solide plaisir
Que l'on goûte dans l'innocence.
Enfin rappellez bien à votre souvenir,
Pour achever de vous guérir,
Ce que c'est que l'honneur, la pudeur, la décence.

Q

Je cachetai cette lettre de mon cachet, & la remis à la fille, pour qu'elle la rendît à sa maîtresse. Elle eut l'effet que j'avois prévu ; c'est-à-dire, que l'amour de la dame se changea en haine.

> Elle tâche d'abord d'exprimer sa douleur,
> Et le chagrin qui la désole ;
> Mais la colère & la fureur
> L'empêchent tour-à-tour, en lui pressant le cœur,
> De pouvoir proférer une seule parole.

Cette dame si irritée dissimula quelque tems avec moi, jusqu'à ce qu'elle eût rattrapé le poulet qu'elle m'avoit écrit. Alors, elle ne garda plus de mesures. Elle suborna de faux témoins, qui assurèrent avec serment, qu'en l'absence de monseigneur le syndic, j'avois voulu souiller sa couche. Tout cela fut conduit avec tant d'adresse & de vraisemblance, que le syndic, ne doutant nullement de mon prétendu crime, me fit jetter dans un cul-de-basse-fosse. Dans cette extrémité, il ne me restoit qu'un moyen de me tirer d'affaire, c'étoit d'avouer un crime que je n'avois point commis, & de demander grace & miséricorde à monseigneur le syndic. Cette démarche pouvoit fléchir sa colère, ou du moins l'adoucir, & faire diminuer mon supplice. Je résolus de prendre cette voie, sachant combien il est extravagant de vouloir plaider contre les grands, sur-tout dans ce pays-là, où l'on ne fait pas attention à la justice d'une cause, mais au rang des parties litigantes. Ainsi je renonçai à toute défense, & j'eus recours aux prières & aux larmes, suppliant, non pas qu'on me remît entièrement la peine, mais qu'on voulût bien la diminuer.

Ce fut par cet aveu d'un crime auquel je n'avois jamais songé, que j'échappai à la mort; mais je fus, en revanche, condamné à une perpétuelle captivité. On m'ôta mes lettres de noblesse, & on les fit brûler par la main du bourreau. Je fus moi-même mis à la chaîne, & condamné à passer mes jours à ramer sur une galère. Cette galère appartenoit à la république, qui l'envoyoit aux Mézendores, ou terres étranges. Ce voyage se fait une fois par an, & l'on part au commencement du mois de Radir. On va quérir dans ce pays des marchandises que la Martinie ne produit pas; en sorte que les Mézendores sont à l'égard de cette république, ce que les Indes sont à l'égard de nous. La compagnie du commerce mézendorique est composée de marchands nobles & roturiers. Les marchandises des navires se partagent, aussitôt qu'ils sont de retour, entre les intéressés, selon le nombre d'actions qu'ils ont dans la banque. Les navires, qui font, comme je l'ai déja infinué, des espèces de galères, vont à voiles & à rames; chaque rame a deux forçats qui la font agir, & c'est à quoi j'étois condamné. On conçoit bien que ce n'étoit pas fans répugnance que je me voyois réduit à une fi dure extrémité, d'autant plus que je n'avois rien fait qui eût pu mériter qu'on me mît avec des gens de fac & de corde. Les Martiniens jugeoient diverfement de mon affaire; ils en parloient felon les différentes paffions qui les animoient. Les uns croyoient que j'étois coupable; mais fi mon crime paroiffoit atroce, la demi-grace qu'on m'avoit faite fembloit auffi parler en ma faveur. D'autres difoient que, quand je ferois criminel, on devoit avoir égard à mes fervices. Les plus honnêtes des finges murmuroient entr'eux, & fe difoient à l'oreille, que j'avois été fauffement accufé; mais perfonne n'ofoit prendre ma défenfe, de peur de fe mettre à dos mes accufateurs qui étoient puiffans. Je réfolus cependant de m'armer de patience. Une chofe me confoloit, c'étoit ma navigation prochaine; car, comme j'étois toujours très-avide de nouveautés, je me réjouiffois d'avance, efpérant de voir, dans ce voyage, des chofes étonnantes, bien que je ne vouluffe pourtant pas ajouter foi à tout ce que les mariniers me racontoient, & qu'il ne pût m'entrer dans l'esprit, qu'il y eût tant & de si étonnans prodiges dans la nature. La galère sur laquelle j'étois, avoit divers interprêtes qui étoient aux gages de la compagnie des Mézendores, & c'étoit par leur secours que le trafic se faisoit entre les deux nations.

CHAPITRE XI.

Navigation de Klimius aux terres étranges.

Avant que j'entre en matière, il est bon d'avertir les censeurs rigides & de mauvaise humeur, de ne pas trop froncer le sourcil aux choses que je vais raconter, parce qu'elles leur paroîtront contraires à la nature, & par-là même incroyables.

Chacun à son gré peut gloser ;
Mais je n'en veux point imposer,
Par un pompeux amas de brillantes paroles :
Je raconte des faits, & non des fariboles.

Il est certain que ce que je vais dire est incroyable, mais il est très-vrai, & j'en ai été le témoin oculaire. Les gens grossiers & ignorans qui n'ont jamais mis le pied hors de leur porte, comptent pour fable tout ce qui est au-delà de leur portée. Mais les savans, sur-tout ceux qui sont versés dans la physique, & qui ont appris par l'expérience combien la nature est féconde, & combien elle varie dans ses productions, portent des jugemens plus équitables sur les choses que les voyageurs racontent quelque étranges qu'elles soient.

> Est-on plus étonné, dans les Alpes cruelles,
> De voir de tous côtés des cous longs & pendans ?
> L'est on dans Meroë (1) pour y voir des mamelles
> Plus grosses de moitié que les plus gros enfans ?
> Que dis-je ! est-on surpris, quand on voit la nature
> Prodiguer aux Germains la taille & la figure,
> Leur donner un teint blanc, des cheveux blonds,
> crépus,
> Des yeux bleus, un air fier, des bras longs & charnus?
> Mais que dirons-nous des pygmées,
> Et de leur nombreuses armées,
> Dont le plus grand soldat n'a pas deux pieds de haut ?
> Cela nous paroît un défaut,
> Dont la seule pensée à rire nous excite,
> Et nous frappe d'étonnement ;
> Mais pour la gent courte & petite,
> Chez qui nul n'est fait autrement,
> Ce spectacle n'a rien que de fort ordinaire.

On a vu autrefois dans la Scythie des hommes nommés Arimaspes, qui n'avoient qu'un œil au milieu du front, d'autres qui avoient

---

(1) Ile d'Egypte : les géographes varient fort sur sa situation.

la plante des pieds tournée devant derrière. On en a vu en Albanie qui avoient des cheveux blancs dès leur enfance. Les Sarmates ne mangeoient que de trois en trois jours. En Afrique on célébre encore la mémoire de certains personnages, qui faisoient mille enchantemens en prononçant seulement quelques paroles. On a vu des gens, chez les Illiriens, dont la vue tuoit ceux qui les regardoient trop long-tems quand ils étoient en colère. Ils avoient chacun deux prunelles à chaque œil. Dans les montagnes des Indes, on a trouvé des hommes qui avoient des têtes de chien, qui jappoient comme ces animaux, & on en a vu d'autres qui avoient leurs yeux derrière les épaules. On en a découvert d'autres aux extrémités des Indes qui avoient le corps tout hérissé de poils, ou chargé de plumes comme des oiseaux, ne prenant aucune nourriture, & ne vivant que de l'odeur des fleurs qu'ils vont humer. Qui est-ce qui croiroit ces choses & plusieurs autres semblables, si Pline, auteur (1) très-grave, n'assuroit, non pas qu'il les a entendues raconter

---

(1) Pline le naturaliste étoit un homme fort crédule, fort amateur du merveilleux, & qui a écrit beaucoup de choses qu'il ne savoit que par des gens peu dignes de foi.

à quelqu'un, ou qu'il les a lues dans quelque livre, mais qu'il les a vues de ſes propres yeux ? Qui croiroit enfin que la terre eſt concave, qu'elle renferme dans ſes entrailles, un ſoleil & des planètes, ſi ce myſtère n'avoit été découvert par mon expérience ? Qui croiroit, dis-je, qu'il y a un pays habité par des arbres animés & raiſonnables, ſi cette même expérience n'avoit ôté tout ſujet de doute. Cependant, je ne ferai de procès à perſonne, pour en douter encore ; car j'avoue que j'ai eu moi-même des ſcrupules à cet égard, avant que je fiſſe ce voyage, & je traitois tout cela de contes à dormir debout.

Au commencement du mois de Radir.

Nous faiſons voile enfin, & nous fendons les vagues.

Pendant quelques jours nous eûmes le vent ſi favorable, qu'il ne fut point beſoin du tout de faire agir nos rames, vu que les voiles ſuffiſoient pour nous faire voguer ; ce qui m'accommodoit fort ; mais quatre jours après,

Le vent tombe, & ſoudain la voile eſt inutile :
Allons, forçats, courage, & d'une main agile,
Exercez ſur les flots vos tranchans avirons.

Le patron du navire, ou ſi on l'aime mieux, le capitaine de la galère, voyant combien ce travail m'étoit dur, permit que je me repoſaſſe de tems en tems, & m'exempta enfin tout à fait de cet office d'esclave. Je ne saurois dire d'où lui vint cette compassion pour moi, si ce fut parce qu'il étoit persuadé de mon innocence ou parce qu'il me jugeoit digne d'un meilleur sort à cause de la fameuse invention des perruques. Il en avoit trois lui-même, qu'il me chargea de lui friser & accommoder ; de sorte que me voilà devenu de forçat friseur de perruques. La bonté du capitaine alla toujours en augmentant, & lorsqu'il envoyoit un nombre de personnes à terre, il me mettoit toujours de la partie, ce qui me donnoit lieu de satisfaire ma curiosité naturelle.

Nous fûmes quelque tems sans rien voir de fort remarquable ; mais bientôt

> Au milieu de la mer, nous vîmes des objets
>   Qui nous parurent fort étranges.

C'étoient des sirènes, qui, dès que la mer étoit un moment tranquille, accouroient en nâgeant vers notre navire, & nous demandoient l'aumône :

>   Elles étoient de forme humaine,
>   Charmantes & pleines d'appas
> De la ceinture en haut ; mais delà jusqu'en bas,
> Elles n'offroient aux yeux qu'une horrible baleine.

La langue qu'elles parloient étoit assez semblable à celle des Martiniens, aussi s'entretinrent-elles avec plusieurs personnes de l'équipage sans le secours d'aucun interprète. Une d'entre elle me demanda un morceau de chair salée, & le lui ayant donné, elle s'écria :

   Tu seras un héros puissant & glorieux.

Cette prophétie me fit rire, la regardant comme vaine & extravagante, quoique les mariniers m'assurassent que rarement les prédictions des sirènes tomboient à faux. Après huit jours de navigation nous découvrîmes le pays que les pilotes nomment Picardanie. En entrant dans le premier port, j'apperçus une pie qui voloit autour de notre navire, & l'on m'assura que cette pie étoit l'inspecteur-général des douanes & des gabelles. J'eus de la peine à m'empêcher de rire en entendant cela, & en voyant un si grave personnage

   S'élever dans les airs sur des ailes de plumes.

Je jugeois par la figure de l'inspecteur général, de celles des gardes de la douane, que je croyois devoir être des mouches, puisque leur général étoit une pie. Celui-ci ayant assez voltigé autour du navire, prit son vol vers la terre, & revint bientôt après avec trois autres pies de moindre condition, & toutes ensemble elles se perchèrent sur la poupe de la galère. Je crus que je créverois de rire, quand je vis quelques-uns de nos interprètes s'approcher avec respect de ces pies, & s'entretenir avec elles. La cause de leur venue étoit pour s'informer, selon la coutume, s'il n'y avoit point de contrebande dans notre navire, & sur-tout de ces herbes, qu'on nomme vulgairement *slac*. On visite ordinairement tous les coins & recoins du navire, toutes les malles, coffres & hardes mêmes, pour découvrir s'il n'y a point de cette herbe, qui est très-sévèrement défendue. La raison de cette défense vient de ce que les habitans ont accoutumé de donner des choses très-utiles en échange de ces herbes étrangères, qui diminuent aussi le prix de celles du pays, lesquelles servent néanmoins au même usage : de sorte qu'en cela les Picardans ressemblent aux Européens, qui n'estiment les choses qu'à proportion de l'éloignement des lieux d'où on les tire, & où elles sont produites. L'inspecteur général des douanes descendit avec d'autres pies dans notre navire, & en sortant, il nous regarda de travers, témoignant par-là que le commerce avec les Picardans nous seroit défendu, parce que nous avions de la contrebande. Mais le capitaine de la galère, sachant déja par expérience de quels moyens il faut user pour appaiser MM. les inspecteurs des douanes, fit présent de quelques livres de l'herbe de flac à celui-ci, qui faisoit tant de bruit, & il le rendit plus souple qu'un gant, de sorte qu'il nous permit de décharger notre navire, & de vendre toutes nos marchandises. Là-dessus nous vîmes arriver une troupe de pies. C'étoient des marchands, qui venoient faire des emplettes sur notre bord. Le capitaine ayant résolu de débarquer son monde, descendit d'abord à terre lui quatrième, ordonnant au reste de le suivre. Je fus du nombre des quatre qui l'accompagnèrent, l'autre étoit un conseiller du commerce, & le troisième, un interprète. Nous fûmes invités à dîner par l'inspecteur-général: le repas se fit sur le plancher, parce que les Picardans ne pouvant se tenir assis, n'ont point l'usage des tables. Les services furent brillans & splendides. La cuisine étant placée au plus haut étage de la maison, chaque service descendoit au travers d'une espèce de gargouille, sur un petit chariot tiré par des pies. Le repas étant fini, l'inspecteur nous voulut montrer sa bibliothéque. Elle étoit remplie d'une quantité considérable de livres fort petits; car les plus gros volumes & les in-folio étoient à peine de la grosseur de nos étrennes mignonnes. Je pouvois à peine m'empêcher de rire, lorsque je vis le bibliotécaire voler au plus haut rang des livres pour en tirer les in-douze & les in-octavo. Quant aux maisons des Picardans, elles diffèrent peu des nôtres pour la structure, & les meubles, mais il est à remarquer que cette nation couche dans des lits suspendus près du toit où ils sont placés comme des nids d'oiseaux.

Quelqu'un me demandera peut-être comment des pies, qui sont une des moindres espèces d'oiseaux, peuvent construire des édifices de cette importance : mais cette difficulté est entièrement anéantie par mon témoignage, car j'ai vu bâtir de fond en comble une maison, à laquelle on employoit à la vérité quelques milliers d'ouvriers, qui par leur nombre & leur facilité à voler, suppléoient au manque de forces. Et c'est ainsi que les édifices se bâtissent avec presqu'autant de vîtesse que chez nous. La femme de l'inspecteur ne parut point ; elle n'étoit pas encore relevée de couches ; car les accouchées ne sortent point dans ce pays-là, tant que leurs petits sont hors d'état de voler ; mais le mari nous dit que dès que les siens auroient des plumes sa femme sortiroit.

Nous ne fîmes pas un fort long séjour chez les Picardans, ainsi je ne saurois mieux les faire connoître, ni donner de plus grandes lumières sur la nature de leur pays. Tout ce que je sais c'est que la nation étoit en guerre avec ses voisins les tourdes ou grives, & qu'elle étoit dans de grands embarras à cause d'une bataille livrée dans les airs, où les Picardans avoient été battus. Leur général ayant été accusé d'avoir donné lieu à la perte de cette bataille fut mis aux arrêts, & par ordre du conseil de guerre on lui rogna les aîles, supplice aussi dur que la mort chez cette nation. Après que nous eûmes laissé nos marchandises, & fait notre cargaison de celles qu'on nous avoit livrées en échange, nous remîmes à la voile. Nous étions à peine à quelque mille du rivage, que la mer nous parut couverte de plumes, ce qui nous fit juger que c'étoit au-dessus de cet endroit que la bataille avoit été livrée entre les pies & les grives.

Après trois jours d'une heureuse navigation, nous abordâmes au pays de la musique. Nous jettâmes l'ancre, & nous descendîmes à terre, faisant marcher devant nous un de nos interprètes avec une basse. Cela me parut ridicule à moi qui ne savois pas à quoi pouvoit servir cet instrument ; d'autant que nous étions dans des déserts, où je ne voyois aucune trace de créature. Cependant notre capitaine fit sonner de la trompette pour avertir les habitans de notre arrivée. A ce bruit, je vis accourir trente basses ou environ qui marchoient sur un pied qui étoit le seul qu'elles eussent. Tout cela me sembloit un enchantement, n'ayant rien encore vu qui m'étonnât davantage. Ces basses ou ces violes, comme on voudra les appeller, que je compris être les habitans de ce pays-là, étoient faites ainsi: en haut elles avoient un cou au bout duquel étoit une tête fort petite; le corps étoit lui-même étroit & serré. Il étoit couvert d'une certaine écorce polie & placée de manière qu'entre elle & le corps il y avoit encore une espace vuide. Au milieu du ventre & sur le nombril, la nature avoit mis un chevalet avec quatre cordes. Toute la machine n'étoit soutenue que sur un pied; de sorte que chacun de ces violons, sautant sur une seule jambe, parcouroit en peu de tems des champs de grande étendue. Enfin, pour couper court, on les eût pris pour de véritables instrumens à cause de la ressemblance, si ce n'est qu'ils avoient deux mains & deux bras. D'une main ils tenoient l'archet, & de l'autre ils touchoient les cordes. Notre interprète les provoqua à un entretien: il prend l'instrument qu'il avoit apporté, &

D'une main adroite & légère,
Il en tire de doux accens.

Bientôt on lui répondit, & enfin ils commencèrent à se communiquer mutuellement leurs pensées par la symphonie. Il nous parut au commencement qu'ils jouoient un *adagio*, & avec assez d'harmonie, mais un moment après, ce furent des dissonances qui écorchoient les oreilles. Enfin le tout se termina par un doux & agréable *præsto* qui fit pousser des cris de joie à notre équipage, qui disoit que cela marquoit qu'on étoit convenu du prix de notre cargaison. Nous apprîmes en effet que les premiers airs qui étoient sur le ton grave avoit marqué le prélude de l'entretien qui avoit tenu lieu de révérences & de complimens : que pendant les dissonnances, il avoit été question du prix des marchandises : & qu'enfin le doux *præsto* signifioit que l'on étoit d'accord sur l'achat & sur la vente ; & peu de tems après nous bâclames notre navire, & en tirâmes nos marchandises. Celle qui est de meilleur débit dans ce pays-là, c'est la colofane, dont les habitans frottent le crin des archets, & les cordes qui sont les instrumens de leur langage. De-là vient que ceux qui sont convaincus de quelque crime, sont punis par la privation de l'archet, & cette privation est à l'instar du dernier supplice, lorsqu'elle est perpétuelle. Ayant appris qu'on alloit juger un procès dans un tribunal du voisinage, j'y courus pour voir comment on procédoit au droit en musique. Je vis que les avocats, au lieu de déclamation remuoient leur archet, pour faire résonner les cordes de leur ventre. Durant le plaidoyer, on n'entendoit que des dissonnances, & toute l'eloquence se bornoit à des remuemens de doigts & de bras. Dès qu'on eut cessé de plaider, le juge se leva, prit un archet & joua *adagio* un air qui contenoit la sentence, à la fin de laquelle les exécuteurs s'avancèrent & arrachèrent l'archet au coupable. Les enfans de ce pays-là ressemblent à des poches de maître-à-danser. On ne leur permet point l'usage de l'archet avant l'âge de trois ans accomplis. Dès qu'ils sont dans leur quatrième année, on les envoie à l'école, où ils apprennent à tirer des sons accordans de leurs cordes, & c'est-là ce qui s'appelle chez eux apprendre à lire & à écrire. Ils restent sous la férule, jusqu'à ce qu'ils sachent parfaitement mettre leurs cordes à l'unisson. Nous étions fort incommodés de ces enfans, qui nous étourdissoient avec leurs accens plaintifs. Notre interprête, savant dans le langage musical, nous assuroit que ces enfans nous demandoient la charité d'un peu de colofane. Quand ils mendioient, ils rendoient un son grave ou *adagio* & quand ils avoient obtenu, leur son devenoit vif, ou *presto* ; car c'étoit ainsi qu'ils rendoient graces. Mais un refus dérangeoit tout cet orchestre. Ayant achevé heureusement les affaires qui nous avoient retenus au pays de la musique, nous remîmes à la voile vers la fin du mois de Casan, & en peu de jours nous découvrîmes des terres dont l'odeur puante, nous fit juger que c'étoit la Pyglossie, dont les habitans diffèrent peu des hommes, excepté que n'ayant point de bouche, ils parlent du derrière. Le premier qui vint sur notre bord étoit un riche marchand, qui commençoit déja à vouloir traiter du prix de nos marchandises. Malheureusement pour moi, notre barbier tomba malade aussi-tôt que nous eûmes abordé & jetté l'ancre au port, de sorte que je fus obligé de me faire raser par un frater pyglosse, & comme ces sortes de gens ont encore plus de babil dans ce pays-là, qu'en Europe, celui-ci empesta si fort la chambre où il me rasoit, que nous fûmes obligés d'y brûler quantité d'encens pour en chasser la mauvaise odeur. J'étois déja si accoûtumé aux choses merveilleuses, que je ne trouvois plus rien de trop étrange. Mais ces pyglosses nous étant un peu trop dans leurs conversations, nous pas au-delà du tems nécessaire , & nous partîmes incontinent, de nous trouver à un repas où un richard du pays nous avoit invités. Son invitation nous fit frémir; ne pouvant y acquiescer sans nous condamner à un continuel silence pendant que nous serions à table. Lorsque nous levâmes l'ancre pour sortir du port, les pyglosses, rangés sur le rivage, nous souhaitoient du derrière une heureuse navigation, mais comme le vent venoit justement de ce côté-là, nous leur faisions signe de rengaîner leurs complimens; & je compris alors qu'on peut être incommode à force d'être poli. Les marchandises que les martiniens apportent chez les pyglosses, sont des eaux de senteur, & diverses espèces d'aromates.

Nous cinglâmes vers la terre glaciale, dont l'aspect fait frémir; & aucun pays ne m'a jamais paru plus malheureux & plus digne de compassion que celui-là, qui n'offre aux yeux que de montagnes toutes couvertes de neiges. Sur le sommet de ces montagnes, où le soleil ne porte jamais ses rayons, on voit çà & là des habitans de glace; car tout ce qui est sur la cime des rochers souffre un froid continuel. De-là vient qu'on n'apperçoit qu'un brouillard éternel, & s'il paroît quelque lueur, ce ne peut être que de la gelée blanche. Les vallons au-dessous de ces montagnes sont au contraire brûlés du feu qu'ils exalent lorsque le soleil les éclaire:

R ij

c'est pourquoi les habitans n'osent pas descendre des montagnes, à moins que le ciel ne soit entièrement couvert, & dès qu'ils voient le moindre rayon du soleil, ou ils retournent sur leurs montagnes, ou ils se précipitent dans d'obscures cavernes. Il arrive souvent que le soleil les surprend en chemin, & qu'il les fond, ou leur fait éprouver quelqu'autre mal. Les criminels sont amenés dans la plaine, quand le tems est bien couvert; on les attache à un pieu, & on les laisse-là exposés aux rayons du soleil lorsqu'il reparoîtra. Les marchands emportent les minéraux de ce pays-là tout cruds; car les naturels du pays, ne pouvant souffrir le feu, ne sauroient non plus forger les métaux. On croit toutefois que le commerce de la terre glaciale vaut plus qu'aucun autre des Mézendores. Tous ces pays dont je viens de parler sont sous la domination de l'empereur de la contrée dite proprement Mézendore; car, les autres provinces ne reçoivent ce nom que par abus, & parce qu'il plaît aux voyageurs de le leur donner; elles sont néanmoins distinguées entre elles, comme on l'a déja pu remarquer par ce que j'en ai dit dans ce journal. La contrée où l'empereur réside, est comme le centre de ses vastes états. Nous arrivâmes à la vue de la capitale après huit jours de navigation.

Nous y trouvâmes tout ce que les poëtes nous ont chanté des sociétés des bêtes, des arbres, & des plantes douées de raison. Là, tout animal, tout arbre qui obéit aux loix de l'état, peut avoir droit de bourgeoisie. On croiroit peut-être qu'un si grand mêlange de créatures de diverses formes & de diverses espèces, devroit causer des troubles dans l'état: point du tout, & c'est cette même diversité qui produit un très-bon effet par la manière sage dont les loix y ont reglé toutes choses à l'égard des affaires & des emplois dont on ne charge personne à qui ils ne soient convenables. Ainsi les lions commandent à cause de leur courage naturel. Les éléphans composent le sénat à cause de leur pénétration. Les caméléons servent à la cour parce qu'ils sont inconstans & sujets au changement. Les troupes de terre sont composées d'ours, de tigres & autres semblables animaux guerriers. Celles de mer sont mêlées de bœufs & de taureaux, parce qu'il faut des gens simples ; mais rudes, durs & inflexibles pour la mer. Il y a une école de marine où l'on instruit de jeunes veaux, qui sont dans ce pays-là comme nos gardes-marine, ou nos gardes de l'étendart, d'où l'on tire les officiers de vaisseau. Les arbres ont les emplois de juges, à cause de leur modération naturelle. Les oies sont les avocats des tribunaux supérieurs, & les pies le sont des inférieurs. Les renards deviennent ambassadeurs, légats, plénipotentiaires, agens, & secrétaires d'ambassade. Les corbeaux sont chargés de l'administration des héritages qu'on laisse. Les boucs sont tous philosophes, & le plus souvent grammairiens, tant à cause des cornes dont la nature les a armés, pour luter contre leurs adversaires sur les moindres niaiseries, qu'à cause de leurs barbes vénérables, qui les fait distinguer des autres créatures. Les chevaux sont consuls ou sénateurs: les propriétaires des fonds & des champs sont les serpens, les taupes, les loirs, les rats: les oiseaux sont couriers & messagers. Les rossignols sont chantres & musiciens. Les coqs sont chargés de la garde des villes, & font le guet. Les chiens font sentinelle aux portes Les loups sont partisans, traitans, fermiers-généraux, commis, &c., & les oiseaux de proie sont leurs officiers.

Cette attention à donner à chacun ce qui lui convient, fait que tout est administré selon l'ordre des choses; & cet empire doit servir de modèle à tous les législateurs; car si nous voyons ailleurs des misérables sans mérite, exercer des emplois, ce n'est pas la faute du pays qui produit de telles gens, mais de ceux qui ne savent pas faire un bon choix : & si l'on n'a égard qu'aux talens & aux choses à quoi l'on est propre, tout ira à merveille, & l'état sera parfaitement bien gouverné.

Les annales de ce pays-là fournissent une preuve de la justesse de cette maxime : on y lit que sous l'empereur Lilako, l'institut dont j'ai parlé ayant été aboli, les charges furent conférées indifféremment à quiconque avoit de bonnes qualités ; mais cela causa tant de brouillamini, qu'il sembloit que c'en étoit fait de l'empire. En effet, le loup, par exemple, s'étant bien acquité de ses fonctions dans les fermes, prétendoit à quelque chose de plus, & on le faisoit sénateur. Un arbre s'étoit-il rendu recommandable dans un office de judicature, on le faisoit sur-intendant des finances. Enfin, un bouc ou un philosophe, que ses disciples élevoient jusqu'aux nues, à cause de son opiniâtreté invincible à défendre ses sentimens, enflé des louanges qu'on lui prodiguoit, guettoit quelque charge importante & obtenoit le premier emploi vacant à la cour. Le caméléon qui sait feindre & céder au tems, vouloit devenir professeur, alléché par l'espoir du gain & obtenoit sa demande. Qu'arriva-t-il de tout cela ? pas autre chose, sinon que le bouc fut aussi mauvais courtisan, qu'il avoit été bon philosophe; car cette fermeté à soutenir des opinions qui l'avoit signalé en philosophie, se trouvoit déplacée dans le courtisan, qui cherche moins la vérité que son avantage, & qui change de sentiment selon les circonstances; car la légèreté & l'inconstance constituent l'essence du courtisan : mais ce qui seroit un défaut chez ces messieurs, est une vertu dans les écoles, où l'opiniâtreté & la constance à défendre ses opinions sont regardées comme les marques d'un grand courage & d'une grande habileté. Enfin, pour abréger, cette conduite rendant les talens inutiles, l'état étoit sur le point de tomber dans une affreuse décadence, lorsqu'un sage éléphant nommé Baccari, représenta vivement le danger à l'empereur, qui résolut de mettre enfin une digue à ce torrent. La réformation commença peu-à-peu avec beaucoup de sagesse; car si on eût voulu d'abord déposer tout le monde à la fois, le remède eût été pire que le mal : on alloit pied-à-pied; dès qu'il vaquoit un emploi, on écartoit tous ceux à qui il ne convenoit pas, & on le conféroit à celui qui y étoit propre. Le service important que Baccari avoit rendu à l'état dans cette occasion, lui valut une statue qui fut érigée en son honneur dans la grande place de la capitale, où l'on peut encore la voir. Depuis ce tems-là les anciennes coutumes sont religieusement observées.

Je tiens cette anecdote de la bouche de notre interprète, qui l'avoit apprise d'une oie avec qui il étoit fort lié, & qui passoit pour un des premiers avocats de l'empire Mézendorique. On voit dans cet empire une quantité prodigieuse de choses merveilleuses & étonnantes, qui attirent la curiosité des étrangers. Le seul spectacle de ces animaux de différente espèce, ours, loups, oies, pies, &c. qui vont & viennent, parlent & raisonnent entre eux, n'est pas un petit sujet de surprise & de joie pour des yeux qui n'y sont point accoutumés.

Le premier de la ville qui vint sur notre bord, fut un loup maigre, ou un inspecteur; il étoit accompagné de quatre oiseaux qui étoient ce que nous appellons des visiteurs. Ces messieurs firent enlever de nos marchandises celles qu'ils trouvèrent le plus à leur gout, & nous comprîmes qu'ils n'étoient pas novices dans leur emploi, & qu'ils en savoient assez bien tous les principes. Le capitaine me fit cependant la grace de me mener avec lui lorsqu'il fut à terre pour la première fois. En entrant aux portes de la ville, un coq nous vint demander d'où nous étions, où nous allions, &c. & ayant rapporté nos réponses au directeur général de la douane, celui-ci nous pria à souper. Sa femme qui passoit pour une des plus belles louves du pays, n'étoit point de la partie. Nous sûmes que le mari étoit fort jaloux, & qu'il ne laissoit pas volontiers voir son épouse aux étrangers, surtout à des gens de mer qui, affamés par une longue continence, sont fort friands de femmes & de filles, & se jettent volontiers sur la première qu'ils trouvent, lorsqu'ils ont abordé quelque part. Néanmoins il y avoit plusieurs dames à ce repas, entre autres la femme d'un chef d'escadre, qui étoit une vache blanche tachetée de noir. A côté de celle-là étoit une fouine de province, mariée à un veneur de la cour. Pour moi, j'étois à côté d'une truie, femme d'un inspecteur des cloaques; car ceux à qui l'on donne cet emploi, doivent être de race de porc. Cette dame étoit fort sale, elle mangeoit sans se laver les mains, ce qui est aussi fort ordinaire dans ce pays-là: mais madame la truie me paroissoit extrêmement officieuse; car elle me servoit toujours de tout. Chacun étoit d'autant plus étonné de cette attention, que les porcs ne sont naturellement pas fort polis: mais j'aurois volontiers dispensé ma voisine de tant de soins; car je n'aimois point à recevoir à manger de ses mains. Il faut remarquer ici que quoique tous les habitans de l'empire Mézendorique soient brutes, ils ont néanmoins des mains qui s'avancent hors des pieds de devant, & c'est en cela seulement qu'ils different de nos quadrupèdes quant à la figure extérieure. Comme ils sont tous velus & couverts de poils ou de plumes, ils ne portent aucun habit. Seulement les riches se distinguent des pauvres par des ornemens, comme des coliers d'or ou de perles, ou par des rubans qu'ils entrelacent dans leurs cornes. La femme du chef d'escadre en avoient les siennes si chargées, qu'à peine on les appercevoit. Elle disoit pour excuser son mari de n'avoir pu se trouver au repas, qu'il avoit été retenu au logis pour parler avec deux pies, qui devoient plaider pour lui au premier jour dans un procès qu'on lui avoit intenté.

Le repas fini, je remarquai que la truie avoit de grandes conférences avec notre interprète. Elle lui faisoit confidence de l'amour qu'elle disoit sentir pour moi: l'interprète lui avoit promis de m'en parler & de me disposer à satisfaire sa passion. Il m'en parla en effet, mais voyant bien qu'il n'y avoit aucun succès à espérer, il me conseilla de fuir, m'assurant que la truie remueroit ciel & terre pour obtenir ce qu'elle souhaitoit de moi. Dès-lors je me cès, & l'on m'a assuré que dans les autres tribunaux, il y avoit des espèces de séminaires d'où l'on tiroit les meilleurs sujets pour leur conférer les places vacantes.

Dès que cette affaire eut été terminée, nous levâmes l'ancre, & partîmes, faisant route vers la Martinie, où nous voulions retourner. Une bonace survint, lorsque nous étions bien avant dans la mer, & nous obligea de ferler nos voiles. Pendant ce tems-là, nos gens se divertissoient : l'un pêchoit au trident, l'autre à la ligne. Bientôt après il se leva un petit vent

Qui nous fit démarer, & déferler nos voiles.

Nous apperçûmes en passant de nouvelles sirènes ;

Qui se baignoient au beau milieu des eaux ;

elles poussoient de tems en tems de tristes lamentations ; ce qui épouvanta fort notre équipage, qui savoit que les plaintes des sirènes, présageoient des orages. Aussi-tôt on ferla les voiles, & chacun se rendit où son devoir l'appelloit. A peine on avoit fait ces dispositions, que le ciel se couvrit d'épais nuages, la mer s'enfla horriblement, & la tempête commença avec une telle violence, que notre pilote, qui parcouroit ces mers depuis quarante ans, nous jura qu'il n'avoit jamais rien vu de pareil.

Notre navire commença à faire eau de tous côtés, tant par les flots qui y pénétroient, que par l'eau de la pluie qui y tomboit à seaux, & qui étoit suivie d'éclairs & de tonnerres épouvantables; de sorte que tous les élémens sembloient être conjurés contre nous:

> Nous voilà donc battus d'une affreuse tempête;
> Nous entendons le ciel gronder sur notre tête;
> Et nous voyons déja ses foudres, ses carreaux
> Prêts à nous submerger dans l'abîme des eaux.

Un coup de tonnerre nous cassa notre mât de misaine; les vagues ou les vents rompirent celui d'artimon; celui de trinquet eut le même sort. Alors chacun commença à envisager la mort. L'un appelloit à haute voix sa femme, ses enfans, l'autre ses amis & ses proches; enfin on n'entendit bientôt que cris & lamentations. Le pilote abandonnant le gouvernail, accourut pour encourager tout le monde, quoiqu'il eût perdu courage, lui-même; il représenta que les pleurs & les gémissemens ne sauveront personne, qu'il falloit s'armer de patience & avoir bonne espérance; comme il disoit cela, un coup de vent l'emporta dans l'abîme; trois autres eurent le même sort. L'un étoit le conseiller du commerce, & les autres étoient deux matelots. Je fus le seul qui parus inébranlable au milieu de tous ces revers; parce qu'il m'étoit indifférent de mourir ou de vivre, & que je n'avois nulle envie de retourner à la Martinie, où je favois bien que le mépris & les fers m'attendoient; ainſi j'étois du nombre de ceux

> Que ni la mort, ni la misère
> Ne peuvent ébranler, ni troubler un inſtant.

Si quelque choſe me faiſoit de la peine, c'étoit de voir le déſeſpoir du capitaine à qui j'avois tant d'obligations. Je tâchois de relever ſon cœur abattu par les meilleures raiſons que je pouvois imaginer; mais j'y perdis mon latin, la peur l'avoit ſaiſi, & il continuoit à ſe lamenter comme une femme, lorſqu'une vague l'enleva & le fit diſparoître à mes yeux. Cependant la tempête ſe renforçoit; déjà le navire alloit au gré des vents, les cables étoient rompus, le gouvernail abandonné, les mâts renverſés, en un mot ce n'étoit plus qu'un corps informe de poutres & de planches. Nous ſervîmes trois jours de jouet aux vents, accablés de l'idée de la mort, & travaillés d'une faim canine. De tems en tems, le ciel paroiſſoit vouloir ſe mettre au beau, mais la tempête continuoit toujours. Le peu qui reſtoit encore de matelots, ſe réjouit à la vue d'une terre que nous découvrîmes bientôt, & qui paroiſſoit couverte de rochers & de montagnes : comme le vent ſouffloit

souffloit de ce côté-là, chacun espéroit de pouvoir aborder dans peu. Il étoit pourtant visible que nous ne pouvions approcher de ce rivage, sans que notre vaisseau ne se brisât contre les écueils, mais il y avoit aussi apparence que, si tous n'échappoient pas, au moins quelques-uns pourroient se sauver par le moyen des planches, & des autres débris du navire. Dans le tems que nous nous bercions de ces espérances, notre vaisseau heurta contre un rocher caché au milieu des eaux, & fut brisé en mille pièces. Dans cette extrêmité, je me saisis d'une planche : j'étois fort tranquille sur le compte de mes camarades; mais fort en doute de ce que je deviendrois, aussi je ne saurois dire ce que les autres devinrent; car je ne m'en embarrassai point ; il est à croire qu'ils périrent tous : du moins je n'en entendis plus parler. Pour moi, je fus d'abord poussé sur le rivage par les vagues, ce qui me sauva la vie; car si j'eusse encore lutté long-tems, exténué comme je l'étois déjà de faim & de fatigue, j'aurois péri indubitablement. Je me trouvois sur une espèce de pointe de terre avançant dans la mer : les flots commençoient à s'appaiser; ils ne faisoient plus entendre qu'un bruissement foible, languissant, & qui étoit sur le point de cesser.

S

Tout le pays où je me trouvois alors, est montueux ; ses croupes & ses côteaux nombreux, forment plusieurs vallées profondes & tortueuses, qui jointes aux sinuosités des côtes, font retentir la voix en divers endroits. Avant que d'avoir fait ces réflexions, me voyant sur le rivage, je crus devoir crier, me flattant que quelqu'un m'entendroit & viendroit à mon secours. Au premier cri, je n'entendis pas d'écho : mais ayant réitéré, j'entendis un son qui venoit du côté du rivage, & tout d'un coup, je vis les habitans du pays accourir des forêts voisines, & venir vers moi sur une espèce de chaloupe, qui étoit faite de branches d'arboisier, d'osier & de chêne, ce qui montroit assez que la nation n'étoit pas des plus civilisées. Toutefois la vue des rameurs me fit tressaillir de joie ; car quant à la figure extérieure, ils n'étoient pas différens des autres hommes, & c'étoient les seuls de mon espèce que j'eusse encore vus dans tous mes voyages dans le monde souterrain. Ils ressembloient aux hommes de notre globe qui habitent sous la Zone torride ; car ils avoient des barbes noires, des cheveux crépus très-courts, & s'il arrive que quelqu'un les ait blonds & pendans, c'est une merveille. Cependant ils s'approchèrent, & me reçurent dans leur chaloupe ;

Mes membres abattus vont bientôt se refaire.

Ces gens-là eurent soin de me redonner un peu de force, en me faisant manger d'un mêts simple & grossier dont ils usoient. Ils me firent aussi boire un coup; ce qui acheva de me remettre; car il y avoit trois jours que je luttois contre la faim & contre la soif.

CHAPITRE XII.

Klimius aborde dans le pays des Quamites.

Cependant je me vis bientôt environné d'une foule de gens qui me parloient, & que je n'entendois pas. Ils répétoient souvent ce mot, *dank, dank,* & comme il a le son Allemand ou Danois, je parlai l'une & l'autre de ces deux langues à ces hommes, que je compris à mon tour qui leur étoient inconnues de même que la langue Latine que je leur parlai aussi. Ils n'entendoient pas plus le Martinien, ni la langue Nazarique, par où j'espérois que je me ferois comprendre. Cela me fit croire que cette nation étoit insociable, & n'avoit ni commerce, ni alliance, avec aucun des peuples souterreins; j'en eus une véritable douleur, prévoyant qu'il me faudroit redevenir enfant, & aller de nouveau à l'école.

Tout le pays où je me trouvois alors, est montueux ; ses croupes & ses côteaux nombreux, forment plusieurs vallées profondes & tortueuses, qui jointes aux sinuosités des côtes, font retentir la voix en divers endroits. Avant que d'avoir fait ces réflexions, me voyant sur le rivage, je crus devoir crier, me flattant que quelqu'un m'entendroit & viendroit à mon secours. Au premier cri, je n'entendis pas d'écho : mais ayant réitéré, j'entendis un son qui venoit du côté du rivage, & tout d'un coup, je vis les habitans du pays accourir des forêts voisines, & venir vers moi sur une espèce de chaloupe, qui étoit faite de branches d'arboisier, d'osier & de chêne, ce qui montroit assez que la nation n'étoit pas des plus civilisées. Toutefois la vue des rameurs me fit tressaillir de joie ; car quant à la figure extérieure, ils n'étoient pas différens des autres hommes, & c'étoient les seuls de mon espèce que j'eusse encore vus dans tous mes voyages dans le monde souterrain. Ils ressembloient aux hommes de notre globe qui habitent sous la Zone torride ; car ils avoient des barbes noires, des cheveux crépus très-courts, & s'il arrive que quelqu'un les ait blonds & pendans, c'est une merveille. Cependant ils s'approchèrent, & me reçurent dans leur chaloupe :

Mes membres abattus vont bientôt se refaire.

Ces gens-là eurent soin de me redonner un peu de force, en me faisant manger d'un mêts simple & grossier dont ils usoient. Ils me firent aussi boire un coup ; ce qui acheva de me remettre ; car il y avoit trois jours que je luttois contre la faim & contre la soif.

CHAPITRE XII.

Klimius aborde dans le pays des Quamites.

CEPENDANT je me vis bientôt environné d'une foule de gens qui me parloient, & que je n'entendois pas. Ils répétoient souvent ce mot, *dank, dank,* & comme il a le son Allemand ou Danois, je parlai l'une & l'autre de ces deux langues à ces hommes, que je compris à mon tour qui leur étoient inconnues de même que la langue Latine que je leur parlai aussi. Ils n'entendoient pas plus le Martinien, ni la langue Nazarique, par où j'espérois que je me ferois comprendre. Cela me fit croire que cette nation étoit insociable, & n'avoit ni commerce, ni alliance, avec aucun des peuples souterreins ; j'en eus une véritable douleur, prévoyant qu'il me faudroit redevenir enfant, & aller de nouveau à l'école.

Lorsqu'on fut las de parler sans s'entendre, on me mena dans une cabane faite de branches entrelacées. Il n'y avoit ni sièges, ni bancs, ni tables; & on se mettoit à terre pour manger. Ils n'ont pas non plus de lits pour se coucher; mais ils étendent un peu de paille sur le pavé, & y dorment; ce n'est pourtant pas qu'ils manquent de bois pour en faire. Car le pays abonde en forêts. Leurs mêts étoient du lait, du fromage, du pain d'orge & de la viande, qu'ils mettoient ordinairement sur de la braise pour en faire des grillades; & c'étoit jusques-là que s'étendoit leur savoir en matière de cuisine. Ils n'en savoient pas davantage. En un mot ils étoient.

> Tels qu'on nous dit que furent autrefois
> Les premiers citoyens du monde,
> Dans une ignorance profonde,
> Sans mœurs, sans art, sans culture, sans loix.

Il me fallut vivre en philosophe cynique parmi ce peuple, jusqu'à ce que j'eusse appris la langue qu'il parloit, & que je pusse corriger son ignorance. Et certainement lorsque j'en fus venu là, tous mes ordres furent regardés comme des oracles. Ma réputation devint si grande parmi eux, qu'on accouroit de toutes parts vers moi, comme vers un docteur illustre que le ciel leur avoit envoyé. J'appris même que plusieurs mettoient au nombre de leurs époques les plus remarquables, le tems auquel j'avois abordé parmi eux. Cela me paroissoit plus flatteur que ce que j'avois éprouvé à Nazar & dans la Martinie, où j'avois été le jouet d'un chacun ; tantôt par ma trop grande vivacité d'esprit, tantôt par ma stupidité, tant est vrai ce proverbe usé, que dans le royaume des aveugles les borgnes sont les rois : car j'étois dans un pays où, avec fort peu de savoir, & une adresse médiocre, je pouvois m'illustrer, & monter aux plus grands honneurs; & l'occasion ne me manquoit pas non plus d'étaler ce que je savois faire : la terre y produit de tout, & elle rend avec usure ce qu'on lui confie. Les habitans n'étoient ni indociles, ni entièrement dépourvus d'esprit, mais n'ayant rien appris, ils ne savoient rien, & étoient ensevelis dans d'épaisses ténèbres. J'eus beau leur raconter ce qui étoit de mon origine, de ma patrie, de mon naufrage, & des autres revers que j'avois éprouvés dans mes voyages, ils n'en voulurent jamais rien croire. Ils s'imaginoient plutôt que j'étois un habitant du soleil, & que j'étois descendu chez eux de cet astre : aussi m'avoient ils donné le nom de Pikil-su, c'est-à-dire, d'envoyé du soleil. Ils ne nioient pourtant point l'existence de Dieu, mais ils se mettoient peu en peine de prouver un dogme si grand ; & ils pensoient qu'il leur suffisoit de savoir que leurs pères l'avoient vu. Ils ne savoient de la morale, que le seul précepte, de ne point faire à autrui ce que nous ne voudrions pas qu'on nous fît. Ils ne reconnoissoient d'autre loi que la volonté de leur empereur. A cela près, si quelqu'un commettoit quelque vilaine action, tous les autres le fuyoient, & les méchans étoient si sensibles à ce mépris, que plusieurs mouroient de chagrin, ou ennuyés de la vie, s'en délivroient eux-mêmes. Ils n'avoient aucune idée de chronologie, & ne savoient ce que c'étoit que de supputer les tems ; se contentant de marquer un certain nombre d'années par l'éclipse du soleil qui arrivoit aussi par l'interposition de la planète de Nazar ; ainsi, quand ils vouloient désigner l'âge de quelqu'un, ils disoient qu'il avoit vécu tant d'éclipses. Leur physique n'étoit ni moins sèche, ni moins absurde. Ils disoient que le soleil étoit une table d'or, & le globe de Nazar un fromage ; & lorsque je leur demandois la cause du cours & du décours de ce globe, ils répondoient qu'ils n'en savoient rien. Leurs biens & leurs richesses consistoient sur-tout en cochons, qu'ils envoyoient avec certaines marques paître dans les bois. Ils fouettoient avec des verges tout arbre qui ne portoit pas de fruit, prétendant follement que fa ftérilité n'étoit qu'un effet de fa malice & de fa jaloufie.

Tel étoit l'état où fe trouvoit cette nation : je défefpérois de l'en pouvoir retirer ; mais je repris courage, confidérant

> Qu'il n'eft point de mortel fi rude, fi barbare
> Qu'on ne puiffe civilifer,
> Dès qu'il veut bien favorifer
> Les leçons que l'on lui prépare.

Je mis donc toute mon application à tirer ce peuple de fon ignorance, & le fuccès que j'eus d'abord me fit regarder comme un homme divin. Ils s'imaginoient tous que rien ne m'étoit impoffible.

> S'il s'égaroit une brebis,
> Ou s'ils voyoient une chèvre mourante,
> Ou bien fi la moiffon démentoit leur attente,
> Ils venoient m'adreffer leurs plaintes & leurs cris.

Je vis un jour devant ma porte un payfan, tendant les bras avec tant de force, qu'on auroit cru qu'il alloit fe les difloquer, le tout pour implorer mon fecours, fe plaignant de la ftérilité opiniâtre de fes arbres, & me fuppliant humblement d'interpofer mon autorité, pour qu'ils portaffent du fruit à l'avenir.

J'appris cependant que l'empereur à qui tout ce pays obéiffoit, faifoit alors fa réfidence dans

S iv

un endroit qui étoit éloigné de huit journées du village où je me trouvois : je dis alors, parce que sa ville capitale étoit ambulante, & il n'avoit pour palais que des tentes, qu'on transportoit avec la famille impériale & toute la cour du bout d'une province à l'autre. Le monarque qui régnoit dans ce tems-là se nommoit Casba, ce qui veut dire grand empereur. Ce prince étoit fort âgé. Ses états méritoient bien le nom d'empire, eu égard à leur étendue ; mais l'ignorance des habitans, qui ne savoient point se servir de leurs forces, ne lui permettoit pas de figurer dans le monde, & son pays étoit exposé aux insultes de ses voisins, & même souvent obligé de payer des tributs aux nations les plus méprisables.

Le bruit de mon nom & de mes vertus se répandit bientôt dans toutes les provinces. Les habitans n'entreprenoient rien sans m'avoir consulté comme un oracle, & lorsque leurs entreprises ne réussissoient pas, ils croyoient que c'étoit parce que je ne voulois pas les favoriser : c'est pourquoi il y en avoit qui tâchoient de m'appaiser par des sacrifices. J'omets plusieurs autres traits de l'extravagance de ce peuple : il suffira d'en rapporter encore un ou deux, pour juger de tout le reste. Une femme enceinte me fit prier de lui accorder un garçon : un homme me conjuroit de rajeunir son père & sa mère qui étoient cassés de vieillesse ; un autre de le faire monter au soleil, pour en tirer tout l'or dont il auroit besoin, & s'en retourner ensuite. Souvent lassé de ces extravagantes prières, je tâchois de corriger leur folie, craignant, d'ailleurs, qu'au bout du compte, cette haute opinion qu'ils avoient de moi, ne dégénerât en un culte d'idolâtrie. Enfin

  Le bruit parvint aux tentes du monarque,
  Qu'il venoit d'arriver un homme tout divin,

qui se disoit envoyé du soleil, & qui avoit donné des préceptes très-sages, qui sembloient presque venir d'un Dieu à quelques Quamites (c'est le nom de cette nation, dont l'empire s'appelle Quama.) Aussi-tôt l'empereur m'envoya des députés pour m'inviter à venir à sa cour. Ces députés étoient au nombre de trente, ils portoient tous des peaux de tigres sur leur corps, & c'est l'ornement le plus glorieux de ce pays ; car il n'est permis qu'à ceux qui se sont fort distingués dans la guerre contre les Tanaquites, qui sont des tigres raisonnables, & ennemis déclarés des Quamites. J'avois fait bâtir dans le village où j'étois, une maison de pierre à la façon des Européens : elle étoit à deux étages, sans le rez-de-chaussée. Les députés la prirent pour une machine extraordinaire, qui étoit au-dessus des forces humaines. Ils y entrèrent avec respect comme dans un sanctuaire, pour me signifier les ordres de sa majesté impériale. Voici à peu près le discours qu'ils me firent :

» Le grand empereur Casba, notre très-
» clément seigneur & maître, qui tire son
» origine de Spynko, fils du soleil, & le pre-
» mier monarque de Quama, nous a chargés
» de te dire, que rien ne lui étoit plus agréa-
» ble que ton ambassade, laquelle ne peut
» qu'être très-avantageuse à ses états par l'ac-
» quisition d'un docteur si renommé, & si ca-
» pable de les faire changer à leur avantage.
» Il espère que tu viendras d'autant plus volon-
» tiers à sa capitale, qu'il te faut, pour étaler
» ton mérite, un plus grand théâtre, que celui
» où tu es présentement. »

La harangue étant finie, je rendis de très-humbles graces à sa majesté impériale de ses bontés, & je me disposai à partir avec les députés. Ces MM. avoient mis quatorze jours à venir ; mais nous espérions de pouvoir retourner en quatre ; & cela par un effet de mon adresse. En effet, j'avois remarqué que le pays nourrissoit quantité de chevaux, qui faute d'être dreſſés, lui étoient à charge : on les voyoit courir çà & là dans les bois, comme des bêtes ſauvages. J'en fis prendre quelques-uns, & j'en montrai l'uſage à mes Quamites. Il y en avoit déjà pluſieurs de domptés lorſque les députés arrivèrent, & j'en faiſois tenir prêts autant qu'il en falloit, pour porter tous ces MM. à leur retour.

A la vue de ces animaux, les députés étonnés, balancèrent long-tems avant que de pouvoir ſe déterminer à les monter : mais quand ils me virent avec quelques Quamites, les enjamber hardiment, les faire caracoler, tourner, les pouſſer, & les retenir ſans péril, par le moyen des brides, ils ſe raſſurèrent, & ſe haſardèrent à nous imiter. Voilà ce qui abrégea du triple le tems qu'il nous auroit fallu mettre à nous rendre auprès du monarque. Cependant nous étions déjà près de l'endroit où l'on penſoit qu'étoit encore la ville impériale, lorſqu'on nous dit qu'elle avoit été tranſportée dans une autre province : il nous fallut rebrouſſer, & tourner d'un autre côté. Je ne ſaurois exprimer l'étonnement des habitans des lieux par où nous paſſions. Notre eſcadron les épouvantoit, & le bruit qui en vint à la capitale y cauſa tant de terreur, que pluſieurs étoient ſur le point de s'enfuir. L'empereur même se tenoit tout tremblant dans sa tente, & il n'osa en sortir que lorsqu'un des députés arrivant, mit pied à terre, & fut expliquer à ce prince de quoi il étoit question. Quelques heures ensuite je fus introduit auprès de sa majesté impériale, suivi d'une foule extraordinaire. Casba me reçut assis sur un tapis, & environné de tous les officiers de sa cour. Dès que je lui eus fait mon compliment, il se leva, & me demanda des nouvelles du roi du soleil, fondateur de la famille impériale de Quama. Cette question me fit comprendre qu'il falloit me conformer aux idées des Quamites, quelque fausses & erronées qu'elles fussent; ainsi je répondis, que le monarque du soleil m'avoit envoyé sur la terre, pour adoucir, par des préceptes salutaires, les mœurs sauvages des Quamites, & pour leur enseigner les moyens, non-seulement de repousser l'audace de leurs voisins, mais aussi d'étendre les bornes de leur propre empire, ajoutant que j'avois ordre de finir mes jours chez eux.

Mon discours plut infiniment à l'empereur: il ordonna sur le champ que l'on me préparât une tente tout près de la sienne; il m'assigna quinze domestiques, pour me servir, & dans tout le reste, non-seulement, il n'affecta point d'air de fierté, mais il tâcha de gagner mon amitié par ses bontés.

CHAPITRE XIII.

Origine de la cinquième monarchie.

DEPUIS mon arrivée à la cour, je m'appliquai à donner une forme toute nouvelle à ce pays-là, & à exercer la jeunesse aux armes.

Bientôt les jeunes gens, pour leurs premiers travaux,
S'occupent à dompter les plus fougueux chevaux,
A fournir sur un char une longue carrière ;
A lancer promptement leurs dards, leurs javelots,
D'une main sûre & meurtrière.

Je commençai en effet mon projet par enseigner à dompter les chevaux, à les dresser aux mouvemens militaires, espérant par le seul secours de la cavalerie de pouvoir contenir les peuples voisins dans le devoir. Je pris tant de soins & de peines, que je me vis dans peu en état de présenter six mille cavaliers à l'empereur. On eut avis, environ ce tems-là, que les Tanaquites méditoient une nouvelle invasion dans l'empire Quamitique pour un certain tribut qu'on avoit différé de leur payer, quoiqu'ils en eussent vivement sollicité le paiement. Là dessus, l'empereur me chargea de marcher contre eux avec ma nouvelle cavalerie, à laquelle se devoit joindre l'infanterie. J'avois armé cette infanterie de piques & de javelots, pour qu'elle pût combattre de loin contre les Tanaquites. Avant moi, l'infanterie Quamite ne se servoit que d'épées fort courtes & de poignards, ce qui étoit toujours la cause de leurs défaites; car comme ils avoient à faire à des ennemis beaucoup plus forts, & plus robustes qu'eux, ils étoient d'abord enfoncés dans ces occasions où, par le défaut des armes, il falloit combattre corps à corps.

Me voilà cependant général d'armée. J'appris par mes espions, que les Tanaquites s'avançoient vers les frontières de Quama, & n'en étoient même pas bien éloignés; aussi-tôt je me mis en marche résolu de les combattre par tout où je les trouverois. A la vue de mon armée, les Tanaquites étonnés s'arrêtèrent, mais, ayant continué à marcher, nous arrivâmes sur eux à la portée du trait, alors je fis avancer mes piquiers, & mes arbalétiers qui lancèrent une grêle de flèches & de javelots qui tua une quantité terrible d'ennemis. Ceux-ci ne perdirent pourtant pas courage : ils se jettèrent avec fureur sur mon infanterie, qu'ils eussent entiérement défaite, si la nouvelle cavalerie ne fût accourue, & n'eût chargé les Tanaqnites en flanc; ils furent enfoncés dès le premier choc, mis en fuite, ou massacrés, & cette charge décida tout à fait l'affaire. Pendant la déroute on fit prisonnier le général des Tanatiques, avec vingt tigres de la première qualité. Ils furent tous menés en triomphe à Quama. Il seroit difficile d'exprimer la joie que cette victoire causa dans tout l'empire; car dans les guerres précédentes les Quamites, avoient toujours été battus, & n'avoient obtenu la paix qu'à des conditions très-honteuses. L'empereur voulut d'abord que l'on fît mourir les prisonniers selon la coutume; mais moi qui détestois cet usage, je lui persuadai de se contenter de les faire garder à vue, jugeant bien que les Tanaquites ne remueroient pas, & qu'il se feroit une espèce de suspension d'armes, jusqu'à ce qu'ils fussent assurés du sort des prisonniers qu'on leur avoit enlevés. Ce délai m'étoit nécessaire pour la réussite des projets que je roulois dans ma tête. J'avois remarqué que le salpêtre étoit en abondance dans le pays, j'en ramassai une grande quantité, pour en faire de la poudre à canon. Je n'en parlai néanmoins à personne, si ce n'est à l'empereur, de l'autorité duquel j'avois besoin pour établir des atteliers, où je pusse faire fabriquer des tuyaux de fer pour des mousquets & autres choses pareilles. Je me flattois que par le moyen de ces nouvelles armes, nous viendrions bientôt à bout de nos ennemis.

Après que j'eus fait fabriquer quelques centaines de fusils avec les balles nécessaires, je fis la première épreuve de mon invention, au grand étonnement de tous les assistans. Un certain nombre de soldats fut destiné à servir dans la nouvelle milice que je voulois établir, & je commençai à les exercer avec soin. Lorsqu'ils furent bien dressés dans le maniment de ces nouvelles armes, l'empereur me déclara Jachal, c'est-à-dire, général en chef de ses armées, à qui devoient obéir, tous les lieutenans-généraux, maréchaux de camp, brigadiers & colonels.

Cependant j'avois souvent des conférences avec Tomopolke, (c'est le nom du général Tanaquite que nous avions fait prisonnier) dont la vertu avoit captivé mon estime. Je m'informai de lui du caractère, de l'humeur, & de l'état de sa nation. Je m'apperçus avec étonnement que ce personnage avoit, avec beaucoup de vertus, un esprit nourri de connoissances solides. Il m'apprit que les sciences étoient traitées à fond chez les Tanaquites, & que du côté de l'Orient il y avoit un peuple très-belliqueux, qui obligeoit les Tanaquites à être toujours sur leurs gardes. Ce peuple, selon lui, étoit, à la vérité, de fort petite taille, & fort inférieur aux Tanaquites pour les forces du corps, mais pour le jugement, la prudence &
l'adresse

l'adresse à lancer des traits, il ne le cédoit à personne, & c'est pour cela qu'il avoit souvent obligé les Tanaquites à lui demander la paix. J'appris enfin que cette nation étoit composée de chats, & qu'elle étoit recommandable chez tous les peuples du firmament pour sa politique, sa prudence & sa pénétration. Ce n'étoit certainement pas sans chagrin que je remarquois que la sagesse, le savoir & la politesse se trouvoient chez toutes les créatures du monde souterrain, excepté chez les Quamites, c'est-à-dire, chez les seuls hommes qu'il y eût. J'espérois néanmoins que cet opprobre finiroit bientôt, & que les Quamites recouvreroient l'empire que la nature a donné à l'homme sur tous les autres animaux. Cependant les Tanaquites, depuis leur dernière défaite, étoient demeurés tranquilles : mais ayant appris par leurs émissaires l'état de la nouvelle cavalerie, & convaincus que ces centaures, qui les avoient tant effrayés, n'étoient autre chose que des chevaux domptés & dressés, ils reprirent cœur ; levèrent de nouvelles troupes, à la tête desquelles leur roi lui-même se mit, & ils marchèrent contre les Quamites. Leur armée étoit forte de vingt mille tigres, tous vieux soldats, excepté deux régimens de nouvelle levée, qui n'avoient que le nom de soldats.

T

Enflés de l'espoir de la victoire, ils revinrent faire une irruption dans l'empire des Quamites. j'allai au-devant d'eux avec douze mille fantassins, parmi lesquels étoient six cens fusiliers, & avec quatre mille chevaux. Comme je ne doutois pas de la victoire, je voulus en céder l'honneur à l'empereur, & le priai de se mettre à la tête des troupes un peu avant le combat. Cette feinte modération ne dérogeoit point à ma gloire, & toute l'armée savoit assez que si elle remportoit quelque avantage, j'en étois l'auteur & le premier mobile. Cependant je fis les dispositions nécessaires pour vaincre. J'ordonnai à mes fusiliers de ne charger qu'après le premier choc, voulant essayer si je ne pourrois point battre l'ennemi avec ma cavalerie seule ; mais cet arrangement pensa me coûter cher ; car les Tanaquites se jettèrent avec tant de fureur sur notre infanterie, qu'ils la rompirent, & la contraignirent à prendre la fuite. Notre cavalerie les chargea en vain ; ils en soutinrent le choc avec toute la vigueur imaginable ; de sorte que le combat s'opiniâtra & devint très-sanglant.

> Entre les deux partis, la victoire en balance
> De ces fiers combattans excite la vaillance.

Mais enfin je fais avancer mes fusiliers, & je

leur ordonne de faire leur décharge : elle produifit un effet merveilleux. Les Tanaquites étourdis ne favoient d'où partoient ces coups de tonnerre ; & quand ils virent ce que cela produifoit, ils furent prefque tranfis de frayeur. En effet cette première falve avoit étendu par terre deux cens tigres, parmi lefquels fe trouvoient deux aumoniers, qui furent arquebufés en animant les autres par les difcours les plus perfuafifs. Ces deux prêtres furent fort regrettés de tous les Tanaquites, chez qui ils paffoient pour les plus excellens prêcheurs que l'on pût trouver.

Je n'eus pas plutôt remarqué l'effet de cette décharge, que j'ordonnai de réitérer. Les Tanaquites furent foudroyés cette fois-là d'une façon plus terrible encore. Plufieurs d'entre eux furent atteints de balles mortelles, & leur roi lui-même fut laiffé pour mort. Alors l'ennemi perdant toute efpérance de victoire, tourna le dos, & moi je lâchai après lui lui ma cavalerie, qui en fit un fi grand carnage, que les chemins furent tout couverts de corps morts, de forte qu'on avoit de la peine à paffer. La perte des Tanaquites, après la bataille fe trouva de treize mille foldats tués durant le combat, ou dans la déroute.

Notre armée victorieufe entra dans le pays

de Tanaquit, & après quelques jours de marche, elle vint camper aux portes de la capitale. Quoique cette ville fût avantageusement située, assez bien fortifiée & munie de vivres en abondance, le magistrat ne laissa pas de sortir en procession au-devant de nous, pour nous en apporter les clefs, tant la terreur avoit saisi les esprits. La ville me parut grande, bâtie avec beaucoup de goût & de magnificence, de sorte que je m'étonnois, quand je pensois que les Quamites environnés de tant de nations polies & civilisées avoient pu rester dans de si épaisses ténèbres: mais je crois qu'il leur étoit arrivé ce qui arrive à certains peuples, qui tout à-fait indifférens pour ce qui se passe chez leurs voisins, ne font cas que de ce qui se fait chez eux, & vivans ainsi éloignés du commerce des autres, croupissent toujours dans la crasse de leur ignorance, ce qu'il ne seroit pas difficile de prouver par l'exemple de quelques nations de l'Europe.

Les Tanaquites mirent le jour de cette bataille décisive au rang de leurs principales époques, & comme elle s'étoit donnée, selon leur manière de compter, le troisième du mois de *Torul*, ce jour fut mis parmi les jours funestes & malheureux. Durant ce même mois de Torul, la planète de Nazar est éloignée de cette partie du firmament. Le cours de cette planète autour du soleil régle les tems, & marque les saisons de l'année par rapport aux Tanaquites. Tout le firmament tourne autour du soleil : mais comme le mouvement de la planète est plus prompt, elle paroît croître ou décroître selon qu'elle est plus proche de l'un ou de l'autre hémisphère. C'est sur l'accroissement ou sur la diminution de cette planète, de même que sur les éclipses du soleil, que se prennent les observations astronomiques. Les almanachs des Tanaquites me parurent fort justes & fort bien digérés, un jour que j'eus le loisir d'en examiner quelques-uns.

Cependant la prise de la capitale de Tanaquit entraîna celle de tout le royaume, & le mépris dans lequel les Quamites avoient toujours vécu, se changea en estime & en vénération ; sans compter que par l'acquisition de ce royaume, leur puissance s'accrut au double de ce qu'elle étoit auparavant. L'idée où chacun étoit que tout ce bonheur n'étoit dû qu'à ma sagesse & à mon industrie, pensa se changer en culte religieux. Pour moi, sans m'arrêter aux mouvemens de l'amour-propre, je poursuivis le dessein que j'avois formé de civiliser les Quamites ; mais comme il falloit n'être pas troublé par de nouveaux mouvemens au dehors, je mis de bonnes garnisons dans les places fortes de la nation subjuguée, pour la contenir dans le devoir, & refréner son audace & son humeur entreprenante & guerrière.

Cependant il me paroissoit trop difficile d'introduire d'abord les arts libéraux chez mes Quamites, & je ne voyois pas de quel usage pourroient être à ce peuple le peu de latin, & quelques lieux communs que j'avois appris du grec. Je jugeai plus à propos de tirer d'entre les Tanaquites douze tigres savans, d'en faire des professeurs, & de fonder une université où ils pussent enseigner. Je fis ensuite transporter à Quama la bibliothèque du roi des Tanaquites; & j'avois résolu, dès que les Quamites auroient acquis quelque teinture de lettres, de renvoyer les douze professeurs dans leur pays.

J'étois impatient de fouiller dans la bibliothèque tanaquite, parce que j'avois ouï dire au général Tomopolke, que, parmi les manuscrits, on y voyoit un livre composé par un auteur qui avoit voyagé sur notre globe; & avoit donné une relation des différentes régions qu'il contient, & en particulier de l'Europe. Cet ouvrage tomba entre les mains des Tanaquites dans une irruption qu'ils firent chez un peuple fort éloigné. L'auteur n'y avoit pas mis son nom, & l'on ignoroit d'où il étoit, & dans quel

canton du Monde Souterrain il s'étoit tranſ-
porté. Lorſque j'eus examiné la bibliothèque,
je trouvai que ce que ce Tomopolke m'avoit
raconté touchant cet ouvrage, étoit vrai, &
alors je découvris à ce général Tanaquite ma
véritable origine & ma patrie, l'aſſurant que
j'en avois déja parlé autrefois aux Quamites;
mais qu'ils n'en avoient voulu rien croire, &
s'étoient mis en tête que j'étois envoyé du ſoleil, par une erreur groſſière, dans laquelle
ils perſiſtoient encore obſtinément. J'ajoutai enfin qu'étant perſuadé que c'étoit un crime à
moi de retenir plus long-tems ce vain titre,
j'étois réſolu de le dépoſer, & de découvrir
à chacun le véritable deſtin de ma naiſſance,
bien aſſuré que ma dignité & l'eſtime que je
m'étois acquiſe ne ſouffriroient point de cet aveu,
d'autant plus que j'eſpérois que, par la lecture
de l'ouvrage en queſtion, tout le monde connoîtroit combien les Européens l'emportoient
ſur tous les autres mortels du coté de la vertu
& de la prudence. Mais ce deſſein déplut au ſage
Tanaquite, qui me dit ſon avis en ces mots:

« Très-illuſtre héros, me dit-il, il eſt à pro-
» pos que vous examiniez le livre en queſtion
» avant que d'en venir-là. Peut-être ſa lecture
» vous fera-t-elle changer de réſolution; car,
» de deux choſes l'une, ou l'auteur eſt un men-

» teur, ou les mœurs des Européens sont ex-
» travagantes & ridicules, fondées sur des loix
» & des coutumes plus dignes de risée que de
» vénération. Attendez donc que vous soyez
» au fait du contenu de ce livre, & alors vous
» verrez ce que vous aurez à faire. Je vous con-
» seille, encore un coup, de ne pas vous dé-
» pouiller témérairement d'un titre qui a im-
» primé tant de respect pour vous dans l'esprit
» des Quamites: car, pour contenir les mortels
» dans ces sentimens de vénération, il n'est
» rien de tel que l'opinion vulgaire touchant
» la noblesse & l'éclat de la naissance :

<blockquote>
C'est par des titres vains, des parchemins pourris,
Qu'il faut en imposer aux vulgaires esprits.
</blockquote>

Je suivis l'avis de ce sage conseiller, & je résolus de lire le livre dès qu'il en auroit fait la traduction. Voici comment il étoit intitulé :

« Voyage de Tanien (on croit ce nom sup-
» posé), sur la terre, ou description des ré-
» gions surterraines, & en particulier de l'Eu-
» rope ». Cet ouvrage avoit été si long tems dans la poussière, & il en étoit si gâté, que je ne pus satisfaire le desir que j'avois d'apprendre par quel chemin l'auteur étoit monté chez nous, & comment il étoit retourné sous terre. Je vais rapporter ce que j'y trouvai de plus remarquable.

Fragmens du voyage de Tanien sur la terre, traduits par le noble & vaillant Tomopolke, généralissime des Tanaquites.

*** Ce pays (l'Allemagne) porte le nom d'Empire Romain ; mais ce n'est qu'un titre, vu que la monarchie romaine est éteinte depuis plusieurs siècles. Il n'est pas facile d'entendre la langue que parlent les Allemands, à cause de sa construction renversée ; car ce qui est au commencement dans les autres langages, est à la fin dans celui des Allemands, de sorte qu'on n'entend le sens de ce qu'on lit, que lorsqu'on est au bout de la page. Les Allemands croyent avoir un roi, & ils n'en ont pourtant point : ils disent que l'Allemagne forme un seul empire, & néanmoins elle est divisée en quantité d'états indépendans les uns des autres, qui se font souvent la guerre mutuellement. L'empire est nommé toujours auguste, quoique de tems en tems on en écorne quelque morceau ; on l'appelle saint, sans qu'il ait aucune sainteté ; & invincible, quoique souvent exposé aux vexations de ses voisins. Les droits & les immunités de cette nation ne sont pas un moindre sujet d'étonnement ; plusieurs y ont des privilèges dont on leur interdit l'exercice. On a écrit une infinité de commentaires pour éclaircir l'état de cet empire, mais les commentateurs n'ont rien avancé dans une chose si embrouillée : car . . . .

** La capitale de ce royaume (de France) est très-grande ; on la nomme Paris, & elle peut passer pour la métropole de toute l'Europe ; car elle exerce une certaine jurisdiction sur les autres nations européennes : par exemple, elle a le droit de leur prescrire la manière de vivre & de se vêtir ; en sorte qu'un habillement, quelque incommode & ridicule qu'il soit, pourvu qu'il ait plu aux habitans de Paris, doit d'abord être reçu & imité chez les autres nations : de dire comment & en quel tems les Parisiens ont obtenu ce droit, c'est ce qui n'est pas en mon pouvoir. Je sais seulement que tout ce qui s'invente à Paris en ce genre, doit être ponctuellement & religieusement observé par toute l'Europe. Au reste, les Parisiens ressemblent assez aux Martiniens par la vivacité de leur conception, leur goût pour la nouveauté, & la fertilité de leur génie. . . . .

C'est un usage généralement reçu en Europe de répandre sur les cheveux & sur les habits une farine faite de certains fruits de la terre, que la nature fait croître pour la nourriture des hommes. Cette farine est communément appellée poudre. Tous les soirs on la secoue, pour en semer de nouvelle le lendemain. Une autre coutume qui ne le cède point à celle-là pour le ridicule, c'est celle de certaines couvertures qu'ils nomment chapeaux, & qui sont faites pour garantir la tête de la rigueur du froid, mais qu'on porte d'ordinaire sous le bras même dans le cœur de l'hiver: ce qui me paroissoit aussi peu sensé que si j'eusse vu quelqu'un porter par la ville sa chemise ou ses culottes à la main, exposant ainsi aux injures de l'air son pauvre corps, pour la conservation duquel ces choses ont été faites.

Ceux qui naissent bossus, voutés ou boiteux veulent avoir le titre de bien nés; ceux qui sont d'une naissance obscure, veulent le titre de noblement nés. Ce qui est aussi absurde que si un nain vouloit être appellé géant, & une vieille, tendron. Dans la plupart des grandes villes, c'est la coutume, d'abord après le dîné, de se convier, entre amis, à boire un bouillon noir fait de jus de fèves grillées, vulgairement nommé café. Quand on sort pour aller prendre cette liqueur, on est enfermé dans une boîte posée sur quatre roues, & tirée par deux puissans animaux; car c'est une chose peu honorable parmi les Européens, que de marcher sur ses jambes.

Le premier jour de l'année, les mêmes peuples font tout d'un coup faifis d'une maladie qui eft inconnue à nos fouterrains. Les fymptômes de cette maladie font des troubles & des agitations d'efprit extraordinaires, qui font que ce jour-là perfonne ne peut refter long-tems dans le même endroit. Ils courent comme des frénétiques, d'une maifon dans l'autre, fans trop favoir à quel deffein. Cette maladie dure quelquefois quinze jours à quelques uns. Enfin, fatigués & épuifés de tant de courfes, ils reviennent à eux-mêmes, & recouvrent leur première fanté.

Dans les grandes villes, tous ceux qui montent aux honneurs, deviennent paralytiques, & fe font porter par les rues, comme des malades, dans des lits qui reffemblent à des boëtes.

Plufieurs Européens fe font rafer la tête, puis ils la couvrent fous des cheveux étrangers & poftiches.

Les Anglois font auffi jaloux de leur liberté, qu'ils le font peu de leurs femmes. Ils ne peuvent fouffrir de joug, que celui de leurs époufes. Ils rejettent aujourd'hui la religion qu'ils profeffoient hier, & demain ils embrafferont celle qu'ils rejettent aujourd'hui. Je crois que ces irréfolutions viennent de la fituation du pays, qui forme une île dont les habitans ont l'humeur assez semblable au flux & au reflux de la mer au milieu de laquelle ils vivent.

Les Anglois s'informent soigneusement de la santé de ceux qu'ils rencontrent, ensorte qu'on les prendroit tous pour des médecins : mais j'ai remarqué que cette demande, *How do you do?* comment vous portez-vous ? n'étoit qu'une vaine façon de parler, & des mots qui ne signifioient rien.

Enfin les Anglois polissent, cultivent tant leur génie, & font de si grands efforts d'esprit, qu'ils le perdent tout-à-fait. Du côté du septentrion, est une république composée de sept provinces qu'on appelle unies, quoiqu'on n'apperçoive entre elles pas la moindre marque d'union, ni de concorde. Là, le peuple vante sa puissance, prétendant que toute l'autorité souveraine est en sa disposition, & néanmoins il n'y a point d'état où les plébéiens aient moins de part aux charges publiques, & le gouvernement y est réservé à un petit nombre de familles.

Les habitans de ces sept provinces sont infatigables à amasser des richesses, dont ils n'usent pourtant pas ; ils ont toujours la bourse bien garnie & le ventre vuide : on diroit même qu'ils ne mangent que de la fumée, qu'ils avalent par des tuyaux d'argile.

Il faut dire, à la louange de ceux de cette

nation, qu'ils sont les plus propres des mortels; car ils lavent tout, excepté leurs mains.

Dans les villes & les villages d'Europe, il y a des gens qui veillent toute la nuit, pour annoncer les heures (1) par les rues. Ces gens-là vous souhaitent un bon repos en chantant, ou plutôt en rugissant, & réveillent tout le monde.

Chaque région de l'Europe a ses usages souvent diamétralement opposés aux loix : ainsi, par exemple, selon les loix, la femme doit obéir au mari; &, selon l'usage, c'est le mari qui doit obéir à la femme.

C'est sur-tout chez les Européens que l'on fait cas de ceux qui vivent somptueusement, & qui engloutissent les biens de la terre. Les laboureurs, les paysans, & tous ceux qui nourrissent ces gloutons, sont les seuls méprisés.

On peut juger de la méchanceté des Européens, par les gibets, les potences & les roues qu'on apperçoit chez eux de tous côtés. Chaque ville a son bourreau particulier; il n'y a que l'Angleterre où je ne crois pas qu'il y en ait, vu que chaque habitant sait se pendre lui-même.

Les Européens ont coutume de boire de l'eau le matin pour tempérer la chaleur de l'estomac;

─────────────
(1) Cela ne se pratique que dans les pays du nord.

mais à peine cette chaleur s'est un peu rallentie qu'ils vont la rallumer avec du bran-de-vin.

Les animaux Européens sont distingués en terrestres & en aquatiques : il y en a aussi d'amphibies, comme grenouilles, dauphins & bataves : ceux-ci habitent dans des marais,

Vivant tantôt dans l'eau, & tantôt sur la terre.

Les Européens se nourrissent des mêmes alimens que nous ; mais les Espagnols ne vivent que de vent.

La paresse est en Espagne la marque d'un galant homme, & rien n'est plus grand, ni plus noble que le sommeil.

Parmi les gens de lettres, on estime surtout ceux qui renversent tellement l'ordre des mots, qu'ils rendent obscur & embrouillé ce qui étoit clair & évident. Ces gens-là sont communément appellés poëtes, & ce renversement de mots, poésie. Mais le mérite d'un poëte ne consiste pas seulement dans la bizarrerie du style, il faut encore qu'il soit grand menteur. C'est pour cela qu'on rend des honneurs presque divins à l'ancien poëte Homère, qui excella dans les deux points en question. Plusieurs ont voulu l'imiter, renverser, comme lui, les phrases, & détruire la vérité de fond en comble, mais personne n'a pu l'atteindre, ni l'égaler en cela.

Les savans d'Europe achetent des livres avec avidité; mais ils n'y cherchent pas tant la matière que le format, le papier & le caractère. Les libraires ayant remarqué le goût de ces MM. pour ces sortes de fadaises, inventent tous les jours de nouveaux caractères, & se font payer au centuple: car les arts libéraux sont devenus une espèce de trafic en Europe, & il n'y a pas de marchands, plus trompeurs & plus fourbes que les philosophes & les auteurs. Il y a des sots qui semblent, en écrivant des livres, craindre que leur folie ne demeure inconnue à la postérité. Les universités de l'Europe sont des marchés ou des boutiques dans lesquelles on fait un négoce d'honneurs & de sciences; on y vend à un prix raisonnable & modique les degrés, les promotions, les dignités, quantité de titres de savoir, & diverses autres doctes marchandises, qu'on n'acquiert dans notre monde souterrain que par l'étude, le travail, & une application continuelle. On appelle docteurs chez les Européens, ceux qui ont atteint le faîte de l'érudition, ou, pour parler comme eux, ceux qui sont montés sur le sommet d'un certain mont Parnasse, où l'on prétend que président neuf vierges. Après les docteurs, viennent les maîtres-ès-arts, ceux-ci acquièrent leur titre à moins de frais; mais aussi passent-
ils

ils pour être moins savans. On peut conclure de tout cela que rien n'égale la bonté & la bénignité des universités envers les hommes, puisqu'elles leur ouvrent un chemin si doux & si facile pour aller aux sciences. Vers le septentrion, les universités sont un peu plus rigides, & l'on n'y confère les degrés importans qu'après un examen préalable.

Les savans sont distingués des ignorans du côté des mœurs, de la politesse, & sur-tout du côté de la religion; car ceux-ci n'adorent qu'un seul Dieu, ceux-là en adorent plusieurs, & quantité de déesses (1). Les principales divinités des savans, sont Apollon, Minerve, les muses, & plusieurs autres déités de moindre importance, que les écrivains, sur-tout messieurs les poëtes, invoquent ordinairement dans leurs transports, & les accès de leur enthousiasme. On divise les gens de lettres en plusieurs classes; les uns sont philosophes, d'autres poëtes, ceux-ci grammairiens, & ceux-là physiciens, ou métaphysiciens.

Le philosophe est un marchand littéraire, qui, pour un certain prix, vend des préceptes

---

(1) On a marié dernièrement, dans un programme, Mars & Minerve. La cérémonie s'est faite en latin, mais en latin barbare; & l'on craint, par plusieurs raisons, que ces divinités ne fassent mauvais ménage.

sur le renoncement à soi-même, sur la tempérance & la pauvreté ; il déclame & écrit contre les richesses, jusqu'à ce qu'il soit lui-même devenu riche. Le père des philosophes est un certain Sénèque, qui en faisant ainsi, acquit des trésors pareils à ceux d'un grand roi.

Le poëte est un homme que les bagatelles & la fureur poëtique rendent recommandable. Cette fureur est ce qui fait le mérite des poëtes du premier vol ; car ceux qui expriment leurs pensées simplement & clairement, ne sont pas dignes des couronnes ni des prix.

Les grammairiens forment une espèce de gens de guerre qui troublent le repos public. Ils diffèrent des autres soldats, en ce qu'au lieu de casaques ils portent des robes, & au lieu d'épée ils se servent de la plume. Ils combattent aussi opiniâtrement pour des lettres & des syllabes, que les autres pour la patrie. Je m'imagine que ceux qui gouvernent, fomentent ces troubles dans la seule vue d'empêcher le genre humain de s'engourdir par une trop grande tranquillité. Mais lorsque les divisions augmentent au point de faire appréhender des meurtres, le sénat interpose son autorité, comme fit dernièrement le parlement de Paris, au sujet des disputes qui s'étoient élevées sur l'usage des lettres Q & K : on permit à chacun de se servir de l'une ou de l'autre de ces deux lettres, comme il le jugeroit à propos.

Le physicien fouille dans les entrailles de la terre, il examine la nature des oiseaux, des quadrupèdes, des reptiles & des insectes : en mot il connoît tout, excepté lui-même.

Le métaphysicien est un savant à qui rien n'est caché de ce qui l'est aux autres ; qui connoît, décrit & définit la nature des esprits, des ames, ce qui existe & ce qui n'existe point, & qui pour avoir la vue trop perçante, ne sauroit voir ce qui est à ses pieds.

Tel est l'état de la république des lettres en Europe. Je pourrois m'étendre davantage sur ce sujet, mais il suffit d'en avoir tracé une idée, d'où le lecteur pourra juger, si c'est à tort ou à bon droit que les Européens croient avoir seuls la sagesse en partage. Il faut pourtant dire à la louange de leurs docteurs & de leurs maîtres ès arts, qu'ils ont beaucoup plus d'adresse que nos souterrains à instruire les jeunes gens ; vu qu'ils leur enseignent non seulement ce qu'ils ont appris, mais aussi ce qu'il ne savent pas, & qu'ils n'ont jamais sû : or si c'est une chose difficile de faire passer aux autres les sciences que nous possédons en perfection, combien ne le doit-il pas plus être d'enseigner ce dont on n'a aucune connoissance.

Les Européens n'ont pas moins d'empressement pour l'étude que nos souterrains; & ils deviennent savans beaucoup plus vîte, à la faveur de je ne sais quelle invention magique (1), qui fait qu'en un jour de tems ils peuvent lire des centaines de volumes.

Lorsque je fus en Italie, je m'imaginai d'être le seigneur de toute la contrée; car chacun m'assuroit à tout propos qu'il étoit mon esclave. Je voulus mettre cette servitude à l'épreuve, & j'ordonnai un soir qu'on m'amenât la femme de mon hôte: sur quoi celui-ci se mit dans une très-grande colère, & me commanda de prendre sur le champ mon sac & mes quilles, & de décamper au plutôt de chez lui: comme je ne me hâtois pas de lui obéir, il me mit dehors par force........

Dans les pays septentrionaux on met tout en usage pour avoir des titres, au lieu de bien des choses nécessaires dont on manque***.

J'avois écouté jusques-là avec assez de patience; mais ces dernières lignes me choquèrent extrêmement: j'interrompis mon lecteur, déclarant, que tout cela étoit faux, & ne partoit que d'un écrivain peu équitable & livré aux accès d'une bile noire. Cependant quand j'eus

---

(1) Les journaux littéraires.

calmé ce premier mouvement, je commençai à porter un jugement plus favorable sur cette rélation, voyant bien que quoique l'auteur mentît & s'écartât de l'équité dans quelques endroits, il n'avoit pas toujours accusé faux; mais avoit au contraire bien souvent rencontré juste. Au reste, je suivis l'avis de Tomopolke, & j'entretins soigneusement l'erreur des Quamites à l'égard de mon origine, jugeant qu'il étoit plus convenable à mes intérêts de passer pour l'envoyé du soleil, que pour un Européen.

Cependant, nos voisins s'étoient long-tems tenus tranquilles, & m'avoient assez donné le loisir de régler l'état, lorsqu'on eut avis que trois puissantes nations s'étoient liguées contre les Quamites : ces trois nations étoient les Arctons, les Kispuciens & les Alectoriens. Les premiers étoient des ours doués de raison, qui passoient pour féroces, & pour être extrêmement belliqueux. Les seconds étoient des chats très-renommés dans le monde souterrein, à cause de leur sagacité, & de la force de leur jugement, ils étoient moins redoutables à leurs puissans ennemis, par la force de leurs corps que par leurs inventions & leurs stratagêmes de guerre. Enfin les Alectoriens faisant plus la guerre en l'air qu'à terre, avoient tout l'air de nous tailler des croupières. Ceux-ci étoient des coqs armés d'arcs & de flèches empoisonnées, qu'ils lançoient avec une adresse merveilleuse, & dont ils faisoient des blessures mortelles. Ces trois nations irritées par les succès extraordinaires qu'avoient eus les Quamites, & de ce que par la défaite des Tanaquites la guerre s'étoit approchée de leurs contrées, résolurent de se liguer ensemble, & de joindre leurs armes pour abaisser la puissance naissante des Quamites, avant qu'elle eût pris de nouvelles forces. Mais avant que d'en venir de leur côté à une déclaration ouverte de guerre, elles envoyèrent une ambassade à Quama, pour y revendiquer la liberté des Tanaquites, ou pour déclarer solemnellement la guerre à l'empereur, au cas qu'il refusât de consentir à leur demande. Les ambassadeurs exécutèrent leur commission, & l'empereur suivant mon conseil, leur fit répondre : que les Tanaquites infracteurs de la paix & des traités, ne devoient s'en prendre qu'à leur folie & à leur orgueil, s'ils étoient tombés dans cette disgrace ; que pour lui, il étoit résolu de défendre de toutes ses forces, contre quiconque oseroit l'attaquer, la possession constante qu'il avoit acquise par le sort des armes ; & qu'enfin il ne craignoit point les menaces des alliés. Sur cette réponse, on nous envoie des hérauts, & nous nous préparons à la guerre qu'ils nous déclarent. En peu de tems j'eus assemblé une armée de quarante mille hommes, dont huit mille étoient de cavalerie, & deux mille étoient fusiliers. L'empereur même, quoique cassé de vieillesse, voulut assister à cette expédition; & il étoit si avide de gloire, que ni mes prières ni celles de sa femme & de ses enfans, ne pûrent le détourner de cette résolution.

Dans l'état douteux où les choses étoient, je ne craignois rien tant que la défection & la révolte des Tanaquites, qui selon toute apparence, ne devoient pas laisser échapper une si belle occasion de sécouer le joug qu'on leur avoit imposé, & de se ranger du côté des ennemis, je ne me trompois pas dans ma conjecture; nous eumes avis que douze mille Tanaquites avoient repris les armes, s'étoient rendus dans le camp des confédérés; de sorte que nous avions affaire à quatre ennemis puissans. Notre armée munie de toutes les choses nécessaires, se mit en marche au commencement du mois de Kilian, dans le dessein d'aller à la rencontre de l'ennemi, & de le combattre. Pendant notre marche, nos espions nous rapportèrent, que les troupes confédérées étoient déjà entrées sur les terres des Tanaquites, &

qu'elles avoient assiégé la forteresse de Sibol, située aux confins des Kispuciens. Elle étoit si bien battue, que le gouverneur se voyoit sur le point de se rendre ; les ennemis n'eurent pas plutôt eu le vent que nous venions pour secourir la place, qu'ils levèrent le siège, & s'avancèrent pour nous disputer le terrein. Le combat se donna dans un lieu peu éloigné de la place assiégée, d'où il fut aussi appellé la bataille de Sibol. Les Arctons qui étoient à l'aîle gauche, fondant sur notre cavalerie, en firent un grand carnage, soutenus des Tanaquites rébelles. Il sembloit que c'étoit fait de nous : mais dans le tems que nous étions le plus pressés, nos fusiliers s'avancèrent, & firent deux décharges qui dérangèrent si fort les rangs des ennemis, que ceux qui peu auparavant triomphoient de notre cavalerie, commencèrent à être pressés à leur tour, & enfin à tourner le dos. Sur ces entrefaites, les Kispuciens serroient extrêmement notre infanterie. Ils lançoient leurs flèches avec tant d'adresse, que dans peu il y eut six cens Quamites de tués ou de blessés. Mais notre cavalerie accourant avec nos fusiliers, les Kispuciens furent obligés de fuir, ou plutôt de céder ; car ils ne rompirent point leurs rangs, graces à la prudence & à l'habileté de Monsone, leur général, qui passoit dans ce tems-là pour le plus grand capitaine du monde souterrein. Il restoit encore les Alectoriens à qui il n'étoit pas aisé d'arracher la victoire; car toutes les fois qu'on faisoit feu sur eux de notre mousqueterie, ils s'élevoient dans l'air battant des aîles, & delà ils décochoient des flèches avec tant d'adresse contre nos gens, qu'il y en avoit peu qui ne portassent. Leurs coups étoient presque tous surs, parce qu'il est plus aisé de tirer juste de haut en bas, que de bas en haut; mais il n'en étoit pas de même de nos soldats, qui perdoient l'ennemi de vue dès qu'ils le couchoient en joue, & manquoient par conséquent leurs coups. Le combat s'échauffoit extrêment : l'empereur faisoit des mieux, il s'étoit avancé jusqu'au delà des drapeaux, & se trouvoit au plus fort de la mêlée, lorsqu'il fut percé d'un dard empoisonné. Ce monarque tomba de cheval, & ayant été porté dans sa tente, il y expira peu d'heures après. Dans cet état critique, je jugeai à propos de recommander le silence à ceux qui avoient été témoins de l'infortune de l'empereur, de peur que la nouvelle de sa mort ne rallentît l'ardeur des combattans. Je parcours les rangs, j'exhorte les soldats à continuer de faire leur devoir. Je leur dis que leur souverain a été étourdi d'un coup qu'il a reçu, mais que ce n'est rien, que le fer n'est pas entré bien avant, & que le prince se flatte de les revoir incessamment. Plusieurs ignorant ce qui étoit arrivé, on continua à combattre jusqu'à la nuit. Alors les Alectoriens épuisés de travail & de blessures, se retirèrent dans leur camp, & je conclus avec eux une suspension d'armes pour pouvoir faire enterrer les morts. Sur ces entrefaites, considérant qu'il falloit avoir recours à quelque nouvelle invention, pour vaincre les Alectoriens, je fis refondre les balles de mousquet que nous avions, & j'en fis faire de la dragée. Cette invention eut un si grand succès, que, lorsqu'on en vint de nouveau aux mains, les Alectoriens commencèrent à tomber comme des mouches, & la moitié de leur armée périt. Ceux qui restèrent mirent bas les armes, & demandèrent humblement la paix. Leur exemple fut suivi des Arctons & des Kispuciens, qui se rendirent à nous avec leurs armes, & les places fortes de leur pays. Après ces exploits,

 Je fais assembler le conseil
De tous les généraux & des grands de l'empire,
 J'ordonne qu'on m'écoute, & je commence à dire :

« Illustres, très-nobles & très-vaillans sei-
» neurs, je ne doute pas que plusieurs d'entre
» vous ne soient informés avec quel soin &
» quelle peine je tâchai de détourner notre très-

» augufte empereur du deffein qu'il avoit d'af-
» fifter à cette expédition ; mais fon grand
» courage ne lui permit pas de refter oifif à
» fa cour pendant que nous allions expofer nos
» têtes aux coups des ennemis. Je puis jurer
» que c'eft le feul refus que j'aie effuyé de fa
» part, & plut à Dieu que dans d'autres occa-
» fions il n'eût pas été fi facile à m'accorder
» mes demandes, & qu'il l'eût été davantage
» dans celle-ci, nous ne ferions pas tombés
» dans le malheur où nous jette fa mort ino-
» pinée ; nous ferions retournés triomphans à
» la ville impériale, & la joie de nos heureux
» fuccès n'auroit point été troublée par un
» pareil fujet de deuil. Je ne puis, & il ne me
» convient pas de vous celer plus long-tems
» cet accident funefte qui nous porte un fi
» rude coup. Sachez donc, meffieurs, que
» l'empereur combattant avec beaucoup de
» valeur, a reçu une bleffure, & en eft mort
» quelques momens après. Quel deuil, quels
» chagrins, la perte d'un fi grand prince ne
» répandra-t-elle pas dans les cœurs ? Par ma
» douleur, meffieurs, je juge déjà de la vôtre.
» Mais ne vous laiffez point abattre ; la mort
» d'un tel héros eft l'effet de la condition hu-
» maine : l'empereur vit encore pour vous,
» meffieurs, dans la perfonne des deux princes

» ſes fils, qu'il vous laiſſe, & qui ſuivront les
» traces de leur glorieux père, & ne ſeront
» pas moins les imitateurs de ſes vertus, que
» les héritiers de ſon empire. Ainſi il n'y aura
» de différence que dans le nom du monarque
» que vous aurez; & comme le prince Temuſo
» eſt l'aîné, & que par conſéquent il doit
» ſuccéder de droit à ſon père, c'eſt en ſon
» nom & ſous ſes auſpices que je commande-
» rai déſormais l'armée. C'eſt à lui que nous
» prêterons ſerment & que nous obéirons à
» l'avenir. »

CHAPITRE XIV.

Klimius eſt élevé à l'Empire.

J'avois à peine ceſſé de parler, que tout le conſeil ſe mit à crier : « nous ne voulons » avoir pour empereur que Pikilſu ou l'envoyé » du ſoleil. » Je fus frappé de ces cris, & fondant en larmes, je priai ces meſſieurs de ſe ſouvenir de la fidélité qu'ils devoient à la maiſon impériale, & des bienfaits qu'ils avoient reçus, tant en général qu'en particulier du défunt empereur, bienfaits, qu'ils ne pouvoient oublier, ſans faire à leur réputation une tache ineffaçable. Enfin, j'ajoutai que s'ils me trouvoient bon à quelque chose, je pouvois tout de même servir l'état, quoique je restasse personne privée. Mais tout cela fut inutile ;

Personne n'en voulut avoir le démenti,
Et les grands, à ces mots, redoublèrent leur cri.

Les troupes étant accourues de toutes parts, la clameur augmenta, & tout le camp répéta, ce que le conseil avoit dit. Là-dessus je me voilai la tête, & je me retirai dans ma tente, ordonnant à mes gardes de ne laisser entrer personne; car je me flattois que quand ce premier feu du zèle des soldats se seroit un peu rallenti, chacun penseroit plus sainement. Mais les chefs des troupes ayant assemblé leur monde, coururent à ma tente, forcèrent la garde, & me revêtirent malgré que j'en eusse, des ornemens impériaux, & m'ayant tiré hors de ma tente, ils me proclamèrent au son des trompettes & des tambours, empereur de Quama, roi de Tanaquit, d'Arctonie, d'Alectorie, & grand duc des Kispuciens. Alors voyant qu'il n'y avoit plus moyen de résister, je suivis le torrent, & j'avoue que je n'en fus pas fâché ; & qui est-ce qui l'auroit été de se voir en possession d'un empire, de trois royaumes, & d'un grand duché ? Il y a là de quoi faire venir l'eau à la bouche à l'homme du monde le moins ambitieux. J'envoyai sur le champ des couriers au prince héréditaire, pour lui donner avis de ce qui s'étoit passé, & pour l'avertir de défendre les droits que sa naissance lui avoit acquis, & de déclarer nulle cette élection faite contre les loix de l'état; mais malgré cette démarche, j'étois résolu dans le cœur, de ne pas abandonner aisément un empire qui m'avoit été offert sans que je l'eusse brigué; de sorte qu'à le bien prendre, ce que je faisois à l'égard du prince, n'étoit que pour le sonder, & pour connoître ses sentimens. Ce jeune rival, qui avoit l'esprit pénétrant & le jugement juste, qui savoit avec quels détours, & sous combien de masques les hommes ont coutume de couvrir leurs desseins ambitieux, jugea que ma modestie étoit simulée, & cédant prudemment au tems, il suivit l'exemple de l'armée, & me fit aussi proclamer empereur dans la ville impériale. J'y arrivai peu de tems après, accompagné des chefs de l'armée qui me conduisoient en triomphe : le peuple vint au devant de nous, faisant mille acclamations d'allégresse, & quelques jours après, je fus couronné solemnellement & avec les cérémonies accoutumées en pareille rencontre. Me voyant donc transformé d'échappé d'un nauffrage en monarque puissant, & voulant gagner l'amitié de ceux que j'avois remarqué être fort attachés à la famille impériale, afin d'augmenter le nombre de mes partifans dans les assemblées publiques & particulières, j'époufai la fille du feu empereur, nommée Ralac.

Après avoir fait de fi grandes chofes, & en fi grand nombre, je me mis à inventer de nouveaux moyens pour élever l'empire Quamitique à un dégré de puiffance qui le rendît redoutable à toutes les nations fouterreines. Je commençai d'abord par m'affurer des peuples que nous venions de fubjuguer; pour cet effet je mis de nombreufes garnifons dans leurs places fortes, je traitai avec bonté les vaincus, & j'en élevai même plufieurs aux premières charges de ma cour. J'honorai fur-tout les généraux prifonniers Tomopolke & Monfone d'une faveur fi particulière, que plufieurs Quamites en conçurent de la jaloufie, quoiqu'ils n'en fiffent d'abord rien paroître; mais c'étoit une étincelle qu'ils couvoient, & qui caufa dans la fuite un grand incendie, comme je le dirai bientôt. Pour revenir aux affaires domeftiques, je tâchois de porter les fciences & l'art militaire au comble de la perfection; & comme le pays eft couvert d'épaiffes forêts qui fourniffent du bois en abondance, je m'attachai fi fort à faire conftruire des navires & à équipper des flottes à la manière des Européens, que, quoique distrait par mille autres affaires, il sembloit néanmoins que je ne fusse occupé que de celle-là. Les Kispuciens, n'étant pas tout à fait ignorans dans ces sortes d'ouvrages, me furent d'un grand secours dans les chantiers que j'avois établis ; & je nommai leur général Monsone grand amiral de mes armées navales. Soixante jours après une flotte de vingt vaisseaux se trouva prête à mettre à la voile, tant on y avoit travaillé avec ardeur. A la vue de tant d'heureux succès, je me regardai comme l'Alexandre du monde souterrein, & je me voyois en état d'opérer les mêmes révolutions, que ce grand conquérant avoit causées sur notre globe. La passion de dominer s'étend à l'infini, & n'est jamais assouvie. Quelques années auparavant un petit emploi de diacre, d'écrivain, ou de clerc de procureur, faisoit le plus grand objet de mes vœux, je n'aspirois pas à des choses plus relevées : maintenant que je possède quatre ou cinq royaumes, il me semble que je suis trop à l'étroit : ensorte qu'à raison de ma cupidité, qui augmentoit avec mes richesses & ma puissance, je ne m'étois jamais trouvé si pauvre ni si indigent.

Cependant les pilotes Kispuciens me mirent au fait de l'état, de la nature des mers, & de la situation des terres dont elles étoient environnées.

ronnées. Je compris par leurs discours qu'en huit jours d'une heureuse navigation, on pouvoit aborder aux rivages de l'empire Mezendorique, d'où par la route que j'avois faite autrefois & qui étoit connue, on pouvoit passer en Martinie. Je fis mettre à la voile. Ce pays étoit le principal but de mon entreprise ; ses richesses, ses forces, l'adresse, l'habileté de ses habitans dans la navigation, où ils excelloient, & dont ils pouvoient donner des leçons utiles à un homme qui entreprenoit de si grandes choses ; tout cela, dis-je, étoit un puissant motif pour m'exciter à soumettre cette nation à mon obéissance ; mais ce qui m'y portoit le plus, c'étoit le desir de venger mes vieilles injures. Je nommai l'aîné des deux princes de Quama pour me suivre dans mon expédition, sous prétexte que ce seroit une occasion à son altesse de faire briller l'éclat de son courage, & ses autres vertus militaires ; mais dans le fonds, je ne voulois l'avoir que comme un ôtage qui me répondit de la fidélité des Quamites. L'autre prince fut laissé à Quama, mais sans autorité, & la régence de l'empire durant mon absence fut déférée à l'impératrice, qui étoit enceinte. Toute l'armée navale consistoit, comme je l'ai dit, en vingt navires, tant grands que petits : ils avoient été construits

X

sous la direction du général Kispucien, Monsone, à qui j'en avois commis le soin. Il avoit lui-même dessiné les plans des vaisseaux, & les avoit fait construire d'après ceux des Martiniens; car il est bon de remarquer ici, que les Martiniens étoient chez les souterreins, ce que furent jadis les Tyriens & les Sidoniens sur notre globe, ou tels que sont encore de nos jours les Anglois & les Hollandois, qui s'arrogent l'empire de la mer. Mais quand nous fûmes ensuite arrivés en Martinie, je reconnus combien nous nous étions écartés de nos modèles dans la construction de nos navires.

Nous partîmes dans ce tems de l'année où la planète de Nazar ne se montre qu'à moitié aux Quamites. Il y avoit trois jours que nous fendions les ondes, lorsque nous arrivâmes à la vue d'une île dont les habitans me parurent aisés à subjuguer à cause des factions qui les divisoient; d'ailleurs ils n'avoient point d'armes, & n'en connoissoient même pas l'usage; mais au lieu de cela, ils combattoient avec des injures & des malédictions; c'est tout ce qu'il y avoit à craindre de leur part. Dans ce pays-là, on emprisonne les malfaiteurs; on leur fait le procès, & au lieu de potence, de piloris, &c. on les mene, on les expose aux injures & aux malédictions de certaines gens nommés Sabutes, c'eſt-à-dire, injurieurs, qui ſont chez ce peuple, ce que ſont chez nous les maîtres des hautes œuvres & les bourreaux. Quant à la figure corporelle de cette nation, elle ne diffère des hommes qu'en ce que les femelles ont des barbes, & les mâles n'en ont pas, les uns & les autres ont auſſi la plante du pied tournée devant derrière.

Dès que nous fûmes deſcendus dans l'île, environ trois cens Canaliſques (c'eſt le nom de ce peuple) vinrent à notre rencontre; & nous attaquèrent comme des ennemis avec leurs armes accoutumées, c'eſt-à-dire, avec des imprécations & des invectives, toutes aſſaiſonnées de tant d'aigreur (à ce que nous apprîmes d'un Alectorien, qui entendoit le Canaliſque) qu'ils pouvoient le diſputer aux Grammairiens de notre globe; mais moi qui ſavoit aſſez,

> Que le courroux eſt inutile,
> Si la force ne le ſoutient.

je défendis qu'on maltraitât ce peuple; ſeulement pour lui faire peur, j'ordonnai qu'on tirât un coup de canon, cela produiſît un ſi grand effet, que ces malheureux ſe jettèrent à genoux, & demandèrent grace. Tous les roitelets de l'île vinrent bientôt me rendre hommage, &

se ranger avec leurs sujets sous mon obéissance, en disant qu'il n'y avoit point de honte d'être vaincus par celui qui étoit invincible, ni de déshonneur à être soumis à celui que la fortune avoit élevé au-dessus de tous les autres. Ce fut ainsi que nous nous emparâmes de cette île, qui à la vérité augmenta ma puissance, mais non pas la gloire de mes armes, à cause de la molesse de ses habitans. Après avoir ramassé les contributions que j'avois demandées, nous levâmes l'ancre, & après quelques jours d'une heureuse navigation, nous abordâmes le rivage de Mézendore. J'assemblai mon conseil de guerre pour savoir s'il seroit plus à propos d'agir d'abord à force ouverte, ou d'envoyer des députés à l'empereur pour le sonder, & savoir s'il aimoit mieux se rendre que de tenter le sort des armes. Ce dernier sentiment eut la pluralité des voix, & je nommai une députation composée de cinq personnes, savoir d'un Quamite, d'un Arcton, d'un Alectorien, d'un Tanaquite & d'un Kispucien. Ces députés étant arrivés à la ville impériale, le gouverneur les interrogea au nom de l'empereur.

Que cherchez-vous, dit-il, parlez, au nom des Dieux ? Quel si pressant besoin vous amène en ces lieux ?
Les députés répartirent :

Ce n'est point le hasard d'un funeste naufrage,
Qui nous a malgré nous portés sur ce rivage ;
Mais d'un commun accord nous venons vous chercher.

Quelques momens après, on les présenta à l'empereur, à qui ils remirent de ma part la lettre suivante :

« Nicolas Klimius, par la grace de Dieu,
» empereur de Quama, envoyé du soleil, roi
» de Tanaquit, d'Arctonie, d'Alectorie, grand
» duc de Kispucie, & seigneur de Canalisque
» à Miklopolate, empereur de Mézendore, sa-
» lut : Tu sauras, que par un arrêt immuable
» du ciel, il est décidé que toutes les nations
» du monde seront soumises à la puissance du
» monarque de Quama, & comme ce décret
» ne sauroit être démenti, tu feras fort bien de
» soumettre ton empire au même destin ; c'est
» pourquoi aussi nous t'exhortons à une reddi-
» tion spontanée, & nous t'avertissons de ne
» pas faire courir à tes états les risques d'une
» guerre, en t'opposant à nos armes victorieu-
» ses. Préviens l'effusion du sang innocent, &
» la rigueur de ton propre sort, par une
» prompte soumission. Donné sur notre flotte,
» le troisième du mois de Rimat. »

Quelques jours s'écoulèrent avant que mes députés revinssent ; à leur retour, ils me rapportèrent une réponse des plus fières. Il fallut renoncer à tout accommodement; & faire notre descente dans le pays. Nous débarquâmes nos troupes, & les ayant rangées en bataille, nous envoyâmes quelques partis, pour savoir des nouvelles des ennemis. Nous apprîmes bientôt que leur armée venoit sur nous enseignes déployées, & qu'elle étoit forte de soixante mille combattans, tant lions que tigres, éléphans, ours & oiseaux de rapine. Là dessus nous gagnâmes un poste avantageux, & y attendîmes l'ennemi de pied ferme. Lorsqu'il fut en présence, il députa quatre renards ou ambassadeurs, pour tâcher de renouer, disoient-ils, les négociations; mais après s'être abouchés quelques heures avec mes généraux, ils se retirèrent sans rien conclure. Je compris alors que ces messieurs étoient plutôt des espions que des ambassadeurs, & qu'on ne les avoit envoyés que pour examiner l'état de nos forces. Ils avoient même fait entendre en partant de notre camp, qu'ils y reviendroient; & qu'ils alloient seulement chercher de plus amples instructions. Mais quelques momens après, ayant apperçu l'armée ennemie qui venoit à nous, nous jugeâmes bien qu'il n'étoit plus question d'accommodement, & nous voulûmes épargner aux ennemis la moitié du chemin; c'est pourquoi nous marchâmes à eux. Le combat fut rude & opiniâtre des deux côtés; & quoique nos fusiliers eussent fait un grand carnage des ennemis, les éléphans gardoient néanmoins toujours leur rang, sans se mettre en peine de nos balles qui ne faisoient que blanchir sur leur peau dure. Mais lorsqu'ils virent l'effet de notre artillerie qu'on tourna contre eux, ils commencèrent à plier, & bientôt

Ils prennent lâchement la fuite.

Trente-trois mille Mézendores restèrent sur le champ de bataille, & vingt mille furent faits prisonniers. Ceux qui échappèrent, se refugièrent dans la capitale, qui étoit une place bien fortifiée, & y répandirent le trouble & la terreur. Pour nous, profitant de notre victoire, nous marchâmes vers cette ville, où nous arrivâmes en trois jours, & nous l'assiégeâmes par mer & par terre. A notre approche, nous reçûmes une nouvelle députation, avec des conditions de paix un peu plus raisonnables que les précédentes. L'empereur m'offroit sa fille en mariage avec la moitié de son empire pour dot. Cela me déplut fort, sur-tout l'article du mariage, car il me sembloit peu sûr & peu honnête de répudier mon épouse, pour prendre une lionne. Je renvoyai les députés sans réponse, & j'ordonnai qu'on pointât la grosse artillerie contre les remparts, qui étoient de pierres, & qui malgré cela furent bientôt fracassés par nos boulets. La ville étant remplie de toute sorte d'animaux, on entendoit les uns rugir, les autres hurler, mugir, braire, bêler, ou siffler avec un bruit épouvantable. Les serpens se fourroient dans les fentes de la terre.

Ou se cachoient dans des cavernes.

Les oiseaux s'envolant, abandonnoient cette ville infortunée pour se retirer sur les rochers, & sur les lieux élévés. Les arbres trembloient, & leurs feuilles en tombant couvroient les rues. Nous apprîmes même qu'à la première décharge de notre canon, vingt demoiselles du palais de l'impératrice, qui étoient roses, se fannèrent subitement de frayeur. Un amas prodigieux d'animaux de toute espèce, tant de la campagne que des villes, entassés les uns sur les autres dans des maisons étroites, étoient suffoqués par la chaleur & par les insomnies. Les services qu'il falloit faire, & la communication des uns avec les autres multiplioient les maladies. Les éléphans pouvoient à la vérité mieux résister; mais ils n'eurent pas plutôt entendu tonner notre grosse artillerie,

Que, frappés de terreur, ils fuyent, ils s'échappent,

Alors l'empereur de Mezendore, désespérant de pouvoir tenir plus long-tems, assembla son conseil, & lui parla en ces termes:

> Quelle folie à nous de soutenir la guerre
> Contre des dieux vainqueurs qui lancent le tonnerre !
> Délibérez, voyez si nous devons subir
> Le sort le plus affreux, ou bien le prévenir.

Là dessus chacun s'écria,

> La guerre est un fléau ; nous demandons la paix.

Alors le monarque ne résista plus, & se rangea avec tous ses états sous mon obéissance, en sorte que ma puissance fut augmentée en un jour d'un empire, & de dix à douze royaumes ou principautés : car tous les roitelets, & autres petits souverains suivirent l'exemple de l'empereur, & se soumirent aussi.

Après un si étonnant succès, nous nous préparâmes au départ. Je laissai six cens fusiliers en garnison dans la ville impériale ; je fis transporter sur ma flotte l'empereur prisonnier, pour qui on eut toute sorte d'égards pendant le voyage, & à mon retour à Quama, je lui donnai une province dont les revenus suffisoient pour le faire vivre en souverain. Cependant nous levâmes l'ancre, & rangeâmes toute la côte de Mézendore. Chemin faisant, j'exigeai des ôtages de plusieurs nations, qui avoient été sous l'obéissance de Miklopolate. De sorte que par la seule terreur de mes armes, je domptai tout ce qui composoit l'empire Mézendorique. La plupart de ces nations étoient celles chez qui j'avois passé, en venant sur le navire Martinien.

Cependant nous laissâmes les rivages de Mézendore, & après une heureuse, mais longue navigation, nous découvrîmes les côtes de Martinie. Jamais aspect ne me fut plus agréable que celui de ce pays-là, & lorsque je pensois que j'y avois été forçat, & que j'y revenois empereur & vainqueur de plusieurs nations, je ne pouvois contenir ma joie. J'avois d'abord cru que je devois me faire connoître aux Martiniens, pour leur inspirer plus de terreur & plus de crainte; mais je changeai de dessein, ayant fait réflexion qu'il m'étoit plus avantageux d'entretenir l'erreur des Quamites touchant ma naissance & me donner toujours pour ambassadeur du Soleil, d'autant plus que cette erreur s'étoit répandue chez les nations vaincues.

Je me flattois de venir aisément à bout des Martiniens, dont la mollesse m'étoit connue, car ce peuple, toujours enclin à la volupté, n'étoit pas seulement porté aux plaisirs par son propre penchant, mais encore par l'abondance de toutes choses, & par les délices de la terre & de la mer. Mais, j'éprouvai bientôt que l'entreprise étoit plus difficile que je ne pensois. En effet, cette nation avoit amassé des richesses immenses, à la faveur du commerce qu'elle faisoit dans les pays les plus éloignés du monde souterrein ; & par le moyen de ses richesses, elle avoit à sa dévotion les peuples les plus belliqueux, qui étoient prêts à venir à son secours au premier signal : ajoutez à cela que les Martiniens eux-mêmes, l'emportoient sur toutes les autres nations dans la marine, & que nos vaisseaux étoient grossièrement bâtis auprès des leurs, & manœuvroient bien plus lentement ; car il est facile de juger quels devoient être ces navires construits à hâte par l'ordre d'un bachelier en philosophie, & ce qu'en auroient pensé les Hollandois, les Anglois ou les Danois, s'ils les avoient vus ; mais ce défaut étoit réparé par l'artillerie dont ils étoient armés, & qui étoit inconnue aux Martiniens.

Avant que d'entrer en action, j'envoyai des députés au sénat, offrir à peu près les mêmes conditions que j'avois fait proposer à l'empereur de Mézendore. Mais pendant que nous attendions la réponse, nous vîmes venir vers nous à pleines voiles, une flotte bien équipée & telle que nous n'aurions jamais pu nous la figurer.

A cette vue, je rangeai mon armée navale en aussi bon ordre que le tems le pouvoit permettre, & je fis donner le signal du combat. On se battit avec une ardeur égale des deux côtés. Les Martiniens au lieu de canons avoient des machines par le moyen desquelles ils lançoient de grosses pierres qui ne faisoient pas peu de dommage à nos vaisseaux. Enfin, ils lachoient des brûlots chargés de poix, de bitume, de soufre & d'autres matières combustibles qu'on allumoit: ces brûlots ne manquoient guère de toucher nos vaisseaux en dérivant, à cause de la difficulté de revirer ceux-ci, & ils nous causèrent beaucoup de dommage. La victoire fut long-tems en suspens, & mes gens balançoient entre le combat & la fuite: mais enfin les terribles bordées que nous lâchames contre les vaisseaux Martiniens, changèrent la face des affaires, & abatirent tellement le courage des ennemis, qu'ils commencèrent à tourner leurs proues & un moment après à s'enfuir vers le port. Nous ne pûmes nous rendre maîtres d'aucun de leurs navires, à cause de leur légèreté & de la pesanteur des nôtres. Cependant ayant désormais la mer libre, nous fimes une descente sur la côte, & nous débarquâmes nos troupes de terre, à la tête desquelles je marchai sans perdre de tems vers la capitale.

Je rencontrai en chemin mes députés, qui me dirent que le sénat les avoit renvoyés avec cette réponse hautaine.

    Dites à votre roi qu'il parte de ces lieux,
        Qu'il retourne dans sa patrie ;
    Et ne se flatte pas d'obtenir, de sa vie,
    L'empire de la mer, que nous tenons des dieux.

Les Martiniens ayant été en effet jusqu'alors les maîtres de la mer, ne purent s'empêcher de recevoir avec dédain les propositions d'un prince montagnard. Cependant ils levèrent des troupes avec toute la diligence imaginable, & outre celles qui étoient soudoyées, on fit assembler tout ce qui étoit en âge de porter les armes. Nous avions à peine fait une lieue, que nous découvrîmes l'armée ennemie, qui venoit droit à nous. Elle étoit composée de diverses nations, & l'audace avec laquelle elle marchoit malgré la perte d'une bataille navale, nous intrigua beaucoup ; mais ce n'étoit-là qu'un feu follet qui fut bientôt dissipé ; en effet

    La peur les prit avant qu'on donnât le signal ;

Et à la première volée de canon, tous s'enfuirent à vau-déroute. Nous les poursuivîmes, & en fimes un grand carnage. Il fut aisé de juger de leur perte par la quantité de perruques que nous ramassâmes, quand nous fûmes las de tuer ; nous trouvâmes par ce calcul, qu'il y en avoit eu près de cinq mille tués sur la place. Je remarquai aussi que la forme des perruques avoit changé, & j'en distinguai de plus de vingt façons, tant cette nation est ingénieuse & inventive. Après ce combat, ou plutôt cette déroute, je vins mettre, sans obstacle, le siége devant Martinie ; & lorsque tout étoit prêt pour battre cette ville en ruine, les sénateurs se rendirent eux-mêmes à notre camp, pour demander quartier, & pour soumettre leurs personnes, leur ville, & toute la république à mon obéissance. Le traité ayant été aussitôt conclu, nous entrâmes en triomphe dans la place. A notre arrivée, on ne remarqua pas ce tumulte & cette frayeur ordinaires dans les villes prises ; mais un triste silence, un chagrin sombre s'étoit emparé des esprits. On voyoit les citoyens, que la peur avois saisis, oublier ce qu'ils vouloient emporter ou laisser, se questionnant les uns les autres sans pouvoir se conseiller, tantôt debout sur leurs portes, tantôt parcourant leurs maisons, comme s'ils n'eussent jamais dû les revoir : mais dès que j'eus déclaré que je ne prétendois pas qu'on fît le moindre tort à cette ville, la douleur des citoyens se changea en joie. Je me rendis à l'endroit où étoit le trésor public, & je fus étonné à la vue des immenses richesses qu'il renfermoit. J'en fis distribuer une partie à mes troupes, & je réservai le reste pour être placé dans mes finances. Je laissai une garnison à Martinie, d'où je fis porter quelques-uns des sénateurs sur ma flotte pour ôtages. Parmi ces messieurs étoit le même syndic dont la femme m'avoit faussement accusé du crime pour lequel je fus condamné aux galères. Je ne trouvai pas à propos de m'en venger, estimant que l'empereur de Quama devoit oublier les injures du porteur.

Je me disposois à aller subjuguer les nations voisines des Martiniens, lorsqu'il arriva des ambassadeurs de quatre royaumes, qui m'envoyoient faire leurs soumissions. J'avois déja tant de pays sous mon empire, que je ne pris pas seulement la peine de demander comment s'appelloient ces quatre royaumes, me contentant de les comprendre sous le nom général d'états de la Martinie.

CHAPITRE XV.

Klimius est renversé du haut de sa grandeur.

APRÈS tant de merveilleux exploits, nous remîmes à la voile pour retourner à Quama, avec une flotte accrue de celle des Martiniens. Jamais les Romains ne firent rien en matière de triomphe qui égalât la magnificence de notre entrée à Quama: & certainement j'avois fait de si grandes choses qu'il n'y avoit point de fête, point de pompe que je n'eusse méritée. En effet, quoi de plus glorieux, quoi de plus héroïque que d'avoir métamorphosé, dans un petit espace de tems, un peuple autrefois le mépris & le jouet des autres nations, de l'avoir métamorphosé en seigneur redouté & respecté de ces mêmes nations ? Quoi de plus illustre pour un homme comme moi, qui se trouve transplanté parmi tant de créatures hétérogènes, que d'avoir assuré à celles de mon espèce l'empire que la nature a accordé aux hommes sur tous les autres animaux ! il faudroit un volume entier pour exprimer la magnificence avec laquelle je fus reçu de mes sujets de tout âge & de toute condition, & celui-ci est trop abrégé pour y insérer une pareille relation: je
me

me contenterai de dire que ce jour-là fut une nouvelle époque pour l'histoire. Je crois auſſi pouvoir compter cinq monarchies, ſavoir celles des Aſſiriens, des Perſes, des Grecs, des Romains, & celle des Quamites dans le monde ſouterrein; & il ſemble que cette dernière ſurpaſſe les autres en puiſſance & en grandeur. C'eſt pourquoi je pris le ſurnom de Koblu, c'eſt-à-dire grand, qui me fut offert par les Quamites & par les nations vaincues. J'avoue que ce titre eſt vain & orgeilleux; mais ſi l'on conſidère que les Cyrus, les Alexandres, les Pompées, s'en ſont parés avec un mérite peut-être au-deſſous du mien, on trouvera que ce n'étoit pas trop pour un héros tel que moi. En effet, Alexandre ſubjugua l'orient, cela eſt vrai, mais avec quelles troupes ? avec de vieux ſoldats agguerris, endurcis par des guerres continuelles, tels qu'étoient les Macédoniens ſous ſon père Philippe. Mais moi j'ai ſoumis à mon empire, en fort peu de tems, des nations bien plus barbares que les Perſes, & avec des troupes rudes & ſauvages, que j'avois été obligé de former moi-même. Voici donc les titres que je pris dans la ſuite: Nicolas le grand, envoyé du Soleil, empereur de Quama & de Mézendorie, roi de Tanaquit, d'Alectorie, d'Arctonie, de tous les royaumes & états Mézendoriques & Martiniens, grand duc de Kifpucie, seigneur de Martinie & de Canalisque.

Mais après m'être vu dans un degré de prospérité & de puissance au-delà presque de ce que le cœur humain peut désirer, il m'arriva ce qui arrive à ceux qui d'un état fort bas, s'élevent aux grandeurs: car oubliant mon premier sort, je me laissai aller à l'orgueil, & au lieu de prendre les intérêts du peuple, je devins un cruel persécuteur de tous les ordres de l'état; traitant comme des esclaves ceux que je m'étois autrefois attachés par mon affabilité, en sorte que personne ne pouvoit avoir l'honneur de me parler qu'après certains actes d'adoration, & lorsque je les admettois à l'audience, je ne les recevois qu'avec un air rébarbatif & dédaigneux. Cette conduite aliéna bientôt les esprits & changea en terreur l'amitié qu'on avoit eue pour moi. J'en fis bientôt l'expérience, à l'occasion du jeune prince, dont l'impératrice, mon épouse, étoit accouchée durant mon absence, & que je voulois faire reconnoître pour mon successeur par tous les ordres de l'empire, que je convoquai par des lettres circulaires. Personne, à la vérité, n'osa s'opposer à la cérémonie de l'inauguration qui se fit avec toute la pompe possible; mais il m'étoit aisé de remarquer sur les visages de mes sujets une feinte allegresse ; & mes soupçons se trouvèrent confirmés par des pasquinades qui coururent alors sans nom d'auteur, où l'on montroit adroitement & d'une manière enjouée, que cette élection s'étoit faite au préjudice du prince Témuso. Tout cela me troubla si fort l'esprit que j'en perdis le repos jusqu'à ce que je me fusse délivré de ce bon prince. Je n'osai pourtant pas faire mourir ouvertement cet illustre rival à qui j'avois même des obligations ; mais je subornai des gens qui l'accusèrent de trahison ; & comme les souverains ne manquent jamais de ministres empressés pour servir leurs desseins criminels, je trouvai des misérables, qui assurèrent avec serment que le prince méditoit des troubles, & tendoit des embuches à ma vie. Là-dessus il fut arrêté, & son procès lui étant fait par des juges que j'avois corrompus, il fut condamné à avoir la tête tranchée. La sentence fut exécutée à huis-clos, de peur de quelque émeute. Quant à l'autre prince, comme il étoit encore fort jeune, je différai de le sacrifier à ma tranquillité, ainsi la foiblesse de son âge le sauva pour quelque tems, lorsqu'il n'avoit plus de protection à attendre du droit. Cependant souillé du sang de son frère, je commençai à régner avec tant de cruauté que ma rage alla jusqu'à faire égorger plusieurs personnages Quamites & autres dont la fidélité me sembloit suspecte. Il ne se passoit presque pas de jour qui ne fût ensanglanté & marqué de quelque meurtre, ce qui hâtoit la rébellion que les grands avoient déja machinée depuis longtems, comme je le rapporterai tantôt. J'avouerai ici que je méritois bien les malheurs qui m'arrivèrent dans la suite; & qu'il eût été plus décent & plus glorieux à un prince chrétien d'amener à la connoissance du vrai Dieu cette nation sauvage & idolâtre, que de tremper ses mains dans le sang de tant de peuples innocens en entreprenant guerre sur guerre : & assurément il m'eût été aisé de convertir tous les Quamites ; car tout ce que j'établissois ils l'embrassoient avec avidité, & mes paroles passoient chez eux pour autant d'oracles; mais dans l'oubli où j'étois de Dieu & de moi-même, je ne pensois qu'au vain éclat qui m'environnoit, & qu'à l'accroissement de ma puissance.

Livré entièrement aux plus mauvais desseins, j'aimai mieux augmenter les sujets de mécontentement que de les faire cesser; comme si les fautes commises par l'injustice, pouvoient être réparées par la cruauté. Je répondois à mes amis qui m'avertissoient de changer de conduite,

C'est la nécessité, c'est la raison d'état
Qui me demandent ces victimes.

Mais ce fut-là ce qui m'attira un enchaînement de malheurs, & qui me fit tomber dans une telle disgrace, que je puis servir d'exemple aux mortels, & leur apprendre quelle est l'instabilité des grandeurs humaines, & de combien peu de durée est un règne dur & violent.

Enfin la haine de mes sujets augmentant avec la rigueur de mon gouvernement, & chacun s'appercevant que les vices auxquels j'étois adonné, s'accordoient mal avec ma céleste origine, & convenoient peu à un envoyé du Soleil, on commença à examiner avec attention tout ce qui me regardoit, sur-tout la cause de mon arrivée en ces lieux, & l'état où l'on me trouva lorsque j'y abordai. On voyoit que tout ce que j'avois fait d'étonnant étoit plutôt dû à l'ignorance des Quamites qu'à mes lumières, ce qui s'étoit vérifié depuis que cette ignorance s'étoit dissipée, & qu'on avoit remarqué que je m'étois trompé en bien des occasions. Ma conduite fut sur-tout censurée par les Kispuciens, gens clairvoyans & pénétrans. Ils avoient remarqué dans les édits que j'avois publiés plusieurs traits mal digérés, & qui marquoient une grande ignorance dans les affaires politiques. Cela n'avoit rien d'extraordinaire ; car comme mes précepteurs n'avoient jamais songé à des sceptres ni à des trônes, ils m'avoient élevé plutôt comme un enfant destiné à devenir un jour proposant ou diacre, que comme un sujet réservé au gouvernement d'un grand empire : & mes études qui ne s'étendoient pas au-delà d'un certain système de théologie, & de quelques termes de métaphysique, étoient peu convenables à mon état présent, où il étoit question de gouverner dans les formes deux empires & près de vingt royaumes. Enfin, les Martiniens avoient remarqué que les navires de guerre que j'avois fait construire, étoient si matériels qu'ils ne pouvoient être d'aucun usage dans un combat contre des flottes bien ordonnées, ensorte que toute cette gloire maritime n'étoit dûe qu'à l'invention du canon. Ces bruits importuns se répandirent de tous côtés, & rappellèrent le souvenir de l'état où j'étois quand j'abordai dans ces contrées, porté sur une planche, échappé d'un naufrage, couvert de haillons, & à demi mort de faim, on trouvoit qu'un pareil équipage ne pouvoit convenir à un envoyé du Soleil : ajoutez à cela que les Martiniens fort versés dans l'astronomie, ayant donné quelque teinture de cette science aux Quamites, & leur ayant appris que le Soleil étoit un corps inanimé, placé dans le milieu des cieux par le Tout-puiffant, pour éclairer & pour réchauffer toutes les créatures, leur faifoient tirer cette conféquence, qu'un globe de feu comme cet aftre, ne pouvoit être la demeure d'aucun animal terreftre.

Tous les jours on m'attaquoit par de pareils difcours; mais ce n'étoit que des murmures, perfonne ne fe trouvant affez hardi pour parler ouvertement fur mon compte, & dire hautement fa penfée. C'eft pourquoi je fus longtems fans favoir jufqu'à quel point étoit montée la haine de mes fujets, & qu'ils vouluffent me chercher chicane. Mais un livre en langue Canalifque, fous le titre de l'heureux naufrage, me défilla entiérement les yeux; & l'on fe fouviendra de ce que j'ai déjà dit, touchant les Canalifques, les plus adroits lanceurs d'invectives qu'il y ait jamais eu, qui dans leurs plus grandes guerres ne fe fervoient pas d'autres armes. L'ouvrage en queftion contenoit toutes les accufations dont j'ai parlé tantôt; & étoit écrit d'un ftile aigre & mordant, felon le génie des Canalifques, fameux dans ce genre d'efcrime. Mais tel étoit alors la foibleffe de mon efprit & ma confiance en mes forces, que rien ne pouvoit me faire changer de conduite. Les avis les plus falutaires augmentoient ma dureté, loin de l'étouffer; & j'en vins jusqu'à livrer à la torture ceux que je tenois pour suspects, prétendant qu'ils me devoient découvrir l'auteur du livre en question. Mais tous souffrirent les plus cruels tourmens avec une constance admirable, en sorte que toute ma rigueur ne produisit d'autre effet que d'aigrir encore plus les esprits contre moi, & de changer leur haine en fureur. C'est ainsi que les destins l'emportoient sur les bons conseils, & que je me jettois moi-même, tête baissée, dans le précipice.

Les choses étoient en cet état, lorsque je résolus de me défaire d'Hicoba (c'est le nom du prince qui restoit encore). Je fis confidence de mon dessein au grand-chancelier Kalac, en qui j'avois beaucoup de confiance. Celui-ci me promit son ministère, & sortit peu après pour aller exécuter ce que j'avois arrêté. Mais comme il détestoit dans le cœur un si noir dessein, il découvrit tout le complot au prince, & se retira avec lui dans le lieu le plus fort de la ville. Là, le chancelier assembla les soldats de la garnison, leur exposa patétiquement l'état des affaires présentes, & son discours accompagné des larmes du prince, à la vie de qui on en vouloit, ne fut pas d'un petit poids sur l'esprit des soldats: aussi-tôt ils courent aux armes, proteſtant qu'ils ſont prêts à verſer juſqu'à la dernière goute de leur ſang. L'habile chancelier ne donna pas le tems à leur ardeur de ſe refroidir ; il leur fit prêter ſerment au prince & envoya ſur le champ des gens en cachette, pour parler à ceux qu'il ſavoit être mal intentionnés contre moi, leur raconter ce qui s'étoit paſſé, & les exciter à prendre les armes contre un tyran qui ne cherchoit qu'à exterminer l'ancienne famille de leurs ſouverains : alors

 Tel qui hait le tyran, tel autre qui le craint.

Accourt armé pour ſe joindre à la garniſon. Cependant j'attendois le retour du chancelier, quand

 J'entends des bruits confus, je vois courir aux armes,
 Je n'apperçois enfin que des ſujets d'allarmes.
 On me dit qu'aſſemblés, les bourgeois, les ſoldats,
 Avec des cris affreux, demandent mon trépas.

Tomopolke ſe tournant alors vers moi, ſeigneur, me dit-il, ſauvons-nous promptement chez les Tanaquites, nous y leverons une armée, & nous mettrons bien ces mutins à la raiſon. Ces paroles excitèrent divers mouvemens dans mon ame ; la crainte & la confiance m'agitèrent tour à tour. Enfin je me rendis aux avis de ce ſage conſeiller ; & je ſortis de Quama sans nul obstacle, parce que bien des gens ignoroient la cause de la sédition. Dès que j'eus gagné le royaume de Tanaquit, j'ordonnai à tout ce qui seroit en âge de porter les armes de les prendre. J'assemblai dans peu une armée de quarante mille hommes, avec laquelle je retournai sur mes pas, espérant que ceux des Quamites qui m'étoient restés fidèles, viendroient grossir mes troupes; mais je me berçois d'un vain espoir; car au lieu des renforts dont je m'étois flatté, je vis venir un héraut qui me remit des lettres du prince, par lesquelles il me déclaroit la guerre comme à un imposteur & un usurpateur; me marquant en même-tems qu'il s'étoit assuré de mon épouse & de mon fils, & qu'il les avoit fait emprisonner. Quelques heures après le départ du hérault, nous découvrîmes les rebelles qui s'avançoient en bon ordre; &, comme ils étoient munis d'une bonne artillerie, je n'osai pas en venir aux mains, que je n'eusse reçu de nouveaux secours. Je pris donc le parti de m'arrêter & de me retrancher. Mais bientôt, ayant remarqué qu'il me désertoit beaucoup de soldats qui prenoient parti chez les ennemis, & que ceux-ci attendoient des renforts, je me rendis aux avis des généraux, qui m'exhortoient à combattre, & Tomopolke ne s'y opposa pas. La bataille se donna dans la même plaine où, quelques années auparavant, je vainquis les Tanaquites. Le canon des ennemis éclaircissoit fort nos rangs, & j'enrageois de voir qu'on me battoit de mes propres armes. Mes troupes soutinrent néanmoins l'effort des rebelles, jusqu'à ce qu'un boulet de canon ayant percé le brave Tomopolke, qui combattoit vaillamment, le jetta roide mort par terre. Alors chacun perdit courage, & nous tournâmes tous le dos, cherchant à nous cacher & à nous dérober aux ennemis. Je gagnai moi-même la cîme d'un rocher, d'où je descendis dans un vallon. Là, je soutins, durant quelque tems, mon malheur, ou plutôt ma folie, que je condamnois, mais trop tard, par mes soupirs & par mes larmes. Le trouble de mon ame étoit si grand, que j'oubliai d'ôter la couronne que j'avois sur la tête, & à laquelle il étoit aisé de me reconnoître. Il y avoit environ une heure que j'étois, tremblant d'effroi, dans ce vallon, lorsque j'entendis la voix de plusieurs personnes qui escaladoient le rocher, & qui demandoient, d'un ton de fureur, qu'on me livrât au supplice. Alors je me tourne de tous côtés, cherchant un lieu pour me cacher.

 Je vois un bois épais, tout rempli de broussailles ;
 J'y cours sans balancer, par des sentiers secrets.

J'arrivai auprès d'une caverne, & je m'arrêtai quelques momens pour reprendre un peu haleine, car j'étois fort fatigué. Bientôt je me gliffe, comme un ferpent, ventre à terre, dans le trou de la caverne. Je m'apperçus qu'elle étoit très-profonde; &, comme je voyois que fa pente étoit douce & facile, je defcendis la valeur de cent pas. Je me difpofois à paffer outre, lofque je tombai dans un trou, où, comme fi j'euffe été pouffé par la foudre, je traverfai des lieux obfcurs, & volai dans des ténèbres continuelles, jufqu'à ce qu'enfin j'apperçus une lueur, fans favoir d'où elle venoit, & femblable à-peu-près

<blockquote>
A celle que la lune donne,
Lorfqu'un nuage l'environne.
</blockquote>

À mefure que cette lueur augmentoit, je fentois diminuer la rapidité de ma chûte : en forte que peu-à-peu, & par un doux effort, comme d'un nageur qui fend l'onde, je me trouvai, fans le moindre mal, au milieu de plufieurs rochers que je reconnus avec étonnement, pour ceux par où j'étois defcendu, quelques années auparavant, dans le Monde Souterrein. La caufe du rallentiffement du mouvement de ma chûte & de la diminution de la force impulfive, me parut naître de la qualité de l'atmofphère fupérieure, qui a plus de gravitation & de pefanteur que la fouterreine ; car, fi la nôtre n'étoit pas plus pefante, j'aurois eu le même fort en remontant qu'en defcendant, & peut-être j'euffe été élevé, au travers des airs, jufqu'à la région de la lune. Je foumets toutefois cette hypothèfe à un plus ample examen de MM. les phyficiens.

CHAPITRE XVI.

Retour de Klimius dans fa patrie, & fin de la cinquième monarchie.

Je fus long-tems parmi ces rochers deftitué de fentiment. J'avois le cerveau troublé & agité de mille idées, tant au fujet de ma chûte qu'à l'égard de l'étonnante métamorphorfe, qui, de fondateur d'une cinquième monarchie, venoit de me transformer en un pauvre bachelier : & certainement cette aventure étoit fi furprenante & fi peu vraifemblable, qu'elle pouvoit aifément renverfer le cerveau le mieux étayé. Dans cet état je me demandois à moi-même, fi ce que je voyois étoit vrai, & fi ce n'étoit pas plutôt des vifions qui décevoient mes yeux : mais mon agitation commençant à fe diffiper, & reprenant peu-à-peu mes efprits, la douleur & le dépit succédèrent à l'étonnement.

> Je tends les mains au ciel, je me plains, je m'écrie :
> Dieu juste & tout-puissant, apprends-moi, je te prie,
> Par quel crime honteux ai-je donc mérité
> De me voir tout d'un coup déchu, précipité
> Dans cet affreux revers qui cause ma tristesse ?

Certainement, on aura beau fouiller dans les annales & les histoires des siècles passés, & dans celles de nos jours, on n'y trouvera aucun exemple d'une pareille chûte, si ce n'est peut-être celui de Nabuchodonosor, qui du plus grand monarque du monde, fut changé en bête féroce courant dans les forets. J'éprouvois les mêmes revers de fortune ; en peu d'heures on me dépouille de deux grands empires & de vingt royaumes, ou environ, dont il ne me reste plus que l'ombre & l'idée inutile. Je venois d'être un grand potentat, & à peine je puis espérer de devenir maître d'école, ou régent dans ma patrie : on me donnoit le titre d'envoyé du soleil, & à présent je crains que ma pauvreté ne m'oblige à devenir valet du premier venu qui voudra bien me prendre à son service. Il n'y avoit que quelques jours que la gloire, l'espérance, le salut, la victoire suivoient mes pas ; & à présent je me vois livré aux soucis, à la misère, aux chagrins, aux larmes,

& aux lamentations. Enfin je ressemblois à l'herbe qui pendant le solstice d'été, parvient au plus haut point de sa grandeur, & qui est aussi-tôt fauchée ; & pour tout dire en un mot, la douleur, le dépit, le chagrin, la colère & le désespoir agitoient mon ame de tant de mouvemens divers, que tantôt je voulois

..... Me percer d'un fer meurtrier ;

Tantôt je voulois me replonger dans la caverne, pour essayer si un second voyage dans le monde souterrein, ne réussiroit pas mieux que le premier ;

Entre ces deux partis, je balançai trois fois.

Ce qui me retint fut le soin de mon ame, & les principes de la religion chrétienne, qui défendent d'attenter sur soi-même.

Je tâchai donc de descendre de ces rochers escarpés, & de gagner le sentier par où l'on va à Sandwic. J'étois si distrait, que je bronchois à tout bout de champ, tant j'avois l'esprit rempli de ma cinquième monarchie. L'idée, quoique vaine, en étoit néanmoins si fraîche, que j'en avois la tête toute troublée. Et certainement c'étoit une perte d'une nature à ne pouvoir être réparée par tous les avantages que ma patrie auroit pu m'offrir. Je supposois qu'on voulût me donner le gouvernement de la province de Berge, ou même de la vice-royauté de Norwège, quel dédommagement étoit-ce que cela? Quelle consolation pour le monarque, le fondateur du plus grand empire qu'il y ait jamais eu? Je résolus toutefois de ne pas refuser un gouvernement, au cas qu'on me l'offrît dans ma patrie.

Après que j'eus fait la moitié du trajet, j'apperçus quelques enfans que j'appellai par des signes, les priant de venir à mon secours, & leur adressant ces paroles : *jeru pikalsalim*, ce qui veut dire en langue Quamitique, *enseignez-moi le chemin :* mais ces petits droles, surpris de voir un homme dans un équipage étranger, & avec une couronne sur la tête, poussèrent un grand cri, & s'enfuirent à travers les roches, me laissant traîner mes pieds écorchés, au milieu des pierres & des cailloux. Ils arrivèrent à Sandwic une heure avant moi, & remplirent tout ce village de terreur, assûrant avec serment qu'ils avoient vu le cordonnier de Jérusalem, errant parmi les rochers, portant sur la tête des rayons pareils à ceux du soleil, & marquant par ses soupirs les tourmens de son ame. Ils répondoient à ceux qui leur demandoient comment ils pouvoient savoir si j'étois le cordonnier de Jérusalem, que

j'avois

j'avois découvert moi-même mon nom & ma patrie. Ce qui pouvoit les avoir trompés, c'étoit apparemment les mots que je leur avois dis, *jeru pikal falim* ; qu'ils avoient interprétés, *cordonnier de Jérufalem*. Tout le village fut en combuftion, perfonne ne doutant de la vérité du fait, d'autant plus qu'on avoit réchauffé tout récemment cette vieille fable du cordonnier ambulant, & que le bruit couroit qu'il avoit paru depuis peu à Hambourg.

Cependant j'arrive fur le foir à Sandwic, & je vois les habitans des environs que cette envie que tous les hommes ont de voir des chofes extraordinaires, avoient raffemblés. Ils étoient depuis quelques momens au pied de la montagne pour recevoir leur nouvel hôte ; mais à peine ils m'entendirent parler, que, frappés d'une terreur panique, ils prirent tous la fuite, excepté un vieillard qui, plus hardi que les autres, ne bougea pas de la place. Je l'abordai en le priant de vouloir bien héberger un pauvre vagabond :

D'où viens-tu, me dit-il, & quelle eft ta patrie ?
Vénérable vieillard, reprís-je en foupirant,
Si je vous racontois l'hiftoire de ma vie,
Vous feriez étonné, je vous en fuis garant :
Mais ce récit eft long, & la nuit eft trop proche,
Pour pouvoir l'achever avant la fin du jour.

Z

Lorsque je serai chez vous, je vous raconterai un enchainement d'aventures, qui paroissent au-delà de toute croyance, & dont aucune histoire ne fournit d'exemple. Le vieillard avide de nouveautés, me prit par la main, & me mena à son logis, blâmant la crainte déplacée du peuple, qui au moindre objet inconnu, tremble comme à l'aspect d'une comète. Dès que je fus entré chez lui, je demandai à boire, car j'avois grand'soif. Le vieillard m'apporta lui-même un verre de bierre ; je dis lui-même, car femme, servantes, enfans, tout avoit décampé, & n'osoit reparoître de frayeur. Lorsque j'eus avalé mon verre, & que ma soif se trouva un peu appaisée, je parlai à mon hôte en ces termes : Vous voyez, lui dis-je, un homme qui a éprouvé les plus cruels revers, & qui est le jouet de la fortune, plus que jamais mortel ne l'a été. C'est une vérité reconnue, qu'un moment suffit pour bouleverser les plus grandes choses, & néanmoins ce qui m'est arrivé n'est presque pas croyable : oui

> Mes aventures sont à nulle autre pareilles,
> Et nul autre avant moi n'a vu tant de merveilles.

C'est, repliqua mon hôte, le sort de ceux qui voyagent long-tems : &, que ne peut-on pas voir dans seize cens ans de courses continuelles ?

J'avoue que je ne compris pas sa pensée, & je lui demandai ce qu'il vouloit dire avec ses seize cens ans. S'il en faut, poursuivit-il, croire l'histoire, il s'est écoulé seize cens ans depuis la ruine de Jérusalem : je ne doute point, ô le plus vénérable des hommes, que vous ne soyez né bien du tems avant cet événement ; car, si ce que l'on raconte de vous est vrai, on peut rapporter l'époque de votre naissance au règne de Tibère.

O certes, pour lors je crus que mon hôte radotoit, & je lui répondis froidement, que ce qu'il me disoit étoit une énigme qui demandoit un Œdipe. Mais, sans faire attention à cela, il alla chercher un plan du temple de Jérusalem, & me pria de lui dire s'il ressembloit bien à l'original. Malgré l'excès de ma douleur, je ne pus m'empêcher de rire. Je demandai au bon vieillard ce que c'étoit que tout ce galimatias. Y pensez-vous, me dit-il, & ignorez-vous que tous les habitans de ce lieu assurent que vous êtes ce fameux cordonnier de Jérusalem, qui, depuis la mort de notre seigneur, est condamné à courir le monde ? Mais, plus je vous examine, & plus je me rappelle un ancien ami, qui périt, il y a environ douze ans, sur le sommet de cette montagne. A ces mots, le voile qui couvroit mes yeux tomba ; je reconnus mon bon ami Abelin, dont j'avois si fort hanté la maison à Berge. Je me jettai à son cou, & l'embrassai tendrement. Cher Abelin, lui dis-je, je vous vois, j'en crois à peine mes yeux : voici votre Klimius qui revient des abîmes, le même qui se précipita dans la caverne, il y a douze ans. A la vue de ce phénomène inattendu, mon ami resta interdit & confus. Je vois, s'écria-t-il enfin, la face de mon cher Klimius, sa voix qui m'est si connue, a frappé mes oreilles ;

Voilà ses yeux, ses mains, sa taille, son visage.

Mais, quoique je n'aie jamais vu personne qui ressemblât plus à Klimius, je ne puis, ni ne dois en croire mes sens ; car aujourd'hui les morts ne ressuscitent pas : à d'autres, il me faut bien de meilleures preuves pour que j'ajoute foi à ce que vous me dites.

Pour combattre son incrédulité, je lui fis un détail exact de tout ce qui s'étoit passé autrefois entre nous. Lorsqu'il eut ouï cela, il fut convaincu de la vérité ; & me serrant tendrement entre ses bras, & les larmes aux yeux : Je vois, s'écria-t-il, je vois ce même homme dont je ne pensois voir que la ressemblance. Mais dites-moi, de grace, dans quelle partie du monde vous êtes-vous tenu si long-tems caché, & où avez-vous fait l'acquisition de l'habit merveilleux & barbare que vous portez? Alors je lui racontai de point en point tout ce qui m'étoit arrivé ; & il écouta tout avec attention, jusqu'à ce que je vinsse à la planete de Nazar, aux Arbres parlans & raisonnables. Alors s'impatientant : On remarque distinctement en vous, me dit-il, toutes les fadaises que les songes enfantent, tout ce que la folie peut forger, & tout ce que l'ivresse peut faire imaginer de plus extravagant. Je croirois plutôt, avec nos paysans, que vous venez du sabat ; car, tout ce qu'en raconte le petit peuple, n'est que bagatelle au prix de votre voyage souterrein. Je le priai d'avoir un moment de patience, & de m'accorder son attention jusqu'à ce que j'eusse achevé le récit que j'avois commencé; lorsque je vis qu'il se taisoit pour écouter, je lui racontai tout ce qui m'étoit arrivé dans les pays souterreins, les revers que j'y avois éprouvés, & comment j'avois fondé une cinquième monarchie telle qu'on n'en avoit jamais vu. Tout cela ne fit qu'augmenter les soupçons qu'il avoit de mon commerce avec les sorciers ; il pensoit que, déçu par leurs prestiges, j'étois devenu un second Ixion (1);

─────────

(1) Ixion, amoureux de Junon, crut jouir de cette déesse, mais il n'embrassa qu'une nue.

& , pour mieux connoître jusqu'où alloit l'effet du prétendu maléfice , & jusqu'à quel point j'extravaguois, il commença à m'interroger sur l'état des bienheureux, & sur celui des damnés, sur les Champs Elisées, & sur diverses autres choses de cette nature. J'eus bientôt remarqué où tendoient toutes ces questions. Sur quoi je lui dis que je ne trouvois point mauvais qu'il fût incrédule, vu que mon récit devoit effectivement paroître fabuleux ; que ce n'étoit point ma faute, mais celle de mes aventures, qui étoient si merveilleuses, qu'elles surpassoient toute croyance humaine. Je vous jure bien saintement, ajoutai-je, que je n'y ai rien mis de mon invention ; mais que j'ai raconté tout simplement & ingenuement les choses comme elles se sont passées.

Mon ami, persévérant dans son incrédulité, me pria de me reposer quelques jours chez lui, espérant que durant ce tems-là, ma tête, qu'il croyoit fêlée, se remettroit.

J'y restai en effet huit jours ; &, au bout de ce terme, mon hôte voulant éprouver si j'étois aussi fou que je lui avois paru auparavant, me remit sur le chapitre de mon voyage souterrein, dont nous avions cessé de parler pendant ces huit jours. Il comptoit que ma cinquième monarchie, mes sujets & mes royaumes avoient disparu, & qu'il ne m'en restoit pas la moindre idée. Mais, quand il m'entendit raconter les mêmes choses, avec le même ordre, & que, sur la fin, je vins à lui reprocher son opiniâtre incrédulité, lui opposant certains faits qu'il étoit contraint de m'accorder, par exemple, que douze ans auparavant, je m'étois précipité dans une caverne, & que j'étois revenu sous un habit inconnu & étranger, il ne sut plus que me dire. Je profitai de son étonnement; &, lui serrant le bouton, je lui demandai si mon voyage étoit plus absurde que ce qu'on racontoit des sorciers & du sabat; qu'il savoit bien que tout cela n'étoit que des contes de vieilles, mais qu'il n'ignoroit pas que plusieurs philosophes avoient enseigné que la terre étoit concave, & qu'elle renfermoit un monde plus petit que le nôtre. Vaincu par ces raisonnemens, il me dit que ma constance à affirmer des choses dont la fausseté ne pouvoit m'apporter aucun avantage, avoit entièrement dissipé son incrédulité; &, persuadé des faits en question, il voulut que j'en recommençasse le récit. Il fut charmé de ce que je lui dis au sujet de la planète de Nazar, & sur-tout de la principauté des Potuans, dont les loix & les coutumes lui paroissoient des règles sur lesquelles tous les autres états devroient se régir. Il fentoit bien que la defcription d'un pays fi fage & fi bien ordonné ne partoit pas d'un cerveau dérangé; & il lui paroiffoit que des réglemens fi prudens venoient plutôt de Dieu que des hommes. Dans cette penfée, il me pria de lui dicter tout ce que je lui avois récité, qu'il en vouloit dreffer un mémoire, de peur qu'il n'en oubliât quelque trait.

Le voyant donc convaincu des chofes que je lui avois narrées, je commençai à lui parler de moi, & à lui demander ce que j'avois à faire dans la fituation où j'étois, & quelle fortune je pouvois attendre dans ma patrie, moi qui avois été fi grand & fi puiffant dans le monde fouterrein. Je vous conseille, me dit-il alors, de ne découvrir vos aventures à qui que ce foit, de laiffer ces chofes là enfévelies dans un éternel oubli, & de vous repofer encore quelque tems chez moi.

Il me fit quitter mes habits fouterreins, & il chaffoit tous ceux qui venoient pour voir le cordonnier de Jérufalem, leur difant qu'il avoit difparu. Cela n'empêcha pas que le bruit de l'apparition ne fe répandît au loin. On ne parloit que des maux que le prétendu cordonnier préfageoit. On affuroit à Sandwic, que le cordonnier de Jérufalem y avoit paru, publiant par-tout que la colère de Dieu étoit proche,

& exhortant chacun à la prévenir par une prompte conversion. Or, on sait que la renommée est comme une pelotte de neige qui grossit à chaque instant qu'elle roule ; & l'on conçoit bien que ce bruit fut paré de plus d'un conte ridicule. Mon hôte & moi, qui savions l'origine de toutes ces fadaises, nous nous en divertîmes long-tems.

Cependant, comme je ne voulois plus être à charge à mon ami, & qu'il m'importoit de paroître pour obtenir quelque emploi, je résolus de me rendre dans la capitale. Mon ami voulut m'y accompagner ; &, pour dépayser le monde sur mon compte, il me fit passer pour un étudiant de Nidros, qui étoit de ses parens, & qui l'étoit venu voir depuis peu. Il me recommanda ensuite si bien à l'évêque de Berge, tant par lettres, que de vive-voix, qu'enfin ce vénérable prélat me promit le premier rectorat qui vaqueroit dans quelque collège. Cet emploi ne me déplut pas, parce qu'il avoit quelque rapport à l'état où je m'étois vu élevé ; car un recteur de collège ou d'université est un petit empereur. La férule tient lieu de sceptre, & la chaire de trône. Mais, comme il s'écoula bien du tems sans qu'il y eût de rectorat vacant, & que la misère me talonnoit, je résolus d'accepter tout ce que l'on m'offriroit. Il arriva fort à propos, quelques jours après, que le marguillier de l'église de Sainte-Croix mourut. Auſſitôt Mgr. l'évêque ſe ſouvint de moi, & me nomma à cette charge, qui me paroiſſoit ridicule, à moi qui avois été ſouverain de tant de puiſſans états : mais, comme ce qui nous rend le plus ridicules & extravagans c'eſt la pauvreté, & qu'il n'y a pas de prudence à mépriſer l'eau trouble, quand on eſt preſſé par la ſoif, j'acceptai l'emploi en queſtion ; &, grace à Dieu, j'y paſſe doucement ma vie, en philoſophe.

Cependant j'étois à peine promu à cet office, que l'on me propoſa de me marier avec la fille d'un bon marchand de Berge, nommée Madelaine, que je trouvai fort à mon gré ; mais, comme il y avoit apparence que l'impératrice de Quama vivoit encore, je craignis de me rendre coupable de polygamie. J'en parlai à M. Abelin, pour qui je n'avois rien de ſecret, & qui ſe moqua de mon ſcrupule ; il me convainquit même ſi bien de la folie de mes doutes, que je ne balançai plus d'épouſer la fille en queſtion.

Je vis depuis ſix ans avec ma Madelaine,
Sans que rien n'ait troublé notre ſainte union.

Je ne lui ai pourtant pas encore fait confidence

de mes aventures souterreines. Mais, comme je ne puis entièrement oublier l'élévation où je me suis vu, il m'échappe de tems en tems certains écarts fort opposés à l'état où je suis présentement. Au reste, j'ai eu trois fils de ma Madelaine, l'aîné nommé Chrétien, l'autre Jean & le troisième Gaspard : en sorte que si le petit prince Quamite vit encore, je puis me compter père de quatre fils.

Le manuscrit de Nicolas Klimius ne va pas plus loin ; ce qui suit est une addition de M. Abelin son ami.

Nicolas Klimius vécut jusqu'en 1695, chéri & estimé de chacun pour l'intégrité & la pureté de ses mœurs. Il n'y eut que le curé de Sainte-Croix qui trouva à redire à sa gravité, qui n'étoit, au fonds, que l'effet du rang où notre auteur s'étoit vu élevé. Mais, quand je faisois réflexion à l'éclat de cette couronne qu'avoit porté Klimius, & à l'orgueil qu'inspirent les grandeurs du monde, je le trouvois fort humble & fort modeste de pouvoir s'accommoder d'un emploi de marguillier, après avoir été empereur. Ceux qui n'étoient point au fait de ses aventures, n'en pouvoient pas juger ainsi.

Dans certains tems de l'année, Klimius se

tranfportoit fur la montagne, pour y contempler la caverne par où il s'étoit précipité; & fes amis ont remarqué qu'il en revenoit avec un vifage tout baigné de pleurs, & qu'il étoit quelques jours fans fortir de fon cabinet, & fans vouloir parler à perfonne. Sa femme a aufſi affuré qu'elle l'avoit ouï, lorfqu'il rêvoit, commander l'exercice aux troupes de terre, & la manœuvre aux vaiffeaux. Ses diftractions alloient quelquefois fi loin, qu'un jour il envoya ordre au gouverneur de la province de Berge de venir lui parler fur le champ. Son époufe, qui voyoit que toutes ces agitations d'efprit ne venoient que de fa trop grande application à l'étude, craignoit fort pour fa fanté. Sa bibliothèque étoit compofée en partie de livres de politiques; & comme cette lecture ne convenoit guère à un marguillier, on lui en faifoit fouvent la guerre. Il a écrit lui-même la relation de fon voyage, & fon manufcrit, qui eft l'unique de fon efpèce, eft actuellement entre mes mains. Il y a long-tems que j'ai voulu le publier; mais de bonnes raifons m'en ont empêché jufqu'à cette heure.

Fin du voyage de Klimius.

RELATION D'UN VOYAGE DU POLE ARCTIQUE AU POLE ANTARCTIQUE, PAR LE CENTRE DU MONDE;

Avec la description de ce périlleux passage, & des choses merveilleuses & étonnantes qu'on a découvertes sous le Pole Antarctique.

LE PASSAGE
DU POLE ARCTIQUE
AU POLE ANTARCTIQUE,
PAR LE CENTRE DU MONDE.

CHAPITRE PREMIER.

Départ de l'auteur d'Amsterdam pour le Groenland. Comment l'auteur & ses compagnons commencèrent à s'appercevoir qu'ils approchoient de l'effroyable tournant d'eau qui est sous le Pole Arctique. Description du tournant.

AYANT toujours eu, dès ma jeunesse, une très-grande passion pour les voyages, j'ai parcouru, pour contenter ma curiosité, toutes les principales parties du vieux & du nouveau Monde; &, à la fin de ma dernière course, je me trouvai dans la grande & fameuse ville d'Amsterdam, où je fis connoissance avec trois ou quatre gros négocians, qui me dirent qu'ils équipoient un vaisseau pour l'envoyer dans le Groenland à la pêche de la baleine. A cette nouvelle, je sentis mon inclination naturelle se ranimer, & je conçus d'abord le dessein de faire ce voyage, n'ayant point encore vu les climats glacés des zones froides. Je commençai donc à acheter tout ce que je crus nécessaire ; &, ayant mis en ordre tout mon petit équipage, je m'embarquai le troisième du mois de mai de l'année 1714. Nous partîmes avec un vent favorable, & eûmes un tems à souhait pendant quelques jours ; mais le dixième, vers le soir, le ciel s'obscurcit & se couvrit en peu de tems de nuages noirs & épais, & les vents se mirent à souffler avec une telle véhémence & impétuosité, que l'équipage fut alerte toute la nuit suivante, & cette tempête nous porta vers l'ouest avec tant de rapidité, malgré toute notre manœuvre, que le matin, environ à 4 heures, nous nous trouvâmes à la vue des côtes de l'île d'Islande, dont nous n'étions éloignés que d'environ trois lieues. Le vent pour lors étant tombé, un calme de douze heures lui succéda, après lequel nous reprîmes notre route avec un petit vent sud-est. Nous voguâmes assez heureusement jusqu'au quatorze,

que

que nous apperçûmes deux vaisseaux qui nous parurent venir du Groenland, & prendre la route de Hollande : nous étions alors au soixante-huitième degré dix-sept minutes de latitude ; mais nous les perdîmes bientôt de vue ; car le tems se changea subitement, & nous vîmes se former du côté de l'est un affreux orage, qui s'approcha de nous dans l'espace de quelques minutes ; nous fûmes d'abord environnés d'un nombre infini d'éclairs qui furent suivis d'épouvantables éclats de tonnerre, & d'une pluie si grosse, si forte & si longue, que le ciel sembloit menacer la terre d'un second déluge. L'obscurité étoit si grande, que nous ne pouvions distinguer les objets, de la poupe à la proue ; les vagues étoient si grosses, & les vents s'entrechoquoient avec tant de furie, que notre pilote, quoique très-expérimenté, ne savoit presque plus quel parti prendre. Enfin, après avoir été long-tems à deux doigts de la mort, cette horrible tempête commença à se dissiper, le jour reparut, & nous nous trouvâmes dans une grande mer toute remplie de gros quartiers de glace, qui, se roulant les uns sur les autres, nous firent craindre d'être renversés ou écrasés. Il faisoit très-froid, & nous ne voyions tout autour de nous aucune île ni côtes ; nous avions perdu notre route ; &

ayant pris hauteur, nous trouvâmes soixante & treize degrés vingt-deux minutes. Un petit vent sud-ouest nous poussoit toujours vers le nord ; & nous portâmes enfin à un endroit où la mer nous sembla faire une petite pente, & où le fil de l'eau nous entraînoit, quoiqu'assez lentement, toujours du côté du pole ; alors un vieux matelot nous conta qu'il avoit oui dire autrefois à un fameux pilote qui avoit fort couru les mers du nord, qu'il y avoit sous le pole arctique un effroyable tournant d'eau, qui pouvoit avoir soixante & dix ou quatre-vingt lieues de circonférence ; qu'il estimoit être le plus dangereux écueil du monde, au milieu duquel il devoit y avoir un gouffre épouvantable & sans fonds, où toutes les eaux de ces mers se précipitant, avoient communication, par le centre de la terre, avec les mers qui sont sous le pole antarctique. Ce récit nous glaça d'effroi, & nous fit frissonner dans toutes les parties de notre corps ; car nous voyions que le cours de l'eau nous amenoit, & qu'il nous étoit impossible de rétrograder : sur cela, nous tînmes conseil, & il fut conclu que, quoiqu'il n'y eût presqu'aucune apparence de salut pour nous, il falloit néanmoins prendre toutes les précautions imaginables, & boucher toutes les ouvertures du vaisseau, pour fermer tout chemin à l'eau : ce que nous exécutâmes sur le champ avec un empressement & une diligence incroyables ; après quoi nous montâmes tous sur le pont, pour voir ensemble si nous ne pourrions pas trouver le moyen d'éviter l'affreux péril dont nous étions menacés ; pour lors le soleil ne se couchoit plus, & nous le voyions toujours tourner autour de nous sur les bords de l'horison ; mais il étoit un peu pâle. Nous apperçûmes vers l'ouest une assez longue côte, qui avoit trois caps, dont celui du milieu s'avançoit beaucoup plus dans la mer que les deux autres. On y voyoit plusieurs hautes montagnes toutes couvertes de neige & de glace, & dont les entre-deux nous paroissoient tout en feu. De ce même côté, en tirant vers la droite, vous vîmes un gros amas de nuages d'une couleur presque verte, mêlée d'un gris fort obscur, & dont une partie descendoit si bas, qu'elle touchoit presque la mer ; il en sortit une infinité d'oiseaux, dont le nombre, en volant vers nous, s'accrut si prodigieusement, que tout l'air d'alentour en fut obscurci. Une troupe se détacha du gros ; &, passant immédiatement sur nos têtes, ils entrèrent en une telle furie les uns contre les autres, qu'ils se bequetèrent cruellement & de telle sorte, que trois tombèrent morts sur notre pont.

Leur plumage étoit très noir, & leur bec rouge comme du sang ; ils avoient, depuis la tête jusqu'à l'extrémité de la queue, une raye blanche comme de la neige ; mais nous perdîmes bientôt tous ces oiseaux de vue. On demandera peut-être comment ils peuvent traverser ces vastes mers ; mais il est à présumer qu'ils se reposent de tems en tems sur ces grandes pièces de glace qu'on trouve en plusieurs endroits dans les mers du nord. Cependant nous suivions toujours malgré nous le penchant des eaux, jusqu'à ce qu'enfin notre vaisseau fit tout d'un coup comme un demi-tour à gauche, & alors nous voguâmes d'un mouvement circulaire : ce qui nous fit connoître que nous étions entrés dans le tournant. Cette mer tournoyante fourmille par-tout d'un nombre innombrable de petits poissons, à-peu-près de la grosseur des harengs ; de la moitié du corps à l'extrémité de la queue, ils sont d'une très-belle couleur d'or ; &, comme ils nagent presque toujours la tête en bas & à fleur d'eau, & le soleil réfléchissant sur toutes ces queues qui sont toutes entières hors de l'eau, ce tournant ressemble à un ciel d'eau tout couvert d'un nombre infini d'étoiles d'or, qui sont dans un perpétuel mouvement. Un objet de cette nature charmeroit, sans doute, des gens qui le pourroient contempler d'un œil tranquille. Après avoir fait plusieurs tours, nous apperçûmes au milieu du tournant une espèce d'île flottante plus blanche que la neige; mais notre mouvement circulaire nous approchant toujours du centre, nous reconnûmes que cette île prétendue n'étoit qu'une haute écume que les eaux, en se précipitant & s'engouffrant dans cet abîme, formoient sur leur superficie. Nous jugeâmes alors qu'il étoit tems de nous retirer au-dedans du vaisseau : ce que nous fîmes à l'instant, en descendant tous à fond de calle pour y attendre ce que le ciel ordonneroit de nous.

CHAPITRE II.

Comment leur vaisseau fut engouffré au centre du tournant ; comment ils se trouvèrent insensiblement sous le Pole Antarctique, & comment ils connurent qu'ils n'étoient plus sous le ciel du nord.

A PEINE avions-nous été renfermés dix ou douze minutes, que nous nous sentîmes enfoncer dans ce profond abîme avec une rapidité inconcevable. Le siflement & le bourdonnement horrible que nous entendions sans cesse autour de nous, en portant dans nos ames la terreur & l'effroi, nous ôta peu-à-peu la connoissance, & nous jetta dans une espèce d'évanouissement qui nous mit hors d'état de nous appercevoir du tems que nous restâmes entre ces épouvantables torrens qui roulent avec tant d'impétuosité sous ces affreux souterreins ; mais nous étant réveillés de cet assoupissement où nous étions plongés, & ne sachant pas bien encore si nous étions morts ou vivans, nous revînmes bientôt à nous ; &, prêtant l'oreille, nous n'entendîmes plus rien ; & il nous sembla à tous que notre vaisseau étoit presque sans mouvement ; notre pilote, le plus hardi de tous, s'aventura de monter en haut ; il ouvrit du côté de la poupe, & monta sur le pont. Nous le suivîmes tous les uns après les autres, & nous nous vîmes, avec la dernière surprise, sur une mer calme, & environnés d'un brouillard si épais, qu'il nous étoit impossible de distinguer aucun objet tout autour de nous. Le brouillard & la mer étoient d'une même couleur ; de sorte qu'il nous sembloit que notre vaisseau étoit suspendu dans les airs ; mais peu-à-peu l'air s'éclaircit, & le jour étoit à-peu-près comme il est l'été dans nos climats, une petite demi-heure après le soleil couché. Il est aisé de se figurer la joie dont nous fûmes tous pénétrés, après nous être crus perdus sans ressource, de voir que nous pouvions encore espérer de retourner dans notre patrie. Cependant nous ne savions où nous étions ; &, notre pilote ayant pris hauteur, nous trouvâmes soixante & onze degrés & huit minutes de latitude méridionale : ce qui nous fit connoître que nous étions dans les mers du sud, sous le Pole Antarctique. Pour lors il ne faisoit pas le moindre vent. Nous nous occupâmes à remettre en état, autant qu'il étoit possible, tous nos cordages & toutes nos voiles. Nous avions encore dans le vaisseau des provisions pour quelque tems. Au bout d'environ quatre ou cinq heures, il se leva un petit vent nord-ouest, mais si terriblement froid, que la mer fut toute prise dans l'espace de quelque momens. Je puis dire que je n'avois jamais senti un froid si pénétrant, & je doute que nous eussions pu y résister, s'il eût continué long-tems ; mais, par bonheur, il tomba tout-d'un-coup une petite pluye douce qui nous fit passer, dans quelques minutes, du plus rude hiver au printems. La sage providence, pour suppléer au défaut du soleil qui s'éloigne pour si long-tems de ces tristes climats, tempère leur extrême froideur par des exhalaisons chaudes, qui conservent même assez avant dans l'hiver les herbes, les plantes & les arbuftes qu'on y voit. Nous portâmes avec toutes nos voiles vers une grande côte que nous apperçûmes à l'eft, dans l'efpérance de pouvoir mettre pied à terre quelque part ; & nous vîmes à une de fes extrémités qui s'avançoit vers le Pole Antarctique, une lumière qui reffembloit affez à l'aurore; nous favions pourtant bien que ce n'étoit pas l'avant-courrière du foleil, puifqu'il devoit fe paffer plufieurs mois avant qu'il reparût dans ces régions. Nous ne pouvions plus faire de diftinction entre le jour & la nuit, le matin & le foir ; cependant le jour étoit affez grand pour nous empêcher de voir les étoiles. Il s'élève dans les airs des exhalaifons lumineufes pendant l'abfence du foleil, autrement les deux zones froides feroient alternativement pendant fix mois, enfévelies dans une affreufe nuit. Comme nous voguions doucement vers cette fufdite, nous vîmes en quatre ou cinq endroits diftans l'un de l'autre d'environ la portée d'un moufquet, de groffes écumes bouillonnantes, qui s'élevant affez haut avec impétuofité, formoit au-deffus de la furface de la mer comme de petites collines ; ces bouillons d'eau & d'écume avoient tant de force, que notre vaiffeau, en paffant au travers, penfa en être renverfé. Nous ne pûmes jamais comprendre ce que ce pouvoit être ;

mais nous n'en vîmes plus depuis. Cependant cette lumière dont je viens de parler ayant peu-à-peu diffipé les nuages qui nous la cachoient, elle s'éleva tout d'un coup, & brilla d'une telle forte à nos yeux, qu'elle nous jetta tous dans l'admiration; c'étoit un météore merveilleux, qui formoit un ovale parfait d'un bleu très-obfcur, & qui étoit tout parfemé d'étoiles: celle du milieu, qui étoit la plus grande, paroiffoit dominer fur toutes les autres. Cet admirable phénomène augmenta le jour de moitié fur la côte, tellement que nous pouvions voir plus diftinctement tous les objets: auffi en étions-nous déja fort près; & y ayant enfin abordé, comme nous avions deffein d'y mettre pied à terre, nous jettâmes l'ancre.

CHAPITRE III.

Ils mettent pied à terre sur la côte, & pénétrent dans le pays environ une lieue & demie. Description de la grande île flottante qui est sous le Pole Antarctique, & de la montagne de glace qui est au milieu, de figure piramidale, & qui semble taillée à facettes ; des météores merveilleux qui paroissent de tems à autre autour de l'île flottante.

A L'endroit où nous mouillâmes, la côte étoit toute bordée de grands roseaux, qui hors de l'eau paroissoient de la hauteur d'une pique, & du moins de la grosseur du bras, & se terminoient en une pointe fort aiguë ; ils avoient des nœuds d'espace en espace, & au-dessous de ces nœuds pendoient de grandes feuilles jaunâtres, larges d'un bon empan, & environ de la longueur d'une aune de Hollande. Nous mîmes la chaloupe en mer pour aller à terre, & nous eûmes beaucoup de peine à passer au travers de ces roseaux, parce qu'ils étoient fort serrés & proches les uns des autres : nous prîmes toutes nos armes à feu, autant pour nous défendre des bêtes farouches, que pour tuer quelque gibier, s'il arrivoit que nous en rencontrassions; après avoir grimpé en haut, parce que le terrein étoit escarpé, nous trouvâmes une belle plaine toute semée d'une herbe menue & courte qui exhaloit une agréable odeur; elle étoit bornée de trois grandes chaînes de montagnes qui s'étendoient à perte de vue à droite & à gauche; ces montagnes nous parurent posées en amphithéâtre; le second rang étant plus haut que le premier, & le troisième beaucoup plus haut que le second. Le premier rang, à savoir le plus proche de nous, n'étoit proprement que de grandes colines, toutes revêtues de mousse verte; les montagnes du second étoient toutes couvertes de neige, & celles du troisième paroissoient dans le lointain d'un rouge enflammé, ce qui produisoit un des plus beaux aspects qu'on puisse imaginer: quand nous eûmes traversé la plaine & gagné le pied des colines, nous passâmes plus avant & nous vîmes qu'elles formoient en cet endroit une grande enceinte ou enclos environ d'une bonne lieue de diamètre; cette enceinte étoit toute pleine de grandes herbes si hautes, que les deux plus grands hommes de notre troupe y étant entrés, on leur voyoit à peine le sommet de la tête, nous remarquâmes que tout autour de l'enclos, il y avoit dans les colines de grands trous ou antres, que nous jugeâmes être la retraite de quelques bêtes farouches; & en effet, quelques momens après, nous vîmes sortir de ces grandes herbes, à deux cens pas de nous, trois ours blancs d'une grosseur prodigieuse, qui sans se tourner ni d'un côté ni d'autre, entrèrent dans l'antre qui étoit vis-à-vis d'eux, nous ne trouvâmes pas à propos après cela de rester dans un lieu qui nous sembloit si périlleux, nous en sortîmes sur le champ, & nous avançant toujours vers les montagnes, nous trouvâmes un petit ruisseau d'eau douce très-claire, sur les bords duquel nous vîmes se promener un grand nombre d'oiseaux à peu près de la grosseur des cailles; ils étoient si peu farouches qu'ils se laissoient prendre à la main, nous en tuâmes quelques-uns, que nous envoyâmes à bord; en suivant ce ruisseau il nous conduisit insensiblement entre deux roches fort hautes & fort escarpées, & toutes couvertes de glace depuis le haut jusqu'au bas, nous y sentîmes d'abord avec la dernière surprise un froid extrême & nous ne pouvions comprendre comment, en sortant d'un air fort doux & presque chaud, celui où nous venions d'entrer pouvoit être si rude, nous marchions pour lors sur une neige fort dure, & notre petit ruisseau étoit entièrement gelé dans cet entre-deux, la montagne qui étoit à notre droite recevant sur sa surface glacée toute la lumière du météore dont j'ai parlé, & là, réfléchissant sur la montagne qui lui étoit opposée, elles brilloient toutes deux d'une telle manière que nos yeux en furent éblouis, & que nous avions de la peine à voir ce qui étoit devant nous ; sitôt que nous fûmes sortis d'entre ces montagnes, nous sentîmes un air doux & temperé, & le ruisseau couloit & serpentoit comme de l'autre côté ; à deux cens pas de là, nous le vîmes se perdre dans la terre, vis-à-vis d'une roche qui avoit la figure d'une grosse tour ronde, la nature y avoit creusé une espèce de grote qui avoit trois ouvertures du haut en bas, en forme d'arcades, & au milieu en dedans on voyoit un grand bassin dans lequel nous remarquâmes que le ruisseau se jettoit par un canal souterrein, il y avoit dans cette grotte, plusieurs niches, où nous trouvâmes des nids d'oiseaux, & dans quelques-uns des œufs d'un verd fort pâle, trois fois plus gros que nos œufs de cane, le dessus de cette roche étoit plat en forme de terrasse, & tout plein d'une herbe fort semblable à notre pourpier, mais de beaucoup plus grande, les feuilles en étoient extrêmement larges & environ de l'épaisseur du petit doigt, & sa tige étoit si longue, que plusieurs pendoient depuis le haut jusques en bas; après avoir admiré cet ouvrage de la nature, nous ne jugeâmes pas à propos de pousser pour lors plus avant, & nous reprîmes la route de notre vaisseau, mais non pas tout-à-fait par le même chemin, nous tirâmes un peu sur la gauche, & après avoir marché quelque peu de tems, nos oreilles furent subitement frappées de mugissemens & de hurlemens horribles qui venoient du même côté où nous avions vu ces trois ours blancs : tout l'air d'alentour en retentissoit d'une telle sorte, que nous jugeâmes qu'il falloit qu'il y eût dans cet endroit-là un très-grand nombre de ces animaux féroces : nous arrivâmes insensiblement sur un terrein raboteux & pierreux qui nous conduisit vers un amas de grosses roches fort près les unes des autres : elles avoient des veines rouges, vertes & bleues à peu près comme le marbre, & comme nous y vîmes à droite & à gauche une espèce de marais, nous fûmes contraints de passer tout au travers ; nous y trouvâmes diverses routes qui se croisoient les unes & les autres comme dans un labyrinte, de sorte que nous nous y égarâmes quelque tems ; mais enfin un des nôtres ayant trouvé l'issue, nous en sortîmes : à peine en étions-nous à quatre pas qu'une monstrueuse bête s'élança contre nous de derrière un petit rocher ; elle étoit de la figure & de la couleur d'un crapaud, mais infiniment plus grosse ; elle avoit sur la tête une grande crête d'un vilain bleu pâle, & dardoit de tems en tems de sa gueule une écume jaune & verte ; elle se tourna du côté du marais, & s'y jettant d'un seul saut, elle y plongea de sorte que nous ne la vîmes plus. Nous ne doutâmes pas que dans ce lieu il n'y en eût plusieurs de la même espèce, & que ces bêtes ne fussent très-venimeuses. Nous continuâmes de marcher avec beaucoup de peine dans ce chemin pierreux, jusqu'à la belle plaine où nous avions mis pied à terre, & nous vînmes heureusement à bord, où nous fîmes cuire les oiseaux que nous avions pris. La chair en étoit fort dure, mais d'assez bon goût & approchant de celle de canard. Nous formâmes le dessein de faire bientôt une seconde course, & de prendre de ces oiseaux & de toutes les autres espèces que nous pourrions trouver, afin d'épargner le reste de notre biscuit & de nos autres provisions qui se pouvoient garder. Nous vîmes alors avec chagrin s'évanouir le beau météore qui commença de paroître quand nous arrivâmes sur cette côte, & nous eûmes ensuite une petite pluye mêlée de neige & de grosse grêle qui dura plus de quinze heures. Nous mesurions alors notre tems avec un sablier que nous trouvâmes heureusement dans le vaisseau. L'air devint si froid, qu'il nous étoit impossible de rester seulement un demi-quart-d'heure sur le pont ; mais cette pluye ayant cessé, l'air se radoucit tellement, qu'il nous sembloit respirer un air d'automne comme dans les climats tempérés ; & un autre phénomène se montra du côté de l'ouest, qui n'étoit pas, à beaucoup près, si brillant que le premier, mais pourtant très-beau ; il formoit un zig zag irrégulier, & ressembloit très-bien à une constellation. Il avoit, dans la partie inférieure, une espèce de queue qui étoit fort large à l'extrémité. Il faut remarquer que depuis que nous étions à l'ancre, notre vue avoit toujours été bornée vers le sud, c'est-à-dire, du côté du Pole Antarctique, par de gros nuages fort épais, qui furent enfin dissipés par une de ces belles exhalaisons lumineuses si fréquentes sous les Poles ; de sorte que nous découvrîmes tout-d'un coup une île qui nous parut floter sur la surface des eaux, & que nous vîmes en effet s'approcher de nous environ jusqu'à une portée de canon. Cette île étoit presque ronde, & n'étoit, sans doute, qu'un assemblage de ces grandes pièces de glace qu'on voit dans ces mers, qui s'étoient liées & congelées ensemble. Il y avoit au milieu une grande

montagne

montagne de glace qui s'élevoit fort haut en figure piramidale; & les pièces qui la formoient étoient, par un surprenant artifice, disposées de manière qu'elle paroissoit toute taillée à facettes comme un diamant: avec cette différence, que les facettes étoient proportionnées à sa grandeur. L'île étoit toute couverte de neige, & on voyoit sur ses bords, de distance en distance, comme de petits arbres de glace, qui jettoient des rameaux chargés de flocons de neige qui leur tenoient lieu de feuilles & de fruits; mais, sur la montagne, il n'y avoit pas la moindre neige; toutes ses glaces étoient claires & transparentes comme le cristal. Nous considérâmes toutes ces choses assez long-tems, & ensuite nous allâmes nous reposer : après que nous eûmes dormi quelques heures, en voulant monter sur le pont, nous fûmes tous épouvantés de voir l'air tout enflammé; mais ayant jetté la vue du côté de l'île, nous connûmes que cette grande illumination procédoit de six météores merveilleux suspendus dans les airs, à une distance à-peu-près égale, tout autour de la montagne, comme autant de grands & magnifiques lustres. Ils étoient tous de la même figure, & étoient composés chacun de quatre gros globes de feu; celui d'en bas étoit le plus gros; le second, le troisième & le quatrième alloient en diminuant. Tous ces globes lumineux étant multipliés à l'infini dans les facettes de la montagne, la faisoient paroître toute de feu. Tous ces grands & surprenans objets faisoient ensemble un effet dont les yeux étoient ravis & enchantés, & de telle sorte que, frappés d'admiration & d'étonnement, nous restâmes quelques momens immobiles comme des statues. Comme nous étions encore attentifs à les contempler, nous apperçûmes fort haut dans les airs trois grands oiseaux qui fondirent tout-d'un-coup vis-à-vis de nous sur la côte ; leur plumage étoit un mélange de gris & de brun ; sur leur tête, ils avoient une grande aigrette de trois plumes blanches comme neige, dont les extrémités étoient d'un très-bel incarnat, & leurs queues étoient plus longues que tout leur corps, & sembloient un éventail à demi-ouvert ; ils étoient plus grands & plus gros que des aigles ; &, après qu'ils eurent bequeté & fouillé l'herbe quelque tems, ils s'envolèrent tous trois rapidement vers la montagne de glace ; &, ayant long-tems voltigé tout autour, ils montèrent sur son sommet, & nous ne les vîmes plus. Nous jugeâmes que peut-être ils y avoient leurs nids. C'étoient de très-beaux oiseaux.

CHAPITRE IV.

Du merveilleux lac dont les eaux sont presque toujours chaudes, & de ses cinq admirables cascades. Description de la vallée des roses blanches, où l'on voit un monument très-remarquable, une fontaine rare & singulière, & quelques arbustes très beaux & agréables à la vue.

Comme nous étions dans un plein repos, nous fûmes réveillés par un vent impétueux, qui donnoit de telles secousses à notre vaisseau, que, de crainte que notre cable ne se rompît, nous nous levâmes tous au plutôt; mais nous ne vîmes plus l'île flottante ni les beaux phénomènes qui étoient tout autour. La mer étoit fort grosse & toute pleine de grandes pièces de glaces qui s'amoncelant les unes sur les autres, formoient par-ci & par-là de petites montagnes flottantes. Lorsque le tems fut plus beau, ce qui ne tarda guères à arriver, nous résolûmes de faire, comme nous avions projetté, une seconde course dans le pays. Ayant laissé à bord deux ou trois des nôtres, nous prîmes nos armes, & enfilâmes un autre chemin que la première fois. Il faut remarquer que cette côte est fort montagneuse ; mais on y trouve quelques petites plaines & des vallées. D'abord nous marchâmes entre des roches seiches & arides, où il n'y avoit ni herbe ni mousse ; & on y trouvoit des précipices affreux, au bas desquels rouloient de gros torrens avec un bruit épouvantable ; nous étions contraints de passer dans de petits sentiers très-étroits & très-dangereux ; mais enfin nous sortîmes heureusement de cet endroit, où nous nous étions insensiblement engagés, & nous montâmes sur une haute montagne d'où nous pouvions jetter la vue de toutes parts ; nous y vîmes l'été & l'hiver tout-à-la-fois : car, d'un côté, il y avoit des plaines où tout étoit gelé & couvert de neige ; &, de l'autre, des vallées où régnoit par-tout une riante verdure ; l'air y étoit si clair & si lumineux, que, sans le secours du soleil, nous y pouvions aisément distinguer les plus petits objets. Nous y descendîmes, & trouvâmes tous ces lieux tapissés d'une herbe courte & menue ; on y voyoit par-ci par-là des plantes qui jettoient des feuilles longues & serrées. Nous en arrachâmes quelques-unes dont la racine étoit ronde & plate, à-peu-près grosse comme le poing, & couverte d'une peau noire fort mince : la chair étoit d'un blanc rougeâtre, & d'un goût approchant de celui de l'amande. Nous en trouvâmes beaucoup depuis sur la côte, aux environs de l'endroit où nous avions jetté l'ancre, que nous mangions au lieu de pain. Ce lieu nous parut si agréable, que nous nous y reposâmes quelque tems ; delà nous entrâmes entre deux longues chaînes de montagnes couvertes de mousse depuis le pied jusqu'au sommet, & d'où distilloit une espèce de gomme odoriférante. Cette double chaîne n'étoit pas droite, & faisoit un grand coude qui nous bornoit entièrement la vue ; mais, quand nous fûmes au bout, nous découvrîmes tout-d'un-coup un lac dont l'eau étoit verdâtre & presque chaude ; il exhaloit sur toute sa surface une infinité de petites vapeurs noires. Nous crûmes, & avec raison, que cette chaleur & ces vapeurs procédoient de matières sulphurées & bitumineuses, qui devoient être dans le fond. Il n'y avoit pas la moindre petite herbe sur ses bords. Après les avoir côtoyés pendant quelque tems, nous entendîmes un certain bruit & murmure qui s'augmentoit à mesure que nous avancions ; & enfin nous remarquâmes que l'extrémité du lac étoit toute bordée de petites roches entre lesquelles l'eau s'écoulant dans un bas, causoit le bruit que nous entendions. Nous doublâmes donc le pas, & fûmes bien surpris de voir cinq belles cascades, dont celle du milieu étoit la plus grande ; elle formoit trois grandes nappes d'eau, qui tomboient les unes sur les autres, sur trois degrés en distances à-peu-près égales ; & l'eau de toutes ces cascades se réunissant un peu plus bas, tomboit sur un grand rocher presque plat ; & delà se précipitant, s'alloit perdre entre des rochers qui étoient au-dessous. Il falloit, de nécessité, que puisque ce lac restoit toujours également plein, quoique ses eaux s'écoulassent incessamment de ce côté-là avec tant d'abondance, il y eût des canaux souterreins qui lui en fournissent toujours de nouvelles. Comme nous raisonnions là dessus, il parut tout-d'un-coup, sur une grande coline qui étoit vis-à-vis de nous, une grande troupe de gros & puissans ours blancs comme neige. Nous remarquâmes qu'il y en avoit deux ou trois qui étoient tachetés de noir par-tout le corps ; un d'entr'eux descendit la coline ; &, ayant passé un petit ruisseau qui étoit au bas, il se glissa entre deux rochers. A peine y fut-il, qu'il se mit à faire un certain cri, comme s'il eût appelé les autres ; & effectivement, ils se mirent tous à le suivre, en se pressant & se précipitant. Nous ne les eûmes pas plutôt perdus de vue, que nous vîmes partir, du milieu de ces mêmes roches, plusieurs oiseaux qui furent bientôt suivis d'un plus grand nombre, qui prirent tous leur vol vers de hautes montagnes couvertes de neige, qui étoient sur notre droite. Ces oiseaux avoient apparemment leurs nids dans les fentes & les crevasses qu'on y voyoit ; mais elles étoient dans des lieux si escarpés & si hauts, qu'il étoit impossible d'y parvenir. En nous éloignant de ces cinq admirables cascades, nous descendîmes avec beaucoup de difficulté, par une montagne dont la pente étoit très-roide, dans une plaine longue & étroite, percée presque partout de petits trous qui alloient en tournant assez profondément en terre : il falloit qu'il y eût dans ce lieu une infinité d'animaux d'une espèce qui, sans doute, nous étoit inconnue ; mais nous n'en vîmes pas paroître un seul. En marchant entre ces trous, on entendoit un certain son, comme s'il y eût eu dessous des caves ou des voutes. Etant au bout de cette plaine, nous entrâmes comme dans un grand carrefour, où il y avoit cinq routes différentes, disposées en étoile. Nous balançâmes quelque tems sur le choix de celle que nous devions prendre. Il y en avoit une entre des montagnes d'une hauteur si prodigieuse, qu'on en étoit presque épouvanté ; on y entroit par-dessous un large & haut portail, dont la structure n'étoit qu'une grande pièce de roche, qui s'étant détachée par en haut d'un des côtés, étoit tombée en travers sur l'autre, & y étoit demeurée suspendue peut-être depuis un très-long tems. Cette route étoit sabloneuse; on y enfonçoit jusqu'au-dessus de la cheville du pied. Nous en enfilâmes une autre beaucoup plus commode; les montagnes qui la bordoient, étoient une roche presque noire avec de grandes veines blanches & luisantes, à-peu-près comme de l'alun. Nous y trouvâmes par-tout une très-grande quantité d'une espèce de lézards. Ils étoient si familiers, qu'ils nous passoient à tous momens entre les jambes & sur les pieds. Ils avoient la tête parfaitement noire, le corps rougeâtre, & la queue extraordinairement longue. Plus nous avancions dans ce chemin, & plus il s'élargissoit. Il nous conduisit enfin dans une très-belle & très-spacieuse vallée, où nous respirâmes un air de printems; elle étoit toute couverte d'une plante toute semblable à la violette; on voyoit sur la plupart, au milieu de la tige, une fleur blanche de la grandeur d'un ducaton. Cette fleur avoit huit feuilles, toutes dentelées, les quatre plus grandes dessous, & les quatre plus petites dessus; le milieu étoit garni de petits grains fort rouges. Cette fleur ne ressembloit pas mal à une rose simple, & avoit une odeur fort douce. L'émail de ces fleurs avec le verd de leurs tiges faisoient ensemble un effet charmant dans toute l'étendue de cette vallée. Un petit ruisseau d'une eau très-claire serpentoit vers le milieu. Nous apperçûmes à l'extrémité d'un enfoncement, quelque chose de blanc à travers de grandes herbes; nous en étant approchés, nous y vîmes, avec la dernière surprise, un petit édifice d'une singulière structure : il étoit tout de pierre blanche ; sa partie supérieure étoit une grande pierre plate, de figure triangulaire, posée sur six colonnes hautes d'environ trois pieds, sur une base en ovale, qui s'élevoit de terre à la hauteur de quatre ou cinq pouces. Sur la pierre à trois angles, on voyoit une inscription de caractères bizarres, qui n'étoient connus d'aucun de notre troupe ; &, en bas sur la circonférence de la base, paroissoient encore, d'espace en espace, les mêmes caractères, mais presque effacés. Ce monument fit naître entre nous une infinité de raisonnemens, car nous voyions très-bien que ce n'étoit pas là un ouvrage du hasard ; mais j'en laisse la décision à de plus habiles gens que moi. Etant sortis de ce lieu, nous marchâmes droit au ruisseau dont je viens de parler, & nous le suivîmes en remontant vers sa source. Il sortoit d'une très-belle fontaine qui étoit dans une grote creuſée par la nature dans une des montagnes de la vallée. J'y entrai d'abord; elle étoit revêtue d'une très-belle mouſſe verte depuis le haut juſqu'en bas; & dans le fond, à la hauteur d'un homme, on voyoit trois conduits ſur une même ligne, & à diſtances égales: l'eau, en coulant hors de ces conduits, faiſoit un agréable petit murmure qui approchoit du gazouillement des oiſeaux, & tomboit dans une eſpèce de baſſin, qui en étoit fort rempli, & s'épanchoit par-deſſus tous ſes bords; elle ſe réuniſſoit par-devant dans une grande crevaſſe qui étoit dans un rocher, immédiatement au-deſſous, & s'écouloit en bas. Ce baſſin étoit profond environ d'un pied; il y avoit au fond pluſieurs petites pierres rouges & plates de différentes figures, ſavoir de quarrées, de rondes, de triangulaires & en forme de cœur. Voulant en prendre quelques-unes, je pus à peine ſouffrir la froideur exceſſive de l'eau voiſine de la fontaine; au-dedans de la grote, il y avoit un trou rond & fort profond, large d'un bon empan, qui exhaloit une vapeur ſi chaude, que je penſai me brûler le viſage, m'étant par haſard placé tout vis-à-vis. Ce ne fut pas ſans un extrême étonnement, que je vis ſortir preſque d'un même endroit le froid & le chaud tout enſemble. Il y avoit, dans plufieurs endroits de cette vallée, divers arbuftes très-beaux & très-finguliers, & un, entr'autres, qui jette fes feuilles à trois étages affez diftans l'un de l'autre ; elles font toutes couvertes d'une efpèce de duvet qui les rend, au toucher, douces comme du velours, & bordées tout autour du plus beau jaune du monde. Au-deffus des feuilles, & précifément à l'endroit où elles font attachées au tronc, on voit fortir de chacune, au bout d'une fort longue queue, de petites graines rouges de la groffeur des pois, qui forment un cercle parfait ; &, à la cîme, ils portent un bouquet de ces mêmes graines, fort ferré & preffé, qui a prefque la figure d'une petite pomme de pin.

CHAPITRE V.

De quelques poiffons monftrueux qu'on voit dans ces mers. Accident tragique & lamentable arrivé à deux matelots de l'équipage. Des fept îles inacceffibles, & de ce que l'auteur y vit avec de grandes lunettes d'approche.

Nous ne vîmes rien digne de remarque dans la route que nous prîmes pour revenir à bord : nous trouvâmes entre les rochers une grande quantité d'oifeaux, qui fe laiffoient prefque prendre à la main ; nous en emportâmes autant qu'il nous fut possible. Comme la côte où nous étions à l'ancre étoit fort exposée à de grandes tempêtes & à des vents très-impétueux, nous craignîmes qu'en y restant plus long-tems, nous ne fussions à quelque heure brisés contre les rochers : nous résolûmes, animés du désir de faire quelque découverte, d'en partir au plutôt ; nous fîmes une grande provision des racines dont j'ai déjà parlé, y en ayant dans cet endroit une prodigieuse quantité, & ayant levé l'ancre, avec un petit vent sud-est, nous portâmes vers l'ouest, parce que lorsque l'air étoit clair & serain, nous avions toujours cru voir quelques terres de ce côté-là. Après avoir navigué assez heureusement près de vingt-quatre heures, nous nous trouvâmes entre plusieurs écueils très-dangereux ; c'étoit plusieurs rochers à fleur d'eau ; mais comme le vent étoit presque tombé, & que nous voguions fort lentement, nous les évitâmes sans beaucoup de difficulté. Il y avoit une roche qui s'élevoit au-dessus de l'eau à la hauteur d'environ quatre pieds, sur la pointe de laquelle nous vîmes un gros oiseau à plumage noir, assez semblable à une cigogne ; il s'y tenoit perché droit sur une jambe, faisant la roue de sa queue, comme un paon ; il y paroissoit immobile comme une statue sur son piédestal : nous lui tirâmes plusieurs coups sans le toucher, qui ne lui firent pas faire le moindre mouvement. Il falloit que cet oiseau eût été porté là par les glaces, & qu'il en attendît quelques autres au passage pour s'en retourner. Quelque tems après le vent étant tombé tout à fait, nous nous vîmes environnés d'un brouillard si épais qu'il faisoit tout-à-fait nuit, ce qui nous obligea de jetter l'ancre; ce brouillard étoit presque chaud. J'avois autrefois toujours cru que ces climats étoient inhabitables à cause de la grande rigueur du froid, mais quoiqu'il s'y fasse sentir excessivement, il y a de si fréquens intervalles où l'air se radoucit, qu'il est par-tout fort supportable. Nous restâmes dans l'obscurité plus de douze heures, après quoi le tems s'éclaircit. Le même vent se remit à souffler, & nous portâmes vers l'ouest comme auparavant : nous trouvâmes que nous étions alors à soixante-sept dégrés six minutes de latitude méridionale. Il y avoit à cette hauteur un grand nombre de gros poissons volans à quatre aîles ; les deux qui étoient vers la tête étoient très-grandes, & semblables à des aîles de chauves-souris; & les deux qui étoient vers la queue paroissoient deux fois plus petites. Trois de ces poissons vinrent autour de notre vaisseau en voltigeant

& plongeant sans cesse : ils excédoient de beaucoup la grosseur & la longueur des plus puissans bœufs, & nonobstant ils s'élevoient fort haut, & restoient souvent en l'air une grosse minute avant que de plonger. Ils sont très-goulus & voraces ; en volant ils ont toujours une grande gueule ouverte, où l'on voit deux rangs de dents courtes, mais fort aiguës : deux de nos matelots étoient assis l'un près de l'autre sur le pont du côté de la poupe, quand un de ces trois monstres, s'élançant tout d'un coup fort haut, les saisit tous deux par derriere, & les fit culbuter dans la mer ; celui qui tomba le premier fut d'abord mis en pièces & dévoré ; & le second qui nâgeoit autour du navire, & à qui nous étions sur le point de jetter une corde, pour le tirer à nous, fut assailli par les deux autres : l'un le prit par la tête, & l'autre par les pieds, & tirant chacun de son côté avec une extrême furie, ils séparèrent bientôt ce misérable corps, dont les boyaux & le sang faisoient une longue traînée dans la mer. Cette tragique aventure nous causa à tous une affliction très-sensible, d'autant plus que ces hommes étoient deux de nos meilleurs matelots. Après que ces cruels animaux nous eurent encore suivis une bonne demi-heure, nous les perdîmes tout à fait de vue. Peu de tems après nous eûmes une très-grande tempête qui nous tint alerte plus de six heures. Cependant en portant toujours vers l'ouest, nous vînmes à découvrir quatre îles, & peu après trois autres ; elles étoient toutes sept sur la même ligne, & fort peu distantes l'une de l'autre. Nous formâmes d'abord le dessein d'y prendre terre, mais il nous fut impossible d'exécuter notre projet, car nous trouvâmes en nous en approchant, qu'aux environs de toutes ces îles la mer fourmilloit de bancs de sable & de rochers fort près les uns des autres, & étoit remplie de courans qui se croisant de tous côtés, rendoient cette mer la plus dangereuse, au jugement de notre pilote, qu'il eût jamais vue. Nous jettâmes l'ancre à la pointe d'un grand banc de sable qui étoit vis-à-vis de nous, afin d'avoir le tems de consulter quelle route nous prendrions : cependant, nous considérions exactement ces îles, elles étoient pleines de petits monticules qui paroissoient dans le lointain d'un rouge de vermillon, & quelques-uns brilloient comme des rubis. Nous en attribuâmes la cause à un air fort enflammé qui étoit alors dans tous les environs. Nous vîmes dans la cinquième île qui étoit la plus grande du côté de l'est, une roche de figure ronde qui s'élevoit fort haut en droite ligne,

& qui étant d'égale grosseur en haut & en bas, ressembloit à une belle grande colonne, & un peu plus avant il y avoit de grosses & hautes roches fort serrées & proches l'une de l'autre, qui représentoient parfaitement les masures d'un grand & magnifique château, à l'une des extrêmités duquel on voyoit comme une grande tour ronde, d'où sortoit une grosse & noire vapeur qui s'élevoit si haut & avec tant de rapidité dans les airs, qu'elle sembloit s'unir avec les nues, & ne former qu'un même corps avec elles. Je pris alors mes grandes lunettes d'approche, & je découvris dans cette épaisse fumée, de grosses étincelles semblables à des étoiles qui étoient dans un perpétuel mouvement. Quelques instans après, je vis sortir de cette roche de gros torrens de flammes qui, comme un vent impétueux, se répandant au long & au large, nous causa une épouvante générale. Je ne crois pas que le mont Etna en Sicile, ni le mont Vesuve en Italie, en aient jamais vomi de si terribles. Ces épouvantables flammes ayant duré environ trois minutes, s'évanouirent, & ne laissèrent après elles que quelques étincelles & une légère fumée : nous n'avions pas encore resté-là vingt-quatre heures, que nous nous apperçûmes que la mer qui environnoit ces îles, étoit toute prise. Quoique
dans

dans l'endroit où nous étions, nous ne sentissions pas le moindre froid, nous résolûmes de reprendre le large, & de côtoyer de loin les dangereux écueils que nous avions devant nous jusqu'à ce que nous pussions sûrement continuer notre route vers l'ouest. Nous en vînmes heureusement à bout avec un vent favorable, & nous entrâmes enfin dans une pleine mer, où nous commençâmes de voir flotter de grandes pièces de glaces.

CHAPITRE VI.

Du grand promontoire ou cap qui est toujours couvert de nuages; du miraculeux jet d'eau qu'on y voit; de la grande & profonde caverne sur laquelle passe un gros & large torrent. Combat extraordinaire entre deux ours blancs & trois veaux marins.

DANS moins de deux heures la mer fut toute couverte de glaces, & nous fîmes une continuelle manœuvre pour les éviter, autant qu'il nous étoit possible; il y en avoit une qui étoit éloignée de nous d'environ cinq ou six portées de mousquet, d'une grandeur si énorme, qu'elle paroissoit une petite île, & venant à se rompre en pièces, elle fit plus de bruit en s'éclatant qu'une batterie de plusieurs canons qui auroient fait feu tout à la fois ; mais ces glaces diminuant insensiblement de nombre, nous nous en trouvâmes heureusement tout-à-fait dégagés ; mais peu de tems après nous fûmes surpris d'un calme qui dura quinze heures ; toute la surface de la mer étoit plus unie qu'une glace de miroir. A une bonne lieue de l'endroit où nous fûmes contraints de rester pour attendre le vent, il y avoit une grosse roche à trois pointes que nous allâmes reconnoître avec la chaloupe ; elle étoit entourée d'un petit terrein, large de dix ou douze pieds, tout bordé le long de l'eau de grandes herbes fort larges, & couvert jusqu'au pied de la montagne de coquillages, entre lesquels nous trouvâmes une grande quantité de petites huîtres, dont les écailles étoient fort noires. Nous en ouvrîmes quelques unes qui étoient d'un goût excellent, ce qui fut cause que nous en emportâmes à bord autant qu'il nous fut possible. Nous eûmes la curiosité de grimper au haut de cette roche ; sa cime étoit une espèce de plateforme entre trois pointes, sur laquelle nous vîmes plusieurs plumes d'oiseau éparses çà & là. Nous découvrîmes dans des trous quelques nids qui n'étoient qu'un entrelassement de mousse, d'herbes & de plumes ; il n'y avoit en tout que deux œufs aussi blancs, mais beaucoup plus gros que des œufs de poule ; le blanc en étoit d'un verd pâle, & le jaune d'un rouge noir : sans une certaine acreté qu'ils laissoient dans la gorge, ils auroient été assez bons à manger ; il n'y avoit pas long-tems que nous étions rentrés dans le vaisseau, quand un petit vent commença à s'élever : nous nous en prévalûmes d'abord, mais en peu d'heures il se renforça de telle sorte, que nous craignîmes d'avoir une rude tempête ; c'étoit le même vent que nous avions eu auparavant ; nous en fûmes pourtant quittes pour la peur ; nous voguions pour lors avec tant de rapidité, que nous faisions beaucoup de chemin dans une heure. En jettant la vue sur le bord de l'horison, nous vîmes du côté de l'ouest comme un grand & gros nuage qui sembloit toucher la mer, mais nous en approchant toujours, nous découvrîmes un cap, dont les terres étoient fort hautes, au-dessus duquel il y avoit d'épais nuages à perte de vue. Comme nous avions dessein, avant de retourner dans le vieux monde, de faire encore quelques nouvelles découvertes, nous allâmes jetter l'ancre dans l'endroit le plus commode, pour aller à terre ; c'étoit une pente douce par laquelle nous montâmes aisément : étant parvenus en haut, nous trouvâmes une grande quantité de cailloux & de petites pierres, tout le terrein étoit sablo- neux & pierreux, & nous ne pouvions pas étendre notre vue fort loin, parce qu'à cette extrêmité du cap le pays alloit insensiblement en montant. Quand nous fûmes arrivés à la plus grande hauteur, nous découvrîmes de grandes plaines à perte de vue, coupées de plusieurs petits lacs, & bornées dans le lointain de grandes & hautes montagnes couvertes de neige & fort transparentes, assez près de nous, & tout vis-à-vis il y avoit deux petites co- lines derrière lesquelles on appercevoit bon- dir rapidement dans les airs un gros jet d'eau semblable à une belle & grande colonne, qui se couronnant d'une grosse écume, retomboit autour d'elle-même par une infinité de petits ruisseaux, qui se réduisant bientôt comme dans une grosse poussière d'eau, retomboient en bas. Du lieu où nous étions, nous ne pouvions voir d'où il sortoit ; c'est pourquoi, précipitant nos pas, nous nous avançâmes au-delà des colines, & trois jets d'eau se présentèrent à notre vue, qui sortoient de trois petites roches, disposées en triangle au milieu d'un gros amas de rocailles & de cailloux. Le plus grand, qui étoit celui que nous avions apperçu d'abord, s'élevoit dans les airs environ à la hauteur de deux cens cinquante pieds, mais les deux petits en paſſoient à peine ſept à huit: leurs eaux, en retombant à terre, formoient une petite rivière qui, après avoir ſerpenté neuf cens ou mille pas, s'alloit jetter dans un des lacs dont je viens de parler: l'eau en étoit très-claire & très-bonne à boire; l'air étoit fort tempéré: il faut de néceſſité que l'extrême froid ſe faſſe ſentir encore plus tard dans ces contrées. On doit remarquer que ces lacs ſe communiquant tous par des ruiſſeaux qui coulent les uns dans les autres, nous ne pouvions par conſéquent avancer dans le pays, qu'en faiſant de longs détours: c'eſt pourquoi nous les laiſsâmes ſur la gauche, & prîmes un peu ſur la droite; tout y étoit juſques-là ſi ſec & ſi aride, qu'il n'y croiſſoit pas la moindre herbe ni le plus petit arbuſte. Un grand vent de terre commença pour lors à ſouffler avec une telle véhémence, & faiſoit élever tant de ſable & de pouſſière, que nous étions contraints de nous arrêter de tems en tems, & de fermer les yeux de peur d'être aveuglés: mais heureuſement cela paſſa bientôt, & nous entrâmes dans un fond dont le terrein étoit fort noir, & couvert par-tout d'une petite plante longue & mince, avec des nœuds comme des cannes; elle croiſſoit en rampant fort loin ſur la terre, & jettoit d'eſpace en espace un petit bouquet de graines d'un très-beau jaune. Cette plante étoit fort jolie. Après y avoir marché cinq ou six cens pas, nous entendîmes un bruit comme celui d'une grande chûte d'eau, & de fait nous vîmes bientôt après un gros torrent, qui sortant d'entre deux rochers très-hauts, se précipitoit en bas à la hauteur de plus de trois cens pieds, & formoit ensuite une petite rivière, qui roulant ses eaux avec une extrême rapidité, entraînoit avec elle une très-grande quantité de pierres & de cailloux. Comme nous considérions de quelle manière nous la pourrions passer, nous apperçûmes à côté d'une petite hauteur une descente au bas de laquelle il y avoit une espèce de buisson : c'étoit de petits arbustes fort serrés, qui étoient armés d'épines avec de petites feuilles très-rouges : ils nous cachoient en partie l'entrée d'une caverne. Nous balançâmes quelque tems, n'osant pas d'abord nous hasarder dans un lieu qui pouvoit nous être fatal ; mais les deux plus hardis des nôtres y étant entrés, nous suivîmes tous : & après avoir marché quelque tems dans l'obscurité, nous découvrîmes tout-d'un-coup un très grand & très-spacieux souterrein, divisé en diverses grandes voûtes de différentes hauteurs, toutes taillées par la nature dans le roc ; il y en avoit quelques-unes plus hautes

& plus vastes que celles des plus grandes églises ; de grosses roches disposées à distances inégales soutenoient ces lourdes & énormes masses de pierre ; la lumière y entroit par en haut au travers d'un grand nombre d'ouvertures, dont les unes étoient en long comme des fentes ou grandes crevasses, & les autres presque rondes ou quarrées, d'où pendoient des herbes à longue tige, dont les feuilles étoient grandes comme celles de figuier : il y a apparence que l'air chaud qu'on respiroit dans cette caverne, contribuoit beaucoup à les faire croître. La plus grande & la plus haute de toutes ces voûtes étoit, depuis le haut jusques au bas, toute marquetée de noir & de blanc. Les marques noires étoient beaucoup plus grandes que les blanches ; mais les blanches brilloient comme du cristal ; & comme elle avoit en haut vers le milieu une fort grande ouverture ronde, cela faisoit un charmant effet. Le terrein étoit uni presque par-tout, excepté vers une des extrémités, où il se haussoit insensiblement. Nous y vîmes un nombre innombrable d'oiseaux blancs comme des cignes, & pas plus grands que des moineaux. Ils pensoient si peu à s'envoler ou à s'enfuir, qu'ils se laissoient presque marcher sur le corps : nous en prîmes tant que nous voulûmes ; ce n'étoit qu'un petit peloton de graisse très-délicat à manger. Quand nous fûmes au bout, nous y trouvâmes une issue qui conduisoit dans la campagne; & au bas, dans un coin fort obscur, nous vîmes un grand trou rond, à-peu-près comme un puits; nous y jettâmes plusieurs pierres fort grosses, qui, après être tombées, ne faisoient aucun bruit : ce qui nous surprit; &, quelques instans après, il en sortit tout-d'un-coup un fort gros oiseau tout noir, qui, en étendant ses aîles, nous épouvanta par leur grandeur. En sortant de la caverne, il jetta trois grands vilains cris, dont toutes les voûtes retentirent : il portoit au bec quelque chose d'assez gros & long, mais il ne nous donna pas le tems de discerner ce que ce pouvoit être. Il falloit que ce puits fût d'une prodigieuse profondeur, & qu'il y eût quelques trous ou enfoncemens où cet oiseau avoit peut-être son nid, ou qu'il y trouvât quelque chose pour sa subsistance. Nous sortîmes bientôt après lui, mais nous eûmes beaucoup de peine à monter, à cause que la pente étoit fort rude & pleine de fort gros cailloux & de pierres pointues. Quand nous fûmes en haut, nous connûmes que nous étions au-delà du torrent, parce qu'il passoit par-dessus la caverne & justement au milieu. Nous n'étions pas à un quart de lieue de la caverne, que nous vîmes sortir deux ours blancs d'entre deux belles colines vertes comme un pré par en bas, dont le sommet étoit tout couvert de cette espèce d'épine dont j'ai parlé, qui avoit de petites feuilles si rouges. Ils entrèrent dans un chemin creux, plein de sable, le long d'un côteau qui conduisoit droit à la mer; ils fouilloient à tous momens la terre avec leur museau, apparemment pour chercher quelques racines. Nous les suivîmes de loin, ayant toujours, en cas de nécessité, nos armes prêtes, quoique pourtant nous eussions remarqué plusieurs fois qu'ils n'attaquoient pas les hommes. Nous fûmes bientôt en vue de la mer. La côte, en cet endroit, formoit un petit golfe, & le rivage paroissoit tout couvert de coquillages. Nous apperçûmes le long de l'eau trois veaux marins endormis sur le sable, l'un desquels étoit couché moitié dans l'eau & moitié sur terre. Cependant les ours, qui avoient pris un petit détour, arrivèrent insensiblement dans cet endroit, & fouillant toujours de leur museau entre les coquilles, il ne sembloit pas qu'ils regardassent devant eux; mais le plus gros se voyant tout d'un coup auprès d'un de ces veaux marins, il l'assaillit par le haut du col, & du premier coup de dent, lui fit ruisseler le sang jusqu'à terre. Cet animal, s'éveillant en sursaut, se donna de si violentes secousses, qu'il se dégagea, & perça, avec les grands crocs qu'il avoit à la machoire inférieure, le ventre de l'ours, qui, tout furieux, le mordit & le déchira cruellement par-tout où il le put attraper. Les deux autres étant venus à son secours, le combat devint général entre ces cinq animaux; mais le premier des veaux marins perdoit tant de sang, qu'il se sauva dans la mer; & les autres l'ayant d'abord suivi, ils laissèrent par leur fuite, aux deux ours, le champ de bataille & tout l'honneur de la victoire. Il y avoit dans ces quartiers un grand nombre de ces vaux marins; j'en ai vu qui avoient plus de huit pieds de long, & qui étoient gros à proportion; ils sont amphibies, & marquetés, comme des tigres, de noir & de blanc, de jaune, de gris & de rouge; leur peau est couverte d'un poil ras; ils ont la tête fort grosse, & quatre pieds avec cinq griffes non divisées, comme des pattes d'oye, & jointes par une peau noire; leur queue est fort courte; ils se plaisent fort à se tenir couchés sur le sable le long de la mer. Nous laissâmes encore là nos deux ours fouillant entre les coquillages, & nous suivîmes le rivage, en tournant du côté où nous avions laissé notre vaisseau. Lorsque nous mîmes le pied sur cette hauteur qui formoit la petite pointe du cap, je fus dans la dernière surprise d'en voir le terrein tout mouillé, & celui que nous quittions tout-à-fait sec; le gros nuage qui le couvroit, & qui le couvrit toujours pendant que nous y restâmes, distilloit, de tems à autre, une grosse rosée semblable à une petite pluie très-menue, pendant que, dans tous les environs, l'air étoit très-clair & très-serain; je n'ai jamais pu comprendre quelle en pouvoit être la cause; il falloit que dans ces terres, il y eût une vertu occulte & attractive, qui retînt toujours au-dessus d'elles, même malgré les plus grands vents, cette grosse exhalaison.

CHAPITRE VII.

Du détroit des Ours. De la merveilleuse arcade de roche, ou du pont naturel. Du précipice épouvantable qu'on voit entre de hautes montagnes voisines du détroit des Ours. Des bruits souterreins semblables au tonnerre, accompagnés d'éclairs, qu'on entend dans une grosse roche fort avant dans la mer.

APRÈS avoir visité une partie du Cap, nous voulûmes pénétrer dans le continent, mais nous ne jugeâmes pas à propos de nous hazarder si longtems entre des montagnes, dans un pays inconnu, qui n'avoit pour habitans que des bêtes sauvages & quelques oiseaux; c'est pourquoi nous résolûmes d'y aller par mer: pour cet effet, nous nous rembarquâmes, & avec un petit vent d'est nous cotoyâmes le Cap du côté de l'ouest, & nous fûmes au bout de cinq ou six heures environnés de tant de pièces de glaces, que nous craignîmes d'être contraints de rejetter l'ancre, mais le vent s'étant renforcé du double, il les chassa vers l'ouest, & nous poursuivîmes notre route; cependant nous fûmes obligés de porter plus vers la droite, à cause d'un grand nombre d'écueils & de bancs de sable qui sont le long du cap. Nous voguâmes assez heureusement pendant quarante-huit heures, après quoi nous commençâmes à découvrir un grand golfe qui entroit dans les terres, par un détroit qui n'avoit qu'un grand quart de lieue de large; je le nommai le détroit des ours, à cause que nous y en vîmes une très-grande quantité. Il arriva dans ce moment une chose qui nous frappa par sa singularité; il faut savoir que dans ce détroit il y a un courant qui va d'un rivage à l'autre: vingt à vingt-cinq de ces ours se tenoient sur le bord de l'eau & sembloient attendre au passage un grand quartier de glace, qu'on voyoit s'approcher de loin, & le hasard ayant voulu qu'en flottant il s'approchât d'eux, ils sautèrent tous dessus avec une vîtesse incroyable, & le courant les ayant portés de l'autre côté, ils ressautèrent d'abord à terre avec la même agilité. Cette manière de passer l'eau démontroit clairement dans ces animaux beaucoup d'intelligence & de raisonnement, malgré l'opinion de certains philosophes. Nous entrâmes assez avant dans le golfe, & ancrâmes, malgré la présence des ours, dans un lieu où il y avoit quatre grandes piles de glaces, que les flots de la mer avoient poussé contre la côte, & entassées les unes sur les autres. Tout ce que nous vîmes autour de nous, étoit couvert de neige. Environ à une lieue de là il y avoit une chaîne de montagnes fort serrées, qui renfermoient dans une ronde enceinte un petit lac; à son côté oriental, par succession de tems plusieurs pièces de roche s'étant détachées par en bas, avoient laissé une grande ouverture tout au travers en forme d'arcade, par laquelle les eaux du lac s'écouloient dans la campagne voisine; de sorte que de loin on croyoit voir un pont d'une seule arcade, & d'autant plus que la roche qui étoit restée au-dessus, étoit assez plate & unie; j'ai eu la curiosité d'y monter, & pour en faire un véritable pont rien n'y manquoit que les garde-foux ; il faisoit alors un froid excessif accompagné de tems en tems d'une neige menue comme poussière, & par conséquent l'air étoit fort sombre & obscur ; mais ensuite il devint très-clair & très-serain, une belle exhalaison lumineuse s'éleva du côté du sud, semblable à une brillante aurore, & le froid diminua de telle manière, que la neige en fondant distilloit des montagnes en bas. On voyoit dans cet endroit une fort jolie rivière bordée des deux côtés de petits roseaux semblables à du jonc, qui après avoir fait en serpentant plusieurs tours & détours dans la campagne, s'alloit jetter dans le golfe un peu au dessus de nous ; ayant monté vers sa source, nous apperçûmes qu'elle tomboit du haut d'une grosse montagne fort mince & platte par en haut : comme la pente en étoit aisée, j'y montai bientôt, & je vis sur son sommet un petit lac d'où la rivière sortoit ; ce lac pouvoit avoir cent pas de diamètre ; sa partie orientale étoit couverte d'une glace mince, & pour sa petitesse il paroissoit extrêmement profond, son eau étoit douce & fort claire ; tout cela auroit été une ample matière de considérations & de raisonnements pour des personnes versées dans la science des choses naturelles : cette montagne fermoit un vallon fort étroit & serré entre deux rangs de colines, qui étoit couvert jusqu'au fond de petite herbe menue; il aboutissoit à une espèce de large & longue esplanade de roche vive, au bord de laquelle s'offroit d'abord à la vue un précipice effroyable; ce n'étoit tout autour que de hautes & d'affreuses roches, au bas desquelles rouloient avec impétuosité dans des trous & des crevasses, de gros torrens écumeux, qui après s'être croisés les uns les autres, s'alloient précipiter tous ensemble dans un bas, dont l'immense profondeur glaçoit d'effroi; je puis dire que la seule idée qui m'en reste, me fait encore frémir, & je ne crois pas qu'il y ait dans tout le reste de l'Univers un semblable précipice: comme le pays de ce côté-là n'étoit que rochers, autant que nous en pouvions juger, nous tournâmes à la droite, c'est-à-dire, vers le golfe; ce n'étoit que pierres & que sables entrecoupés par-tout d'une infinité de petits ruisseaux très difficiles à passer; mais enfin, après beaucoup de peines, nous parvînmes au haut d'une large descente fort plate & unie qui conduisoit droit à la mer: étant tout au bas, nous nous assîmes pour nous reposer sur de petites roches le long du rivage: on voyoit de-là, à une demi-portée de canon avant dans la mer, un fort grosse montagne toute de roche, autour de laquelle étoit un brouillard épais: à peine avions resté là assis un quart d'heure, qu'un grand bruit comme d'un vent souterrein nous vint frapper les oreilles, & qui nous sembla partir de cette montagne ; il dura environ deux minutes & puis cessa tout d'un coup ; mais un demi-quart d'heure après la montagne commença à darder de tous côtés environ trois pieds au-dessus de l'eau, une infinité de petits feux, qui après avoir tournoyé avec impétuosité dans les airs, s'évanouissoient comme fait un éclair, & quelques instans ensuite, un bruit furieux se fit entendre à coups redoublés comme de grands éclats de tonnerre: nous vîmes & entendîmes quatre fois successivement la même chose dans l'espace d'une grosse heure. Nous remarquâmes que la montagne ne jettoit aucune fumée, ni par le sommet, ni par aucun autre endroit, & que le brouillard qui l'environnoit, s'étant après entièrement dissipé, tout l'air des environs reprit sa première sérénité.

CHAPITRE

CHAPITRE VIII.

D'une belle & spacieuse plaine fermée de trois grands côteaux; d'une plante très-belle & très-singulière; de quelques mazures; des curieux restes d'une ancienne muraille dans le voisinage de la mer; d'un merveilleux écho; de l'oiseau couronné, qui fait son nid sous terre.

COMME j'avois vu, par le moyen de mes lunettes d'approche, que de l'autre côté du golfe, le pays étoit beacoup moins montagneux & plus beau, j'engageai quelques-uns de mes compagnons de voyage à y faire quelques courses avec moi; ce que nous exécutâmes bientôt après. Nous trouvâmes d'abord un terrein assez plat & uni, mais pierreux, & il me sembla qu'on en auroit pu tirer des pierres fort propres à bâtir; j'y vis même de lieu en lieu de grands trous presque comblés, qu'on auroit pu prendre pour des carrières; nous avions pour lors vis-à-vis de nous un grand côteau qui nous bornoit la vue; je montai sur une éminence pour voir si je pourrois découvrir ce qui étoit au-delà, & j'apperçus trois grands côteaux qui faisoient un angle irrégulier, & renfermoient une belle & spacieuse plaine. Nous n'eûmes

Dd

pas beaucoup de peine à y descendre, elle étoit si parfaitement plate dans toute son étendue, qu'on n'y pouvoit pas remarquer la moindre hauteur, ni le moindre enfoncement, l'herbe dont elle étoit couverte, étoit alors toute humide, comme si une abondante rosée étoit tombée depuis peu dessus : J'apperçus le long des côteaux une infinité de longues raies blanches, brillantes comme du vif-argent, qui se croisoient de cent façons, de haut en bas & de bas en haut; je m'en approchai & je vis de tous côtés une espèce de limaçons quatre fois plus gros que ceux de nos climats, qui portoient sur leur dos une coquille d'un très-beau verd; ils avoient le corps noir, la queue longue, & une petite tête sans cornes, ils laissoient en se glissant sur la terre une trace de grosse écume blanche qui faisoit ces longues raies dont je viens de parler. Ils rongeoient très-volontiers une plante qui croissoit dans cette plaine, & qui est si belle & si singulière, qu'elle mérite bien d'être décrite ici. Elle s'éleve au dessus de terre à la hauteur d'environ une coudée, & jette vingt-cinq ou trente feuilles fort serrées par en bas, mais qui s'élargissent considérablement par en haut : ces feuilles sont de la largeur d'un empan avec des pointes tout autour aussi dures & aiguës que des épines;

elles sont d'un très-beau verd pâle, & pleines de grandes veines du plus bel aurore qu'on puisse voir : nous en arrachâmes quelques-unes, mais avec assez de peine, à cause des pointes dont elles sont armées, & nous fûmes surpris de voir que leur racine avoit la véritable figure d'un melon, la peau d'un gris brun divisée par côtes, & rude au toucher comme du chagrin ; le dedans étoit une chair molle, blanchâtre, spongieuse & d'une odeur désagréable, ce qui nous empêcha d'en goûter ; mais s'il n'y a rien de bon à manger, on y trouve de quoi satisfaire la vue : j'ai vu plus de cent de ces limaçons ronger une seule de ces plantes. Il y avoit à un coin de cette plaine, c'est-à-dire, à l'angle qui étoit du côté de la mer, une sortie par une voute de pierre, mais si basse, qu'il falloit se mettre presque en double pour y passer. On arrivoit par-là dans un grand espace tout pavé de belles pierres brunes, semblables à du grez, & larges d'environ trois pieds. A quelques centaines de pas de là, on voyoit dans un lieu plein de sable & de gravier, les restes d'une tour, auprès de laquelle paroissoit comme enfoncée dans la terre une grande pierre ronde, de figure concave, comme un gros globe, qui avoit sur sa superfice trois étoiles sur une même ligne ;

représentées en bosse ; je ne pouvois m'imaginer ce que ce pouvoit être; cette pierre étoit à un bout des ruines d'une longue muraille, qui s'étendoit jusques à la mer ; cette muraille avoit du moins trois pieds & demi d'épaisseur, mais elle ne s'élevoit plus au dessus de terre, qu'à la hauteur d'un bon demi pied ; il en étoit pourtant resté un pan près de la mer qui venoit jusqu'à la ceinture, & dans lequel étoit enchassée une grande pièce de marbre rouge en forme d'exagone, où l'on voyoit gravé un angle avec une espèce de serpent au milieu, & tout autour, de certains ornemens & contours bizarres : Je remarquai que les pierres de la tour & de la muraille étoient jointes si près, qu'il n'y avoit nulle apparence qu'il y eût jamais eu ni chaux ni ciment. Quoique pendant tout le tems que nous avons été dans ces climats nous n'ayons rencontré aucun habitant, il est hors de doute qu'il doit y en avoir eu, toutes ces choses en font des preuves incontestables, & je me le persuade d'autant plus que j'y ai vu plusieurs endroits à mon sens fort propres à cultiver, & que le froid n'y est pas insuportable. Nous découvrîmes par hasard près de ces mazures un merveilleux écho, car en frappant d'une pierre sur une roche, le coup se répétoit jusqu'à six, sept, & huit fois le long du rivage; au reste, on pourroit faire dans cet endroit un très-bon port de mer. En avançant toujours le long de la côte, nous vînmes à une grande plage qui avoit bien trois lieues d'étendue : elle étoit semée de petits bancs de sable, & il y avoit au milieu une jolie petite isle longue & étroite, toute pleine de roseaux fort verds, & dont les bords étoient tous couverts de coquillages. Quoiqu'il n'y en eût pas un seul du côté où nous étions, après cette plage, la mer faisoit un grand coude dans les terres, dans le fond duquel étoient trois hautes montagnes; celle du milieu qui étoit la plus haute s'avançoit si fort sur le rivage, qu'elle ne laissoit guère plus de trois pieds de terrein pour passer à côté; elle avoit du côté de la mer un grand trou ou enfoncement, comme une profonde grotte, où je vis deux squelettes d'animaux à quatre pieds ; après les avoir bien examinés, je jugeai que ce devoit être des squelettes d'ours, mais qui avoient été d'une monstrueuse grosseur : l'un occupoit l'entrée & empêchoit presque le passage, l'autre étoit tout à fait dans le fond, & je trouvai entre ses côtes un gros nid d'oiseaux, avec quelques œufs : dans cet endroit nous laissâmes sur notre gauche la mer & ces montagnes, & en-

trâmes à droite plus avant dans les terres ;
c'étoit un pays sablonneux presque tout couvert
d'une espèce de mousse blanche, & d'espace
en espace on voyoit la terre élevée par petits monceaux, comme dans les champs où il
y a des taupes, mais je ne pus découvrir quelle
sorte d'animaux c'étoit : nous voyions alors
devant nous un gros ruisseau, formé sans doute
par les neiges fondues qui coulent abondamment des montagnes voisines, & comme il
nous étoit impossible de le passer, nous fûmes
obligés de prendre un assez long détour, &
même de marcher longtems le long d'un côteau dans une neige molle & demi fondue :
mais ce qui nous donnoit le courage d'avancer,
c'étoit une belle & grande prairie qui étoit
presque vis-à-vis de nous, toute semée de petites fleurs jaunes, & bornée d'une longue
colline ou l'on voyoit comme un petit bocage
d'arbustes fort verds ; ces fleurs jaunes exha-
loient une odeur très-agréable, & comme je
m'amusois à les considérer, un gros oiseau
sortit tout d'un coup d'entre les arbustes ; sans
s'effrayer, il vint se poser à trente pas de nous ;
il étoit à-peu-près de la grandeur d'une oye,
& marchoit fièrement comme un coq, la tête
haute, & haussant fort les pieds à chaque pas,
ses serres paroissoient grandes & pointues,

son plumage étoit gris, & il n'avoit presque point de queue; il portoit sur la tête un gros bouquet de plumes noires & blanches, & fort hautes, qui s'élargissant en rond par en haut, ressembloient assez à une grande couronne; son bec étoit rouge, gros & court. Après qu'il eut fouillé quelque peu de tems dans la prairie, il prit dans son bec plusieurs herbes, & s'envola vers la hauteur: je le suivis de l'œil, & le vis entrer au bas dans un trou; je m'avançai promptement & remarquai que ce trou étoit profonds, & alloit fort en tournant dans la terre; j'inférai delà qu'il y avoit son nid, & d'autant plus, que j'en apperçus encore quelques autres aussi profonds & de la même façon en bas, le long de la colline; mais nous ne vîmes plus l'oiseau, ni aucun autre de son espèce.

CHAPITRE IX.

D'un grand & beau bassin qu'une enceinte de rochers forme sur le golfe dont on vient de parler; d'une grande & haute montagne qui paroît suspendue dans les airs; d'un archipelague, ou de plusieurs îles ramassées ensemble; d'une grande & haute colonne de feu sur la mer, & d'un phénomène qui avoit la figure du soleil.

Ayant résolu d'avancer encore un peu dans le continent, nous nous mîmes à traverser une grande étendue toute pleine d'une espèce de bruyère, à l'extrémité de laquelle il y avoit de grands côteaux tous de pierres rouges, & le terrein étoit à-peu-près de la même couleur, de sorte qu'après y avoir marché quelque tems, nos souliers & nos bas étoient tous couverts d'une grosse poussière rouge. Dès que nous eûmes passé ces côteaux, nous découvrîmes d'abord de grandes campagnes sèches & arides & très-sablonneuses, qui dans le lointain n'offroient à la vue que des rochers affreux, & dont quelques-uns étoient si hauts, que leurs sommets se cachoient dans les nues. Tous ces objets ralentirent si fort notre ardeur à pénétrer plus avant, que, changeant de résolution sur le champ, nous nous tournâmes du côté de la mer, dans le dessein de la côtoyer, jusqu'à ce que nous fussions au détroit des ours, près duquel notre vaisseau étoit à l'ancre. Nous enfilâmes pour cet effet une grande vallée où le chemin étoit très-beau & très-uni : nous trouvâmes ensuite une grande quantité d'oiseaux, d'un plumage gris mêlé d'un peu de noir, ils étoient à-peu-près de la grosseur de nos pigeons, & avoient le bec crochu comme des perroquets, ils se laissoient prendre à la main, de sorte que nous en portâmes à bord autant qu'il nous fut possible. Bien-tôt après nous parlâmes de nous en retourner au vieux monde; mais à la pluralité des voix, nous résolûmes de voir auparavant la partie occidentale du golphe, car nous avions remarqué qu'il s'avançoit beaucoup du côté de l'occident. Nous partîmes donc du détroit avec un bon vent nord-est, & voguâmes fort heureusement plus de vingt-quatre heures, en portant vers l'ouest ; mais le vent venant tout d'un coup à tomber, nous eûmes un calme qui dura six heures: nous avions presque toujours côtoyé les terres, & nous en étions pour lors bien près, mais nous n'y pouvions rien distinguer à cause d'un fort gros brouillard qui régnoit le long de cette côte, la mer & ce brouillard paroiffant de la même couleur : pourtant au bout de deux petites heures, il fut entièrement diffipé, & nous vîmes tout droit vis-à-vis de nous une grande & vafte enceinte de rochers, qui s'avançant dans les terres, formoit un cercle prefque entier dans lequel la mer s'infinuoit entre deux groffes & énormes montagnes, dont la cime touchoit les nues; c'eft fans doute le plus beau & le plus grand baffin d'eau qui foit au monde; & où l'on pourroit mettre à couvert des vents, comme dans un fûr & magnifique port, plus de trois cens cinquante vaiffeaux fort à l'aife; l'entrée peut avoir quinze cens pas de largeur : les montagnes de l'enceinte font d'une médiocre hauteur, & d'une roche prefque blanche, où il y a tout au tour, de diftance en diftance, de grands trous en forme de fenêtres d'églifes, qui percent tout au travers, & par où l'on peut voir la campagne de l'autre côté : tout cela vu du lieu où nous étions faifoit la plus belle perfpective qu'on puiffe imaginer; les deux groffes montagnes de l'entrée paroiffoient toutes couvertes jufqu'au fommet, de mouffe verte. J'entrai moi, fixième, avec la chaloupe dans ce beau baffin, nous y vîmes tout au tour dans des trous du roc, plufieurs nids d'oifeaux; l'eau en étoit très-claire, & il nous parut qu'il étoit par-tout extrêmement profond. Le vent s'étant relevé, se tourna tout droit Est, & ayant continué notre route deux ou trois heures, nous nous trouvâmes entre deux bancs de sable fort longs, où il y avoit si peu d'eau, que nous eûmes toutes les peines du monde à en sortir : enfin nous nous en tirâmes heureusement, nous découvrîmes sur notre gauche, au milieu de la mer, un assemblage de rochers qui formoient ensemble une grosse masse ; il y en avoit un, qui en penchant extraordinairement, poussoit une fort longue pointe vers le nord : il avoit en bas, un peu au dessus de l'eau, une très-grande échancrure ou enfoncement, sous lequel la mer entroit fort avant, & comme il régnoit alors une exhalaison épaisse comme un nuage autour du pied de ces rochers, il étoit impossible de voir de loin la partie qui l'attachoit à eux, de sorte qu'il nous sembla suspendu en l'air, jusqu'à ce que nous l'eussions considéré de plus près ; ce roc me parut très-digne d'attention ; il est impossible qu'avec le temps, il ne tombe dans la mer, entraîné par son propre poids : je remarquai que tout au tour de ces rochers l'eau étoit épaisse & verte, & semblable en quelque manière un marais. Nous étions à peine à une demi-lieue de là, que le vent se renforça extrêmement, & nous fit voguer avec tant de rapidité, que nous fûmes bientôt en vue d'un fort grand nombre de petites îles fort proches les unes des autres; j'en comptai avec le secours de mes lunettes jusqu'à vingt-cinq; elles paroissoient toutes vertes comme des prairies; nous mîmes pied à terre dans celle qui étoit la plus proche de nous, parce que nous vîmes sur ses bords une prodigieuse quantité de coquillages; nous y trouvâmes beaucoup de cette espèce de petites huîtres, dont j'ai parlé dans le chapitre sixième. Nous ne jugeâmes pas à propos de nous hasarder plus avant entre ces îles, car comme elles étoient fort serrées, il y avoit une infinité de brisans, & des eaux tournoyantes, que nous crûmes être autant de gouffres très-dangereux; nous les laissâmes donc à gauche, & au bout de quinze heures, nous fûmes dans le fond le plus occidental du golphe; la côte étoit fort haute, & nous encrâmes dans une encoignure qu'il y avoit pour être à couvert des vents, car il nous sembla être menacés d'une tempête prochaine, & de fait, bientôt après de gros & noirs nuages obscurcirent l'air de telle manière qu'il faisoit presque nuit, & comme j'en considérois un qui étoit d'une forme singulière, il s'ouvrit tout d'un coup, & offrit à mes yeux un feu très-brillant de figure circulaire, comme le soleil, mais qui paroiſſoit près d'une fois plus grand ; ce phénomène fit dans l'eſpace de quelques minutes trois ou quatre mouvemens précipités du nord au ſud. Dans ce même tems j'apperçus ſur le bord de l'horiſon, une longue ſuite de nuages, dont une partie vint inſenſiblement à tomber en ligne perpendiculaire juſques ſur la mer, ſans pourtant ſe détacher des autres : c'étoit une vapeur très-claire & très-tranſparente, que le vent pouſſoit peu-à-peu vers nous : quand elle fut plus proche, elle parut de la couleur d'un feu pâle, & reſſembloit ainſi à une grande & haute colonne de feu, qui touchant d'une extrémité la mer, & de l'autre les nues, ſe mouvoit ſur la ſurface des eaux : au bout d'un quart d'heure elle s'évanouit & il n'en reſta plus qu'une légère fumée, qui fut bientôt tout à fait diſſipée ; cependant, le feu circulaire ſe faiſoit voir de tems en tems dans les intervalles des nuages, & forma peu après dans l'air un très-bel arc compoſé de deux couleurs, ſavoir d'un jaune clair, & d'un verd qui tiroit un peu ſur le bleu. Cet arc ſe réfléchiſſant dans la mer, faiſoit un cercle parfait ; d'une beauté extraordinaire ; mais le vent ſe renfonçant extrêmement, la mer devint fort groſſe, & les vagues ſe venoient briſer ſur la côte avec une furieuſe impétuoſité ; de ſorte qu'il ſembloit que tous les vents fuſſent déchaînés, auſſi eûmes nous une effroyable tempête qui fit dans très-peu de tems diſparoître ce bel arc & le phénomène qui le formoit. Nous nous trouvâmes bienheureux d'être poſtés comme nous l'étions à couvert de l'effort des vents. Après que cette tempête fut paſſée, & que l'air ſe fut éclairci, je montai ſur la côte pour voir tous les environs, mais rien ne s'offrit à mes yeux que roches ſur roches & montagnes ſur montagnes, dont les ſommets & les intervalles étoient tous couverts de neige, en un mot c'étoit un pays d'une ſechereſſe & d'une ſtérilité ſurprenantes, & où le froid ſe devoit faire ſentir d'une manière exceſſive. M'y étant avancé environ mille pas, je vis ſortir d'un trou qui étoit au pied d'une colline, une eſpèce de renard, mais beaucoup plus gros que les renards ordinaires: tout ſon poil étoit preſque roux; il avoit le bout du nez & les quatre pattes blanches juſqu'au-deſſus de la jointure: il vint ſans s'effrayer brouter une ſorte de mouſſe blanche, qui étoit à vingt pas de moi, c'étoit une femelle, car un moment après cinq ou ſix de ſes petits, tous marqués comme elle, ſortirent du même trou & vinrent auſſi brouter autour d'elle: mais quelques-uns de mes compagnons étant ſurvenus au même endroit, tous ces animaux s'épouvantèrent & s'enfuirent précipitamment dans leur tannière.

CHAPITRE X.

L'auteur & ses compagnons font voile pour le vieux monde; ils trouvent quelque tems après, dans leur chemin, un effroyable écueil. Ils arrivent au cap de Bonne-Espérance. Aventure extraordinaire arrivée à l'auteur quelques jours après avoir mis pied à terre.

QUOIQUE par les diverses courses que nous avions faites dans les terres antarctiques, nous n'eussions pas pénétré fort avant dans le pays, nous en avions pourtant assez vu pour juger aisément de tout le reste; & comme par plusieurs raisons il n'y avoit pas lieu d'y pouvoir séjourner plus long-tems, nous nous préparâmes à partir au plutôt, pour retourner au vieux monde. Nous résolûmes de nous rendre au cap de Bonne-Espérance : nous fimes donc voile avec un bon vent d'ouest, qui nous fit sortir en peu de tems du golfe & du détroit, nous portions toutes nos voiles, & parce que le vent étoit fort, nous faisions beaucoup de chemin en peu d'heures; nous prîmes hauteur & trouvâmes soixante & deux dégrés six minutes de latitude méridionale, & pour lors nous revîmes le soleil pour la première fois, il étoit environ midi. A-peu-près vers les trois heures, nous nous trouvâmes entre deux courans très-rapides, ce qui nous fit craindre qu'il n'y eût aux environs quelque dangereux écueil; je pris mes lunettes d'aproche, & je vis une infinité de pointes de roches au deſſus de l'eau, au milieu desquelles se rendoient de divers endroits plusieurs gros courans, qui par leur impétuosité y élevoient une groſſe & bouillonnante écume : nous prîmes toutes les précautions imaginables ; cependant notre vaiſſeau étoit entré à moitié dans un de ces courans, mais un coup de gouvernail donné à propos nous en retira, & nous eûmes le bonheur de sortir d'un pas si dangereux sans aucun autre accident, & nous arrivâmes heureusement au cap de Bonne Espérance au bout de quelques jours à dix heures du matin, le cinquième de Juillet mil sept cent quatorze. En entrant dans la maison où j'allois loger, j'appris qu'on venoit d'enterrer un jeune homme, qui depuis quatre ou cinq semaines étoit venu de Batavia. Quand on m'eut dit son nom, je me souvins d'abord qu'il avoit été de ma connoiſſance & un de mes bons amis ; je m'informai donc très-exactement de toutes les particularités de sa mort. Ayant un soir régalé cinq ou six de ses

amis,

amis, & bu avec eux un peu plus que de raison, il fut attaqué vers la mi-nuit d'un très-violent mal de tête accompagné de fort vives douleurs dans tous ses membres : il monta à sa chambre & se mit au lit, & environ une heure après qnelqu'un étant allé voir s'il n'auroit pas besoin de quelque chose, il fut trouvé roide mort; on le garda seulement deux jours, & puis on l'enterra; pour lors il me revint heureusement en mémoire, qu'il m'avoit conté autrefois, qu'étant âgé de dix ou douze ans, il étoit tombé en léthargie dans la maison de ses père & mère, & qu'il étoit resté trois jours & trois nuits sans donner la moindre marque de vie; je m'en allai donc, sans perdre un moment, demander la permission de le déterrer, ce que j'obtins facilement. Je voulus me transporter moi-même au cimetière, je fis ouvrir la fosse & le cercueil en diligence, puis on le porta dans la maison où il fut mis dans un bon lit bien chaud. Je remarquai qu'il n'avoit pas cette grande pâleur que les corps morts ont d'ordinaire, & que même il avoit une espèce de petite rougeur au milieu de la joue gauche : il resta plus de six heures sans faire le moindre mouvement, & je voulus toujours cependant demeurer au chevet de son lit : il fit enfin un

Ee

très-petit soupir, & sur le champ je lui voulus donner une cuillerée d'une excellente liqueur que j'avois fait apporter exprès, mais ses dents étoient si serrées que je n'en pus faire entrer une seule goutte. Peu après il souleva un peu le bras gauche, & je lui remis la cuiller entre les dents que j'entr'ouvris assez pour le faire avaler, & de fait il avala quelque chose, & ouvrit un moment après les yeux, mais sans avoir aucune connoissance : enfin, il revint tout-à-fait à lui. Après m'être fait connoître, & lui avoir conté en peu de mots tout ce qui s'étoit passé, il me témoigna toute la reconnoissance possible du grand service que je venois de lui rendre, & s'étonna fort de ce que son hôte l'avoit fait enterrer si promptement : il me dit ensuite qu'il avoit un valet, qui par sa mort prétendue, étoit sans doute resté le maître de quelques bijoux, d'une somme assez considérable d'argent monnoyé & de quelques marchandises qu'il avoit. Je le fis chercher, mais il ne se trouva point ; sans doute que dès le moment qu'il apprit que son maître pourroit bien n'être pas mort, il avoit trouvé le moyen de s'évader, ou de se cacher si bien, qu'il ne fut pas possible de le découvrir, quelque exacte perquisition ou recherche qu'on pût faire ; de cette manière ce pauvre jeune homme se voyoit dénué de toutes choses, ses habits même ne furent pas trouvés. J'avois heureusement au cap un homme de ma connoissance, avec qui j'avois autrefois fait quelques affaires; il voulut bien à ma recommandation lui avancer ce dont il avoit besoin: comme on attendoit au premier jour des vaisseaux de la compagnie orientale qui devoient passer au cap, pour ensuite s'en retourner en Hollande, nous résolûmes de nous y en aller ensemble. Ils arrivèrent au bout de trois semaines, & quelques jours après nous nous embarquâmes, & par la grace de Dieu nous vînmes heureusement à Amsterdam.

F I N.

TABLE
DES VOYAGES IMAGINAIRES
CONTENUS DANS CE VOLUME.

VOYAGE DE KLIMIUS.

AVERTISSEMENT DE L'ÉDITEUR, page vij

PRÉFACE DU TRADUCTEUR, xv

CHAPITRE PREMIER. Descente de l'auteur dans les abîmes, 1

CHAP. II. Descente dans la planète de Nazar, 15

CHAP. III. Description de la ville de Kéba, 34

CHAP. IV. Relation de la cour du prince des Potuans, 52

CHAP. V. De la nature du pays des Potuans, & du caractère de ses habitans, 72

CHAP. VI. De la religion des Potuans, 79

CHAP. VII. De la police, 98

CHAP. VIII. Des universités des Potuans, 110

CHAP. IX. Voyage de Klimius autour de la planète de Nazar, 123

CHAP. X. *Voyage au Firmament,* 204

CHAP. XI. *Navigation de Klimius aux terres étranges,* 245

CHAP. XII. *Klimius aborde dans le pays des Quamites,* 275

CHAP. XIII. *Origine de la cinquième monarchie,* 285

CHAP. XIV. *Klimius est élevé à l'Empire,* 316

CHAP. XV. *Klimius est renversé du haut de sa grandeur,* 336

CHAP. XI. *Retour de Klimius dans sa patrie, & fin de la cinquième monarchie,* 346

Conclusion de M. Abelin, 363

PASSAGE DU POLE ARCTIQUE AU POLE ANTARCTIQUE.

CHAPITRE PREMIER. *Départ de l'auteur, d'Amsterdam pour le Groenland. Comment l'auteur & ses compagnons commencèrent à s'appercevoir qu'ils approchoient de l'effroyable tournant d'eau qui est sous le Pole Arctique. Description du tournant,* 367

CHAP. II. *Comment leur vaisseau fut engouffré au centre du tournant ; comment ils se trouvèrent insensiblement sous le Pole Antarctique, & com-*

ment ils connurent qu'ils n'étoient plus sous le ciel du nord, 373

CHAP. III. *Ils mettent pied à terre sur la côte, & pénétrent dans le pays environ une lieue & demie. Description de la grande île flottante qui est sous le Pole Antarctique, & de la montagne de glace qui est au milieu, de figure piramidale, & qui semble taillée à facettes; des météores merveilleux qui paroissent de tems à autre autour de l'île flottante,* 378

CHAP. IV. *Du merveilleux lac dont les eaux sont presque toujours chaudes, & de ses cinq admirables cascades. Description de la vallée des roses blanches, où l'on voit un monument très-remarquable, une fontaine rare & singulière, & quelques arbustes très-beaux & agréables à la vue,* 387

CHAP. V. *De quelques poissons monstrueux qu'on voit dans ces mers. Accident tragique & lamentable arrivé à deux matelots de l'équipage. Des sept îles inaccessibles, & de ce que l'auteur y vit avec de grandes lunettes d'approche,* 395

CHAP. VI. *Du grand promontoire ou cap qui est toujours couvert de nuages; du miraculeux jet d'eau qu'on y voit; de la grande & profonde caverne sur laquelle passe un gros & large torrent. Combat extraordinaire entre deux ours blancs & trois veaux marins,* 401

TABLE.

CHAP. VII. *Du détroit des Ours. De la merveilleuse arcade de roche, ou du pont naturel. Du précipice épouvantable qu'on voit entre de hautes montagnes voisines du détroit des Ours. Des bruits souterreins semblables au tonnerre, accompagnés d'éclairs, qu'on entend dans une grosse roche fort avant dans la mer,* 411

CHAP. VIII. *D'une belle & spacieuse plaine fermée de trois grands côteaux ; d'une plante très-belle & très-singuliere ; de quelques mazures ; des curieux restes d'une ancienne muraille dans le voisinage de la mer ; d'un merveilleux écho ; de l'oiseau couronné, qui fait son nid sous terre,* 417

CHAP. IX. *Du grand & beau bassin qu'une enceinte de rochers forme sur le même golfe dont on vient de parler ; d'une grande & haute montagne qui paroît suspendue dans les airs ; d'un archipelague, ou de plusieurs îles ramassées ensemble ; d'une grande & haute colonne de feu sur la mer ; & d'un phénomène qui avoit la figure du soleil,* 424

CHAP. X. *L'auteur & ses compagnons font voile pour le vieux monde ; ils trouvent quelque tems après, dans leur chemin, un effroyable écueil. Ils arrivent au cap de Bonne-Espérance. Aventure extraordinaire arrivée à l'auteur quelques jours après avoir mis pied à terre,* 431

Fin de la Table.

Contraste insuffisant ou
différent, mauvaise qualité
d'impression

Under-contrast or different,
bad printing quality

www.ingramcontent.com/pod-product-compliance
Lightning Source LLC
Chambersburg PA
CBHW070542230426
43665CB00014B/1777